新能源汽车职业教育产教融合创新教材

新能源汽车电池及管理系统检修

赵振宁　编　著

机械工业出版社

本书共分9个项目：项目一是新能源汽车发展史；项目二是电动汽车动力电池，讲解了电动汽车采用的铅酸蓄电池及镍氢和锂离子两种动力电池；项目三是电池管理系统，介绍了电池管理系统的功能、技术及控制；项目四是高压配电管理系统，讲解了几种车型的配电方法；项目五是电动汽车安全管理系统，讲解了操作安全及安全设计等；项目六是充电管理系统，讲解了充电方法、工作原理车载充电机及控制；项目七是电池管理系统故障诊断及电池更换；项目八是典型纯电动汽车电池管理系统；项目九是典型混合动力汽车电池管理系统检修。

本书可作为高职高专学校新能源汽车技术、汽车检测与维修、汽车电子技术等专业的教材，也可供从事本专业工作的工程技术人员学习参考。

图书在版编目（CIP）数据

新能源汽车电池及管理系统检修 / 赵振宁编著.—北京：机械工业出版社，2022.12（2025.2重印）
新能源汽车职业教育产教融合创新教材
ISBN 978-7-111-72501-5

Ⅰ.①新… Ⅱ.①赵… Ⅲ.①新能源-汽车-蓄电池-检修-高等职业教育-教材 Ⅳ.①U469.720.7

中国国家版本馆CIP数据核字（2023）第010763号

机械工业出版社（北京市百万庄大街22号 邮政编码100037）
策划编辑：齐福江　　　　　　　责任编辑：齐福江
责任校对：张晓蓉　王明欣　　　封面设计：张　静
责任印制：张　博
北京建宏印刷有限公司印刷

2025年2月第1版第3次印刷
184mm×260mm・12.25印张・277千字
标准书号：ISBN 978-7-111-72501-5
定价：59.00元

电话服务　　　　　　　　　　网络服务
客服电话：010-88361066　　　机　工　官　网：www.cmpbook.com
　　　　　010-88379833　　　机　工　官　博：weibo.com/cmp1952
　　　　　010-68326294　　　金　书　网：www.golden-book.com
封底无防伪标均为盗版　　　　机工教育服务网：www.cmpedu.com

前言

为了使现代职业教育内容跟上汽车生产和售后服务的步伐，我们基于纯电动汽车+混合动力汽车开发了本书，包括了新能源汽车"三纵（混合动力汽车、纯电动汽车、燃料电池汽车）中混合动力汽车和纯电动汽车的电池及电池管理的内容，由于燃料电池汽车尚未在国内商品化，本书暂未涉及。同时，本书配有作者亲自制作的高清视频教学资源，方便学生和教师通过扫描二维码观看和自学。最后，本套书提供针对理论和实践进行任务驱动教学时需要的任务工单，请到机工教育服务网下载（www.cmpedu.com）供学生完成，这样既有利于学生做好理论巩固，也对实训项目进行针对性训练，配套任务工单。

1. 编写理念

本书作为高职、高专职业教材，理论内容必须做到实际车的结构和原理发展到什么程度，本书的结构和原理就写到什么程度，保证理论内容不退化，绝不是资料的堆积。在讲解原理的同时一定与使用中的实际影响相结合，与故障相结合，与维修方法相结合，做到学一个项目内容，能解决一类故障问题。

2. 各章内容创新和特色

本书按照电池和电池管理系统的结构、原理和检修进行编写。为了达到良好的教学效果，本书选用国内销售量较好的吉利车系和比亚迪车系作为参考车型，故障案例和测量实践全部来自亲身实践，并非简单的资料堆积。为了达到理实紧密结合的效果，通过分解实车，测绘出原理图，再分析出不同控制思路下的工作原理，并进行了实车验证，形成了来自于一线工作的第一手资料，使得本书的理论和实践联系紧密。

3. 编写特点

在结构上，本书纵向上分电池和电池管理系统两部分编写，横向上以吉利与比亚迪的两款纯电动汽车和丰田的一款混合动力汽车作为原型编写。本书给出了典型故障实例，最后总结了电动汽车故障的分析方法。

  本书由长春汽车工业高等专科学校赵振宁编著。本书作为此类教材的领先者，书中难免有瑕疵，希望读者批评指证，以期在本书重印时修改。本书可作为高职高专学校新能源汽车技术、汽车检测与维修、汽车电子技术等的专业教材，也可供从事本专业工作的工程技术人员学习参考。

  最后，本书配套的作者全套讲解视频和后台制作的资源由"百慕大汽车：bmdcar.com"提供，未经作者同意，严禁复制和摘抄本书的任何内容。

编著者

二维码索引

名称	二维码	页码	名称	二维码	页码
铅酸蓄电池工作原理、特点及应用		30	高压产品壳体共地		90
镍氢电池的充电原理		33	变频器的绝缘测量		93
电池模组		42	PTC加热器的绝缘测量		94
分流法电池平衡		60	直流充电桩原理图		118
电池高压电路管理		66	交流充电原理		125
低压供电系统		77	直流充电原理		130
有保护搭铁时的交流漏电路径		80	电池热平衡工作原理		147
脉冲注入法绝缘检测		89			

目 录

前言

项目一 新能源汽车发展史 / 001

项目二 电动汽车动力电池 / 022

任务一 蓄电池性能指标 / 022
任务二 铅酸蓄电池 / 029
任务三 镍氢电池 / 031
任务四 锂离子电池 / 035
任务五 动力电池测试标准 / 043

项目三 电池管理系统 / 053

任务一 电池管理系统功能和技术 / 053
任务二 电池管理控制 / 062

项目四 高压配电管理系统 / 065

任务一 吉利高压配电箱原理与诊断 / 065
任务二 比亚迪电动汽车高压电路认知 / 068
任务三 高压配电箱诊断总结 / 070

项目五 电动汽车安全管理系统 / 075

任务一 电动汽车电压等级划分认知 / 075
任务二 电动汽车操作安全 / 077
任务三 电动汽车安全设计 / 084

项目六

充电管理系统 / 096

　　任务一　电动汽车充电方法 / 096
　　任务二　交、直流充电工作原理 / 110
　　任务三　典型车载充电机及控制 / 124

项目七

电池管理系统故障诊断及电池更换 / 136

　　任务一　电池管理系统故障诊断 / 136
　　任务二　更换电池的作业过程 / 138

项目八

典型纯电动汽车电池管理系统 / 143

　　任务一　吉利 EV300 电池管理系统 / 143
　　任务二　比亚迪 E6 电池管理系统 / 152

项目九

典型混合动力汽车电池管理系统检修 / 160

　　任务一　丰田普锐斯第二代电池管理系统检修 / 160
　　任务二　丰田普锐斯第三代电池管理系统检修 / 173

项目一
新能源汽车发展史

情境引入

小林是新能源汽车技术专业学生，参加了一次新能源汽车大赛，大赛中被问及了大量新能源汽车发展史的相关知识，小林并没有回答出来，感到十分不悦。

学习目标

能说出纯电动汽车发展史。
能说出混合动力汽车发展史。
能说出燃料电池汽车发展史。

一 纯电动汽车发展史

1886年，卡尔·奔驰发明了以内燃机为动力的汽车，不过电动车却比内燃机动力汽车有更长的历史。电动车的历史可追溯到1834年，那一年托马斯·达文波特（Thomas Davenport）制造了一辆电动三轮车，它由一组不可充电的干电池驱动，只能行驶一小段距离。第一辆以可充电池为动力的电动车于1881年在法国巴黎出现，它是法国工程师古斯塔夫·土维（Gustave Trouve）装配的以铅酸蓄电池为动力的三轮车如图1-1所示。

图1-1 1881年土维的三轮电动车

和19世纪末的内燃动力汽车相比，电动车除了车速略低，在其他方面的优点很多，比如起动方便，而且电动机工作时没有噪声、发动机的振动和难闻的汽油味。而且，直流电机低转速时的大转矩输出特性使其用作汽车动力时不需要复杂的传动系统，且操作简便,因而电动车成了机动交通工具的一个主要发展方向。

从 19 世纪末期到 20 世纪初期,是电动车的黄金时期,法国和英国都出现了电动车制造公司。1882 年,维尔纳·冯·西门子(Werner von Siemens)制造出无轨电车(图 1-2);1899 年 4 月 29 日,比利时人卡米尔·杰那茨(Camille Jenatzy)驾驶着一辆名为"快乐,La Jamais Contente"的炮弹外形电动车以 105.88km/h 的速度刷新了由汽油动力发动机保持的世界汽车最高车速的速度记录(图 1-3),这是汽车速度第一次突破 100km/h 大关,并保持着这个汽车速度记录进入到了 20 世纪。

图 1-2　1882 年西门子制造的无轨电车 　　图 1-3　1899 年的 La Jamais Contente 电动车

与此同时,大洋彼岸的美国在汽车的普及上比欧洲稍晚,但他们有自己的优势,美国在电力技术发展和普及上领先于欧洲。发明了电灯、留声机的美国著名科学家托马斯·爱迪生(Thomas Edison)是电动车的坚定支持者(图 1-4),1911 年《纽约时报》曾经这样评论电动车:"它经济,不排放废气,是理想的交通工具。"舆论和名人的效应对于电动车在美国的推广与普及无疑起到了推波助澜的作用,美国的安东尼电气集团(Anthony Electric)、贝克(Baker)、底特律电气(Detroit Electric)、哥伦比亚(Columbia)和瑞克(Riker)这样的电动车制造公司应运而生。当时的美国不仅拥有数量众多的电动轿车和电动货车,Baker Motor Vehicle Company 在 1907 年甚至开发了最早的电动跑车(图 1-5)。1897 年,纽约出现了第一辆电动出租车。与此同时,和电动车一起相关的配套服务设施也应运而生,美国汉福德电灯公司(Hartford Electric Light)公司为电动车提供可以更换的电池。Detroit Electric 公司不仅制造电动车,还建立了电池充电站方便用户,现代电动车需要的那些配套设施在 90 多年前就已经建立过了。

图 1-4　1913 年爱迪生和一辆电动车的合影 　　图 1-5　1911 年的电动跑车

不过，电动车的黄金时代并没有持续太久。20世纪20年代后，内燃机技术达到了一个新水平，装备内燃机的汽车速度更快，加一次油可持续行驶里程是电动车的3倍左右，且使用成本低。相比之下，电动车的发展进入了瓶颈时期，在降低制造成本和改善使用便利性方面没有明显的进步。这种背景下，电动车很快失去了存在的意义。在1940年左右，电动车基本上就从欧美汽车市场中消失了。

1973年爆发的石油危机令全世界陷入石油短缺的状态中，人们又开始关注其他动力的汽车，电动车再一次进入了人们的视线中。20世纪80—90年代，日本和美国的汽车厂家生产了一系列电动车，比如Chrysler TE Van和丰田RAV 4 EV，名气最大的是1996年通用汽车公司投产的EV1电动轿车（图1-6），不过，它们最终都是昙花一现。

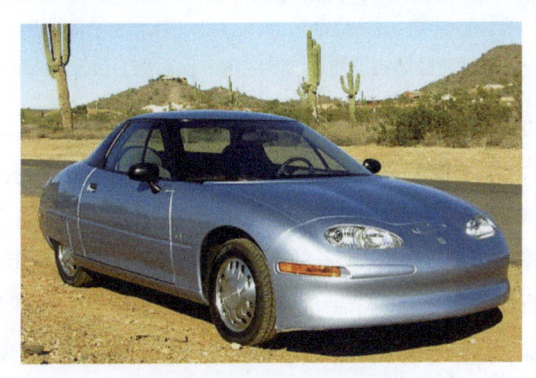

图1-6　1996年的通用EV1

经过几十年的发展，虽然屡次出现机会，但是直至21世纪初期电动车都没有再现19世纪末期至20年代初期的辉煌。根源在于它不仅生产成本相对较高，而且充电麻烦、保养成本高以及因电池能量密度低而造成其续驶里程短和充电便利性差，这些弱点都严重阻碍了电动车的普及。

二 混合动力汽车发展史

今天的混合动力汽车，被视作由传统内燃机汽车的未来纯电动汽车发展的中间形态，但在汽车发展史上，第一辆混合动力汽车却是出现在纯电动汽车诞生的近20年后。令人惊讶的是，它所采用的工作原理，直到今天仍被用于最新型的混合动力车甚至是概念车上。

混合动力车的历史要追溯到1900年，世界第一辆混合动力车"罗尼尔－保时捷"在当年诞生。其设计来自25岁的费迪南德·保时捷，这个年轻人未来将作为第一代大众甲壳虫的设计师、保时捷品牌的开创者而扬名天下。但在1900年，他只是位于维也纳的雅各布·罗尼尔公司的一位重要雇员，这是他的第一份工作。这家公司原本是一家豪华马车制造商，从19世纪末开始生产电动汽车。

在"罗尼尔－保时捷"上，费迪南德采用了串联式混合动力，由汽油发动机为发电机提供能量，由安装在前轮内的两个轮毂电机提供驱动力（图1-7），最大功率为10~14hp$^{\ominus}$。今天的雪佛兰Volt就采用了这种汽油机驱动发电机的形式，而轮毂式电机驱动则被近来很

$\ominus$ 1hp=745.7W

多纯电动概念车所使用。"罗尼尔-保时捷"有双座和四座两种车身形式，也有以蓄电池为能量源的纯电动型号，在此基础上费迪南德还开发出装备4个轮毂电机的四驱车型。

图1-7 保时捷博物馆复原的罗尼尔-保时捷 Semper Vivus

这辆充满灵感的轿车在1900年的巴黎世界博览会上大出风头，受到媒体广泛关注，但并未对其市场推广有什么帮助。"罗尼尔-保时捷"的售价高达15 000奥匈帝国克朗，而同期最贵的奔驰Velo的售价才5 200德国马克，前者是后者的2.6倍。虽然在20世纪初也有汽油价格上涨现象，但受益者更多的是早期电动车。作为市内交通工具，纯电动车曾在19世纪末到20世纪10年代风行一时，直到20世纪20年代欧美城际公路网逐渐形成，因其续驶里程短的缺点越来越明显（这也是同期蒸汽汽车被淘汰的原因之一），渐渐淡出了人们的视野。

在混合动力技术的奠基者中，还应该记住的一个名字是亨利·皮珀——一位德国工程师和发明家。他在1902年左右发明了并联式混合动力，甚至开发出了配套的早期动力管理系统。亨利·皮珀将这一成果授权给一家比利时汽车公司Auto-Mixed生产，在1906~1912年推出一系列车型，如装3.5hp发动机的Voiturette。但在亨利·皮珀去世后，Auto-Mixed被另一家公司收购。

在1915年，大西洋另一边的北美大陆上也出现了一家颇具超前性的汽车制造商：欧文·麦哥尼茨（Owen Magnetic）。这家公司专门生产混合动力车型，采用串联式混合动力。在1916年，纽约车展上Owen Magnetic的6缸混合动力车型首次与公众见面（图1-8），由于主顾中包括一些世界闻名的男高音歌唱家，如爱尔兰的约翰·麦考马克和意大利的恩里克·卡鲁索，这个品牌很快就变得广为人知，可以说是早期"明星营销"的成功典范之一。Owen Magnetic一直生产到1921年，他们的最后一款产品是Model 60 Touring（图1-9）。

图1-8 1916年的Owen Magnetic混合动力车

图1-9 1921年的Owen Magnetic Model 60 Touring

在同一时期，另一家电动车制造商，芝加哥的伍兹汽车公司也生产混合动力车型。1916 年，伍兹公司宣称他们的混合动力汽车最高车速可以达到 56km/h，百公里油耗 4.9L。但与烧汽油的对手相比，混合动力车始终存在价格昂贵和动力偏弱的问题，很快被淹没在汽油机汽车的汪洋大海中。以 1913 年美国市场为例，电动车加混合动力车共销售了 6 000 辆，而采用汽油发动机的福特 T 销售了 182 809 辆。从 20 世纪 20 年代开始，混合动力汽车进入了一个近 40 年的静默期。

1966 年，美国国会通过的一项议案拂去了电动车和混合动力车身上的尘埃。为了减轻日益严重的空气污染，这项议案提倡使用电动汽车。1969 年，通用汽车推出了他们的应对之策——512 系列混合动力实验车。通用 512 甚至比微型车还小（图 1-10），更像个玩具，只能乘坐 2 人，采用后置后驱布局。它采用了一套并联式混合动力系统，速度在 16km/h 以内由电动机驱动，16~21km/h 为电动机和 2 缸汽油发动机共同工作，21km/h 以上为汽油机单独提供动力，最高速度为 64km/h。这种玩具般的小车在当时的交通环境中基本没有实际意义，因此有批评者认为通用并不愿意亲手终结盈利颇丰的传统汽车产业，只是用 512 来缓解对降低空气污染的舆论压力。

但在 1973 年，影响全球的第一次石油危机再次将电动汽车和混合动力汽车推到聚光灯下，比起作用缓慢的空气污染，钱包变薄问题更迫在眉睫。到 1979 年，通用汽车在电动汽车项目上花了 2 000 万美元，并乐观地估计到 1980 年代中期就可以投入量产，直接跳过混合动力的过渡阶段。丰田在 1977 年也推出了一款混合动力概念车（图 1-11）Sports 800 Hybrid，采用燃气轮机＋电动机的并联形式。

图 1-10　1969 年通用的微型混合动力试验车 512　　图 1-11　1977 年的丰田混合动力概念车

进入 20 世纪 80 年代后，各大汽车制造商都在进行新能源领域的尝试，奥迪在 1989 年展出了在奥迪 100 Avent Quattro 基础上研发的 duo 实验车（图 1-12），由 12.6hp 的电动机驱动后轮，能量来自可充电的镍镉电池，136hp 的 2.3 L5 缸汽油机驱动前轮。奥迪 duo 的尝试一直持续到 1997 年，基于 A4 Avent 的第三代 duo 正式量产（图 1-13），使奥迪成为第一家生产现代混合动力车的欧洲厂商，但这款车型因并未得到市场认可而最终停产。BMW 则在 1991 年推出了电动概念车 E1（图 1-14），同年日产也发布了他们的电动概念车 FEV（Future Electric Vehicle）（图 1-15），并在 1995 年发布了第二代 FEV（图 1-16）。

20 世纪 90 年代中期，苦心钻研的通用终于修成正果，世界上第一辆现代意义上的量产电动汽车 EV1 在 1996 年上市（图 1-17）。但它短暂的生命似乎证明了电动车的生不逢时。EV1 的兄弟，纯电动的雪佛兰紧凑型皮卡 S-10 EV 甚至比它还短命，生产仅 1 年便停产。与 S-10 EV 同样命运的还有福特 Ranger EV，在 4 年的生命周期里仅制造了 1 500 辆。

图 1-12　1989 年奥迪第一代混合动力实验车 duo

图 1-13　1997 年基于 A4 Avent 的第三代 duo 正式量产

图 1-14　1991 年 BMW 电动概念车 E1

图 1-15　日产 1991 年推出第一代概念车 FEV

图 1-16　日产 1995 年第二代 FEV

图 1-17　1996 年诞生的 EV1

1996 年诞生的 EV1，在 4 年的生命周期里只生产了 1 117 辆；福特在 1998 年也拿出了纯电动皮卡 Ranger EV（图 1-18），到 2002 年停产共生产了 1 500 辆。在 EV1 奋力求生的同时，1997 年第一代丰田普锐斯上市（图 1-19），只在日本市场发售，少量被出口到英国、澳大利亚和新西兰。迄今为止，全球最畅销的混合动力汽车就此诞生，在第一年就卖出 1.8 万辆，而到 2011 年 3 月累计销量达到了 300 万辆。

在混合动力汽车的历史中，日本丰田普锐斯是一个重要标志。在经历了近百年风雨之后，混合动力汽车终于迎来了自己的春天。

目前世界上已经有 70 余种燃料电池汽车问世，在国外最热门、销量最大的新能源汽车就是混合动力汽车。

图 1-18　福特在 1998 年纯电动皮卡 Ranger EV 　　图 1-19　1997 年上市的第一代普锐斯

　　1997 年，第一款量产混合动力品牌普锐斯由丰田推向日本市场，当年售出 18 000 辆。1999 年，本田混合动力双门小车音赛特（insight）在美国推出，受到好评。2007 年年底，美国权威机构 Autodata 的统计数据显示，2007 年 10 月份美国混合动力车的销售量与上一年相比，同期增长了 30 个百分点，销售量为 24 443 辆。混合动力车型甚至成了平淡的美国汽车市场的一大亮点：2007 年，美国市场销售混合动力车型超过 30 万辆。2007 年 5 月 17 日，丰田混合动力汽车全球累计销售突破 100 万辆。

三　燃料电池汽车发展史

1. 燃料电池之父葛洛夫

　　燃料电池的工作原理是水分解为氢气和氧气的逆过程，正是因为工作原理极为简单，才导致燃料电池在 19 世纪就被发明。

　　自从电被人类发现并投入生活工业使用，如何低成本且大规模地发电，如何认识电就成了几代科学家研究的重点，燃料电池就是其中的一种发电装置。18 世纪著名化学家、物理学家卡文迪许发现氢气。

　　得益于 19 世纪金属铂催化性能的发现，1839 年，时年 28 岁的英国物理学家威廉·葛洛夫在《科学》杂志上发表了一篇论文，证明了氢氧反应发电原理，并在 1842 年发表燃料电池草图（图 1-20），大意是氢气在铂催化作用下生成氢离子，氢离子通过电解液传输到氧气侧生成水，电子则通过外电路传输发电，电流方向如图 1-20 中的箭头所示。

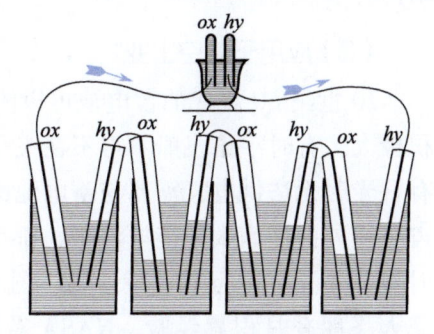

　　因此，1839 年被视为燃料电池诞生年，威廉·葛洛夫也被视为燃料电池之父。

图 1-20　葛洛夫初代燃料电池草图

　　随后在 1889 年，著名化学家及实业家路德维希·蒙德将电解液由液态硫酸升级为亚液态硫酸，即将片状多孔电极在硫酸溶液中浸润代替液态电解液，这样就大大紧凑了燃料电池的结构。

　　1890 年，英国和法国的两个团队在实验室里组装出结构进一步改进的燃料电池，可以产生一定的电流，但价格极其昂贵，同时他们还意识到一个困扰至今的难题，"只有贵金属可以作为燃料电池的催化剂"。

2. 燃料电池的应用

当时科学界对电子这一概念缺乏认识,甚至在葛洛夫发现燃料电池时,科学界还没发现电子。

接下来火力发电和水力发电技术逐渐成熟并开始大规模使用,价格昂贵的燃料电池只能退回到实验室研究状态。

（1）应用于军事

20世纪40年代,英国工程师弗朗西斯·托马斯·培根改用液体氢氧化钾为电解液,多孔镍作为电极,扩大了适用的催化剂的范围,这种设计给燃料电池实用化带来了曙光。当时蓄电池技术不成熟,容易失火,而燃料电池只要氢气和氧气不接触就很难发生意外,用做隔膜的石棉工艺成熟、结构可靠,极大地降低了氢氧接触概率,培根意识到碱性燃料电池将非常适用于密闭空间,比如潜水艇。随后培根顺利进入英国海军,虽然直到第二次世界大战结束碱性燃料电池也未能成功应用于潜水艇,但这段工作经历维持了燃料电池研究工作的继续进行。1959年,培根带领团队制造出功率为5kW的燃料电池实用系统,虽然价格依旧较为昂贵,但其特殊的性能已足以引起航空领域知名公司普惠公司的注意。

普惠公司是世界三大航空发动机制造公司之一,主要给民用和军用飞机生产发动机,同时也是联合技术公司旗下一员,联合技术公司号称"你能在这里找到任何东西",小到电梯空调,大到火箭发动机、宇航服都能生产,这家公司现在仍在从事燃料电池研发生产工作。20世纪60年代初期,普惠公司希望减轻对军事和航空公司的依赖,打算进入航天、舰船和燃料电池发电领域。在普惠公司注意到碱性燃料电池之前,早在1955年通用电气就已经用磺化聚苯乙烯离子交换膜代替硫酸做电解质,使酸性燃料电池升级为全固态结构,随后他们又发现可以将催化剂铂直接制备到膜上,进一步紧凑了燃料电池的结构。

（2）应用于航空工业

20世纪60年代的蓄电池可以满足几天的短途宇航飞行需要,但价格昂贵、极重且体积极大,有时宇宙飞船不得不在飞行途中丢下用完的蓄电池以减轻重量。太阳能电池在没有日光时无法供电,需要与蓄电池配合,而且当时太阳能电池能量转换效率极低,即使宇宙飞船外面铺满太阳能电池板,都无法满足需要。当时NASA正在进行双子星计划（图1-21）,为之后的载人飞船登月积累经验,NASA需要一种安全稳定、轻便的装置作为飞船电源。

相比之下,燃料电池比蓄电池便宜,电池反应是化学反应,不受卡诺循环限制,能量转换效率可高达50%~60%,体积小,重量轻,副产物水还可以供宇航员饮用,因此受到NASA青睐。

但在双子星号第一次飞行前的6个月,通用电气

图1-21 双子星号宇宙飞船（无太阳能电池）

还不清楚燃料电池到底能不能支撑到任务结束,到底安不安全,会不会中途罢工,燃料电池技术远超当时的技术水平。

为此,NASA 在前 4 次飞行中采用了传统蓄电池做电源,双子星系列任务在早期出现过财务危机,被迫更换电力系统无非是雪上加霜。虽然每平方厘米制备了高达 0.028g 的铂做催化剂以保证电极反应顺利进行,但当时的酸性离子交换膜燃料电池还另外存在水管理问题,电池中水不够时膜会干燥开裂,水太多时又会淹没电极,这两个问题都会导致电池性能严重下降,双子星号不得不额外带了一个水箱维持燃料电池内部水平衡。而双子星号上的超前技术不止燃料电池,其推进系统和逃生系统也不成熟,执行飞行任务的宇航员必然抱定了"一去不返"的决心(图 1-22),不仅是为自己祖国,更是为全人类承担了极大的风险。

图1-22　阿波罗1号飞行前三名宇航员对着飞船模型祈祷

燃料电池系统将双子星号的飞行时间由 4 天延长到了 7 天,后来又延长到了十几天。虽然其间第一次飞行不久就出现过报警、水循环系统出问题等状况,最后也算是有惊无险。

双子星号系列任务取得了很多开创性的成就,为后续阿波罗号成功开展任务提供了从宇航员训练及生存、宇宙飞船控制、飞船安全返回等多项经验,同时证明了燃料电池系统的可靠性。

解决酸性燃料电池用磺化聚苯乙烯膜诸多问题的曙光出现在 20 世纪 70 年代初期,杜邦公司发明出强度高、电化学性能好的 Nafion 膜,而此时双子星计划已经结束,碱性燃料电池技术上又已经超过酸性燃料电池。

1961 年,苏联宇航员尤里·加加林成为首个进入太空的人类,美国政府倍感压力,生怕在航天竞赛中落后于苏联,于是排除万难开启了人类历史上非常伟大的"阿波罗计划",美国政府致力于在 20 世纪 60 年代完成载人登陆月球并返回地球,这一计划不计成本地烧掉了 240 亿美元。

阿波罗计划极大地推动了科技进步,为了服务阿波罗计划,航天发动机、计算机、医学、材料等多个领域都出现了快速发展,燃料电池只是受惠的一个小领域。

碱性燃料电池电极、膜等采用的都是较成熟的材料,不仅价格低廉,而且安全性更高。

为了在阿波罗号中顺利安全应用,碱性燃料电池也做了一些技术改动,比如降低运行压力,提高运行温度,实际的电池性能比在地球上略低。

阿波罗号使用的碱性燃料电池（图1-23），总重为100kg，总功率为1.5kW，电极面积约为700cm^2。从1968年到1972年，12次飞行任务内燃料电池没有出现任何事故，虽然阿波罗1号和13号两次事故都与氧气有关。

阿波罗1号在测试时发生火灾，原因是当时飞船内是纯氧环境，部分材料比如铝在纯氧环境下会剧烈燃烧，同时电路中出现电火花引燃纯氧，而飞船舱门设计不合理耽误了航天员逃生，

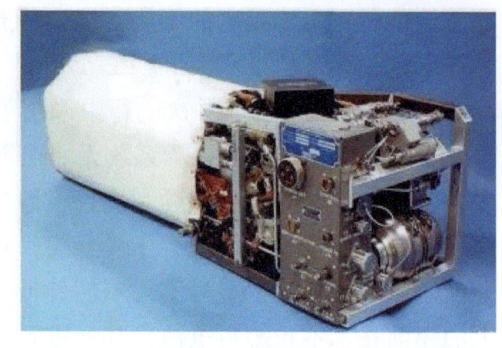

图1-23 阿波罗飞船上的碱性燃料电池系统

人们只能在监控录像中眼睁睁地看着三名宇航员被烧死。阿波罗13号在去往月球途中氧气罐爆炸，失去了大量维持生命用的氧气、电力、水源，三名宇航员在氧气耗尽最后5min启动登月舱，并借助登月舱顺利返回地球，期间无数次与死神擦肩而过。随后在美国航天飞机计划中，NASA继续使用碱性燃料电池作为电源，从1981年哥伦比亚号航天飞机飞行成功到2011年航天飞机全部退役，除正常的电解液氢氧化钾被二氧化碳毒化外，燃料电池系统从没出现过任何意外。

在美苏相继在航天领域取得成绩时，我国也在进行"两弹一星"计划，航天相关任务被拆解为无数个子任务由各个科研机构承担。

国内燃料电池在20世纪50年代末期已有研究，为了发展航天技术，中科院大连化学物理研究所的朱葆琳先生和袁权院士带领团队开始航天燃料电池系统的研制，历经十年攻关，研发出两种航天碱性燃料电池系统，并获得国防科委尖端成果奖，从此又开启了燃料电池在我国的一段故事。

随着太阳能电池、储能电池、核电池等技术的快速发展，燃料电池已经逐步退出航天和部分军事应用，但在民用领域的应用才刚进入高潮，丰田Mirai燃料电池汽车只是起点。

3. 燃料电池汽车在各国的发展情况

据衣宝廉院士介绍，从国际上来看，氢燃料电池汽车到现在分三个发展阶段。

第一阶段是1990～2005年。1990年美国能源署开始制订氢能与燃料电池的研发和示范项目，世界发达国家（地区）纷纷加紧氢能与燃料电池的研发部署。当时人们对这项技术的攻关难度理解不够，以为燃料电池车可能在1995年左右实现产业化，以至于巴拉德公司股票涨到190多美元，实际上做出的三辆氢燃料电池车在试验阶段稳定运行很好，但放在芝加哥上路运行不到一个月就全部垮掉了，大家这才意识到燃料电池不适用于汽车的工况。

第二阶段是2005～2012年。用了7年时间终于解决了燃料电池的工况适应性问题，燃料电池比功率达到了2kW/L，在零下30℃也能储存和起动，基本上满足了车用要求。

第三阶段是2012年至今。丰田燃料电池比功率达到了3.1 kW/L，并在2014年12月15日宣布，"未来"氢燃料电池车实现商业化，进入了商业推广阶段，其后，本田与现代也推出了燃料电池商业化车。因此，从商业化角度，有人把2015年誉为燃料电池汽车的元年。

据中国客车网介绍，当前国际氢燃料电池汽车的现状为，氢燃料电池汽车已经度过技术开发阶段，进入到市场导入阶段。燃料电池发动机功率密度大幅提升，已经达到传统内燃机的水平；基于70MPa储氢技术，续驶里程达到传统汽车水平（燃料填充时间<5min）；燃料电池寿命满足商用要求（5 000h）；低温环境适应性提高，可适应-30℃的气候，车辆适用范围达到传统车的水平。通过技术进步降低成本、批量制造的开发以及加氢站的建设成为下一步研发的重心；铂用量的降低，特别是采用非铂催化剂是长期而艰巨的任务。

衣宝廉认为，现在产业化的关键问题是进一步建立生产线、降低成本和加氢站的建设。这是目前全球燃料电池汽车发展面临的共同问题。从燃料电池发动机来看，它现在可以做到跟内燃机互换，就是体积可以跟内燃机进行互换。从寿命来看，大客车已经达到了18 000h，小车也超过了5 000h，功劳主要是采用了"电－电"混合方式，即二次电池与燃料电池混合驱动策略，使燃料电池在相对平稳的状态工作，大幅提高了燃料电池的耐久性。

从成本来看，目前如果按年产50万辆计，燃料电池每千瓦的成本约为49美元，这个价格是可以接受的。业内有种看法是燃料电池汽车受铂（Pt）资源的限制，现在氢燃料电池铂用量国际先进水平能做到0.2g/kW，国内目前水平是0.4g/kW左右，产业化的需求是要降低到小于0.1g/kW。小于0.1g/kW是什么概念？据衣宝廉院士介绍，就是跟汽车尾气净化器用的贵金属量相当，这是需要依靠技术进步逐步实现的。

衣宝廉院士透露，现在国际各大汽车公司竞争的技术水平都是在燃料电池小客车上体现的，而小客车对加氢站的数量依赖度较高，当加氢站不能够达到像加油站那么普及时，选择大客车、物流车或轨道交通车发展是比较实际的做法。也就是对加氢站的依赖度越低，越容易首先实现燃料电池车产业化，不会让用户产生加氢焦虑。

衣宝廉说，从全球发展来看，燃料电池车现在已经进入商业化导入期，当下的焦点就是降低成本和加氢站的建设。燃料电池发动机从性能、体积上可以实现与传统内燃机互换，低温适应性可以达到-30℃，续驶里程可以达到700km，一次加氢时间小于5min，跟燃油车效果是完全一样的。随着企业界的参与，产品工艺的定型，批量生产线的建立，以及关键材料与部件国产化，相信燃料电池成本会得到大幅度的降低。此外，要加大力度推进加氢站的建设，目前国内一些能源公司、工业副产氢公司及地方政府对加氢站建设表现出极大的兴趣，纷纷制定规划投入开发，开始从事加氢站的建设，从数量上逐渐满足区域性加氢（如公交运营线、物流区等）的需求。

4. 典型车企燃料电池汽车发展史

（1）奔驰公司甲醇燃料电池汽车发展史

甲醇又称为"木醇"，数千年来，人们通过"蒸馏木材"来获得甲醇这种可以燃烧的液体，可以算是对生物质"清洁利用"的鼻祖。而甲醇作为一种燃料，最早是在第二次世界大战后期时，德国的原油供应受到限制，需要用一种新的液体燃料来进行替代，当时就对甲醇进行了大量的研究，尤其是甲醇与过氧化氢的混合液，曾经在战斗机上得到应用。甲醇再一次作为燃料进入人们的视野是在20世纪70年代的石油危机以后。当时作为汽车行业的先锋，德国奔驰公司基于S级轿车平台开发出了一款甲醇内燃机轿车（图1-24）。

作为燃料,甲醇受到重视不仅限于内燃机,各大主机厂在发展氢燃料电池的过程中,对其重视度也很高。

图 1-24　甲醇内燃机轿车

1966 年,通用公司的第一台燃料电池汽车 Electrovan 采用了"碱性燃料电池"(图 1-25),车上携带了氢气罐和氧气罐,从空间布置上来讲,气罐占据的体积比较大。

第一代 Necar1:真正现代意义上的燃料电池车搭载 PEM 质子交换膜的版本算是奔驰公司的 Necar 车(图 1-26)。Necar 车有两种诠释法:一个是 New Electric CAR,另一个是 No Emission CAR,产生这种区别的原因在于是否使用了甲醇作为燃料的来源。Necar 系列的车从 1994 年开始,一共做了 5 代,和甲醇结下了不解之缘。第一代的 Necar,是基于奔驰公司的 MB100 的小面包车平台,后厢内放置 30kW 的质子交换膜电堆,续驶里程为 130km,采用高压氢罐、30MPa 压力存储的方式。1994 年面世的时候,拉开了燃料电池汽车研究的序幕。

图 1-25　通用公司碱性燃料电池汽车

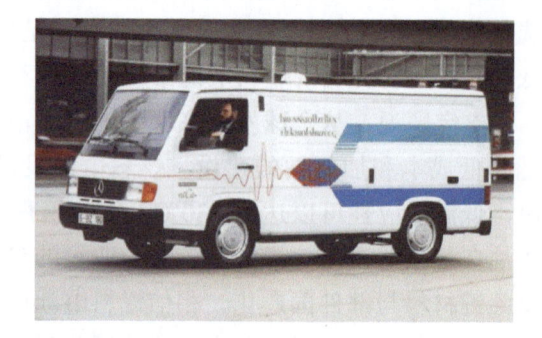

图 1-26　世界上第一辆 PEM 燃料电池汽车 Necar1

第二代 Necar 2:1996 年,将平台换为 V 系列的平台,这款商务旅行车的车顶被有效利用起来,增加了更多的实用空间(图 1-27)。此时,电堆的功率虽然也是 50kW,但是燃料电池的系统输出功率已经可以做到 45kW,车辆的续驶里程也增加到了 250km 以上。也正是在这一代的产品上,开始意识到在续航里程方面储氢罐有较大的局限性。于是在 Necar2 的基础上开始进行技术分支,导入甲醇作为氢气的来源。与此同时,也开始计划液氢和纯氢气的对比。

第三代 Necar 3:在 1997 年推出的 Necar 3 上,

图 1-27　Necar 2 采用纯氢罐作为氢气载体

奔驰公司率先使用甲醇重整技术，将甲醇 CH_3-OH 重整成为 H_2 和 CO_2，将氢气导入电堆发电，氢气即产即用（图1-28和图1-29）。38L甲醇箱内的甲醇可以支持这辆A级车行驶300km以上。这辆车的后座部分被用来放置甲醇重整的装置，电堆被布置在底盘之下。

图1-28　使用甲醇作为燃料的Necar 3燃料电池汽车 　　图1-29　使用甲醇重整制氢的Necar 3车型

第四代Necar 4：1999年和2000年推出的Necar 4和Necar 4a（图1-30）同样也是和Necar 3一样的平台、一样的车型，但是它们对于氢的储存方式不一样。Necar 4a基于液体储氢的思路，配置了压力为9kg、-200℃的低温储存箱氢系统。续驶能力达到了450km以上，充分体现了液体氢的优势。一年以后推出的Necar 4依旧采用高压氢瓶，在有限的空间里仅能携带2.7kg的氢气，续驶里程仅200多km。此时的电堆技术已经发展到了75kW的等级。

图1-30　Necar 4及4a分别以高压氢罐和液体储氢作为燃料源

第五代Necar 5：最有跨时代意义的是2000年推出的Necar 5，这款车在Necar 3的基础上有了很大的性能提升，尤其体现在"减体积"方面。电堆依旧被布置在地板之下，重整器、CO去除装置均被扁平化集成在车底之下（图1-31），具备高度集成化的重整制氢系统，功率达到75kW，续驶里程在400km以上。

在2002年5月20日至2002年6月4日，3辆Necar 5从旧金山出发，横跨美国大陆抵达华盛顿，行程5 000多km，从海平面到2 600多m的高海拔地区，这批车每500多km加注1次甲醇，历时14天，完成了测试。项目负责人Ferdinard Panik当时预测到，2010年会有部分车辆量产后租给特定人群。后来定型的F-Cell（图1-32）基于B-Class的高压氢罐类型，共生产了几百台，在德国通过特种租赁的方式进行推广测试。

图1-31　Necar 5内部构造 　　图1-32　基于高压氢的奔驰氢燃料电池车F-Cell

（2）丰田燃料电池汽车发展史

1996年，丰田推出了第一款燃料电池概念车FCHV-1参加了大阪的游行，这是一款改装自RAV4，采用了10kW的PEMFC和金属储氢装置的FCEV，又称为EVS13。该车的续驶里程达到了250km。

1997年，丰田紧接着推出了第二款燃料电池车型，FCHV-2。该车同样改装自RAV4，搭载了25kW的PEMFC，并且使用了甲醇重整燃料电池，使其续驶里程达到了500km。

2001年3月，丰田推出了第三款燃料电池车型，FCHV-3。这次丰田不再玩RAV4了，改为用汉兰达改装。该车采用了功率高达90kW的PEMFC，依然采用了金属储氢装置。另外，在FCHV-3上丰田使用了镍氢电池作为辅助电池系统，这一设计是参考了普锐斯的动力系统。

2001年6月，也就是推出FCHV-3的3个月后，丰田就推出了其改进版FCHV-4。该车最大的特点是使用了高压储氢罐的方式储氢，共采用4个25MPa的高压气罐，每个气罐体积达到了34L，此举让FCHV的储氢系统重量减少了250kg，达到了100kg的级别。由于当时存储压力较低，FCHV的续驶里程反而减少到了250km。

2002年，丰田推出了在FCHV-4上改进的FCHV，得到了日本政府的认证，并开始在日本和美国进行小范围的销售。并且在2005年，丰田的FCHV得到了日本政府的型式认证（Type Certification）。

2008年，丰田推出了FCHV-adv，也就是这款车搭载了丰田第二代燃料电池。该车依然基于汉兰达的平台改装而来，使用了4个70MPa的储氢罐，续驶里程达到了760km。

2015年，大家熟悉的Mirai上线了。10月21日，Mirai开始在加州销售和交付。Mirai是丰田首款量产的氢燃料电池车。如其名，Mirai被丰田汽车视为"未来之车"。在2017年的东京车展上，人们看到丰田推出的新车型包括概念车在内，都是氢燃料电池车。迄今为止，丰田混动汽车在全球范围内已经销售了1 100万辆。如今，国际车坛把混动技术的普及当作是汽车转型入门的开始，即便是插混或纯电动，也都离不开以混动为基础。从那时起，福特和宝马也都积极地与丰田寻求这方面的合作来引起业界关注。

在试驾"Mirai"这款车时，体会最深的是不影响传统汽车的驾驶习惯，没有了发动机的声响，行车的静谧性极佳，一次充气（氢），只需3min，就能行驶500km，与传统车加油的时间相当。这款车的售价是多少？如果折合人民币，那么也只有40万元左右（723.6万日元）。按照丰田2050战略，HEV、PHEV只是短期目标，而中长期目标则要靠FCV，最终要实现零排放目标。而"未来"的推出，表明丰田这一目标的实现已经提前。

尽管"Mirai"还处在实证实验阶段，但按丰田办事风格来看，一项新的技术和成果不到成熟阶段是不会示人的，就像在中国实施双擎战略，先建研发中心，再国产，而后再上市。事实证明，这种"后发制人"的策略，表明丰田对技术的自信和对市场的把握，对前瞻的洞察有充分的准备。尤其是当零差价的双擎（卡罗拉和雷凌）一经问世，就一举成为混动市场的标杆。而今，"Mirai"来了，可以预见，这是继双擎之后零排放的最为理想的终极车。

丰田（中国）投资有限公司董事长大西弘致表示，对"Mirai"实证实验就是为了引进的可行性，并应用到更广泛的商业领域做准备。他认为，"Mirai"是终极环保车，对节能减排有着重要的现实意义。而目前看来，"Mirai"此举对于中国则有捷足先登的可能。

在2014年以前，丰田已经在燃料电池领域取得了技术突破，可以使车用燃料电池的成本从100万美元降到5万美元，降幅高达95%。

丰田Mirai的结构（图1-33）与传统的汽油车或者纯电动车都不一样，如果硬要找出一个类似的结构，可能丰田最畅销的普锐斯跟Mirai会有着一点点相似的结构吧。

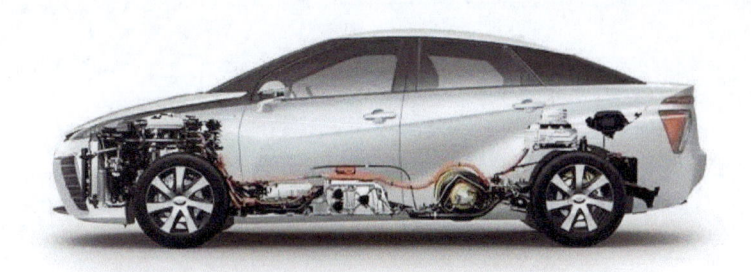

图1-33 丰田Mirai（未来）的结构

Mirai的动力系统被称作TFSC（Toyota FC Stack），即丰田燃料电池堆栈，是以燃料电池堆栈为核心组件的混合动力系统。TFSC没有传统的汽油发动机，也没有变速器，发动机舱内部是电机和电机控制单元。在驾驶舱底部布置着的燃料电池堆栈是整套系统的核心，在车身后桥部分放置着一个镍氢动力电池组和前后两个高压储氢罐，Mirai加满5kg氢气就可以连续跑上650km。

（3）本田燃料电池汽车发展历史

本田从1999年开始研发燃料电池汽车，在使用巴拉德系统的同时也一直坚持自主研发燃料电池系统。本田的燃料电池汽车被认为可以与丰田的Mirai媲美，与其一直坚持自主研发有着密切联系。国内汽车厂商和燃料电池厂商应当从国外的先进企业中吸取经验教训。

在日本，除了丰田之外，本田同样是知名的燃料电池汽车制造商。从1999年开始，本田一直坚持燃料电池汽车的研发，并在1999～2003年坚持每年推出一款新的燃料电池汽车，每次都有着明显的进步，并且在2003年的FCX-V4之时，技术参数已经与现在的燃料电池汽车非常接近。

但在2003年后本田停止了对燃料电池汽车的持续更新，直至2007年才再次推出了一款燃料电池汽车Clarity，这个名字也一直沿用到现在。2007年之后，本田再次"断更"，直至2016年才重新推出了新的Clarity FUEL CELL。

1）FCX-V1&FCX-V2。1999年9月6日，本田汽车有限公司先后推出了FCX-V1（图1-34）和FCX-V2两款由燃料电池驱动的原型车。这两款原型机均采用本田专为电动汽车设计的EV Plus车身，以及本田自己的小型驱动电机和控制系统。其中，FCX-V1使用了来自巴拉德的固体聚合物燃料电池（PEFC），输出功率达到了60kW，储氢系统使用了合金储氢罐（La-Ni5）。FCX-V2则使用了本田自产的甲醇重整器和自制的PEFC，功率也是60kW。这两款车均使用了动力电池作为辅助系统。

2）FCX-V3。2000年9月，本田推出了FCX-V3（图1-35）。经过了一年的时间，FCX-V3最显著的变化是使用了来自Civic GX的25MPa的高压储氢罐。燃料电池系统依然有两个版本，一个来自于巴拉德，另一个则是本田自制。辅助电池系统则由动力电池换成了超级电容器。V3的续驶里程达到了180km。值得一提的是，FCX-V3参与了美国加州燃料电池合作计划（CaFCP），去加州进行了道路试验。

图1-34 本田FCX-V1燃料电池动力汽车　　图1-35 本田FCX-V3燃料电池动力汽车

3）FCX-V4。2001年9月，本田推出了FCX-V4燃料电池动力汽车（图1-36）。本田对FCX-V4进行了全新的设计，最值得注意的变化是该车使用了35MPa的高压储氢罐，续驶里程也由180km上升到300km。2002年7月24日，本田FCX成为世界第一个获得政府认证的燃料电池汽车。

4）FCX。2002年9月，本田推出了FCX燃料电池汽车原型车（图1-37），并于2002年12月3日在日本和美国交付首批本田FCX燃料电池汽车。FCX是世界上第一个获得美国政府批准商业化的燃料电池汽车。

图1-36 FCX-V4燃料电池动力汽车　　图1-37 FCX燃料电池动力汽车

2003年10月，本田推出了配备FC Stack的FCX（图1-38），这是一款非常紧凑的新一代燃料电池组，具有高性能，可在低温下运行。这是世界上第一个采用冲压金属双极板和新开发的电解质膜的燃料电池系统。同时，它的功率提高到了80kW，汽车续驶里程也增加到了450km。本田开始对车辆的冷起动和驾驶性能进行公开测试，以推动燃料电池汽车更广泛的使用。

5）FCX Clarity。本田在2003年后结束了每年推出一款燃料电池汽车的节奏，直到2007年，本田终于再次发布了新的燃料电池汽车——FCX Clarity（图1-39），这个名字也一直沿用到了现在。本田于2007年11月在洛杉矶车展上推出了FCX Clarity燃料电池汽车。FCX Clarity 是一款全新设计的燃料电池汽车，由本田 V Flow 燃料电池组提供动力。该车的许多参数已经与现在的燃料电池汽车非常接近，比如燃料电池功率达到了 100kW，使用了锂离子电池作为辅助电池系统，使用了 35MPa 的高压储氢罐。由于使用了众多先进技术，该车的续驶里程达到了 620km。当时，本田计划在 3 年内量产 200 辆 FCX Clarity。

图 1-38　FC Stack 的 FCX 燃料电池汽车

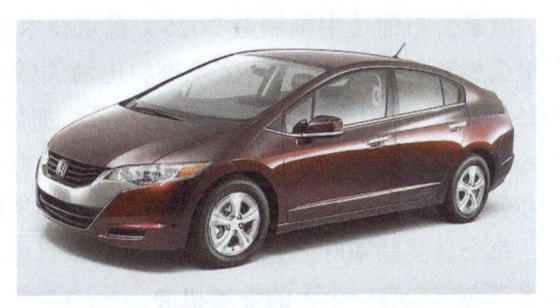

图 1-39　燃料电池汽车——FCX Clarity

又过了 9 年，本田在 2016 年 3 月开始在日本销售全新燃料电池汽车（FCV）Clarity Fuel Cell（图 1-40），也就是我们所熟知的本田 FCV Clarity。该车使用了本田自研的燃料电池系统，功率达到了 103kW，储氢罐压力达到了 70MPa，续驶里程高达 750km。本田自研的燃料电池系统非常紧凑，前舱就能将燃料电池系统完全容纳。

6）Puyo。此外，在 2007 年东京车展上，本田还推出了一款燃料电池概念车 Puyo（图 1-41）。有趣的是，该车使用操纵杆取代了转向盘，最酷的地方则是该车的车身可以旋转 360°，因此该车没有倒车的必要。

图 1-40　本田全新燃料电池汽车（FCV）Clarity Fuel Cell

图 1-41　本田燃料电池概念车 Puyo

（4）中国燃料电池汽车发展

我国的氢燃料电池车已经进行了十几年的研发，从"九五"开始，进入"十三五"，已经经过了 20 个年头。

2008 年北京奥运会启用了 23 辆燃料电池汽车，其中 3 辆大客车，20 辆轿车。2009 年有 16 辆车到美国加州进行了试验。2010 年上海世博会，一共有 196 辆燃料电池车参加了运营，燃料电池的功率是 50kW，锂电池的功率是 20kW，此外还参加了新加坡的世青赛。北京奥运会用的公交车在北京 801 路上进行了示范运行，燃料电池的功率是 80kW。

在这之后，上汽进行了"2014 创新征程万里行"活动，燃料电池车、纯电动车和插电式混合动力车三种车型参加了示范，燃料电池汽车在全国 14 个省、市、自治区的 25 个城市运行了超过 10 000km，接受了沿海潮湿、高原极寒、南方湿热、北方干燥的各种考验。

客车方面宇通推出了第三代燃料电池客车，氢燃料加注时间仅需 10min，测试工况下续驶里程超过 600km，尤其是成本下降了 50%。此外，福田燃料电池客车也亮相北京奥运会和上海世博会。近年来，技术又得到了提升。近期，上汽大通 V80 氢燃料电池版轻型客车，采用新源动力电堆驱动，最高车速可达 120km/h。

国家公布的《中国制造 2025》重点技术领域技术路线图中，关于新能源汽车发展规划里面提到，到 2020 年要实现燃料电池关键材料批量化生产的质量控制和保证能力；在 2025 年之前，我国氢能汽车方面的制氢、加氢等配套基础设施基本完善，燃料电池汽车实现区域小规模运行。为了推行氢能燃料电池汽车，国家出台了相应的补贴政策，同时国务院办公厅提出：对符合国家技术标准且日加氢能力不少于 200kg 的新建燃料电池汽车加氢站，每个站奖励 400 万元。相信沿着这个目标，我国的氢燃料电池汽车，尤其是氢燃料电池客车必定会有一个大的发展机会。

5. 五大建议促氢燃料电池汽车产业化

针对中国氢燃料电池汽车发展问题，衣宝廉院士结合多年研发和实践工作，着重讲了他的五个建议，具体如下。

（1）实现关键材料的批量生产

希望有志于燃料电池事业的企业家，投资建立燃料电池关键材料与部件的批量生产线，实现燃料电池关键材料与部件的批量生产，建立健全燃料电池的产业链。

（2）提高燃料电池电堆和系统可靠性和耐久性

希望研究车用工况下燃料电池衰减机理的科研单位与生产电堆和电池系统的单位真诚合作，开发控制电堆衰减的实用方法，大幅度提高电堆与燃料电池系统的可靠性与耐久性。

（3）空气压缩机、储氢瓶和加氢站

加快车用燃料电池系统用空气压缩机与 70MPa 氢瓶的研发和加氢站建设。加大科研投入，联合攻关；空气压缩机也可采用引进技术，合资建厂。

（4）加速轿车用燃料电池技术的开发

开发长寿命的薄金属双极板，大幅度提高燃料电池堆的重量比功率与体积比功率；开发有序化的纳米薄层电极，大幅度降低电池的铂用量和提高电池的工作电流密度；采用立体化流场，减少传质极化。

（5）加强整车的示范运行与安全实验。扩大燃料电池电汽车示范运行。

针对国内氢燃料电池汽车市场化上述五个建议，衣宝廉院士详细解释如下：

第一是关于实现关键材料的批量生产。

目前，我们国产氢燃料电池发动机为什么比国外贵？其中一个因素就是我们的材料都是进口的，这些材料包括催化剂、隔膜、碳纸等。其实，这方面国内已经取得了一定的研发成果，如国内的催化剂、复合膜、碳纸等从技术水平上已经达到或超过国外商业化产品，急需产业界投入建立批量生产线，实现国产化。

第二是提高电堆与系统的可靠性和耐用性。

现在中国的氢燃料电池车整体而言其实不比德国的、美国的、日本的车差，但可靠性和耐用性还有待于提高。所以我希望研究车载工况下燃料电池电堆衰减机能的科研单位与电堆和电池系统的生产单位真诚合作。

燃料电池系统的寿命不完全是由电堆决定的，还依赖与系统的配套，包括燃料供给、氧化剂供给、水热管理和电控等等，系统内部关系搞不好，电堆里边"生活环境"就不好。就像现在国人讲养生，首先是身体基因，更重要的是生活环境、个人保健等一系列事情，电池的寿命也是一样的。

大连化物所在燃料电池衰减机理及控制策略方面，已经开展了一些卓有成效的工作。研究表明采用限电位控制策略，可以显著降低燃料电池起动、停车、怠速等过程引起的高电位衰减。采用"电－电"混合策略，可以平缓燃料电池输出功率的变化幅度，对延长燃料电池的寿命起到了决定性的作用。此外，氢侧循环泵、MEA 在线水监测等措施可以有效地改善阳极水管理，可以提高燃料电池耐久性。

第三是关于燃料电池系统用的空气压缩机与 70MPa 氢瓶的研发及加氢站的建设。这是涉及燃料电池示范运行的一个大问题。希望我们国家能够加大科研投入，联合攻关。鉴于我国在燃料电池车载空气压缩机技术方面比较薄弱，建议采用引进技术与自主开发相结合，尽快推进。高压氢瓶方面，建议尽快建立 70MPa IV 型瓶的法规标准，氢瓶成本还要进一步降低。加氢站方面，尽管国家有补贴政策，但成本还是比较高，近期，可以根据燃料电池商用车或轨道交通车区域或固定线路运行的特点，建立区域性加氢站，满足示范运行需求，随着燃料电池汽车数量的增大，加氢站也会逐步增多，这是市场发展的必然趋势。

第四就是加速轿车燃料电池的开发。

商用车看重的是可靠性和耐久性，对质量比功率和体积比功率没有太高的要求；轿车是各大汽车公司比拼的地方，因为车辆内空间有限，轿车要求重量比功率和体积比功率较高。现在都要达到 3kW/L 以上。国内我们大连化物所电堆体积比功率已经达到了 2.7kW/L，接近国际先进水平。还要在高活性催化剂、低 Pt 电极、有序化 MEA、3D 流场方面做些研究工作。

第五就是加速燃料电池汽车示范及安全实验。

最近，联合国环境开发署三期"促进中国燃料电池汽车商业化发展"示范项目已经启动，计划在北京、上海、郑州、佛山、盐城 5 个城市进行燃料电池汽车示范。此外，云浮等地方政府也在积极推动示范运行项目，这是个好事，但还远远不够，还要加大示范力度。

再就是安全性问题，这是老百姓比较关注的事情。一听说燃料电池带高压氢，大家都害怕。其实氢气比较轻，它的扩散系数是汽油的 22 倍，氢气漏出来以后很快就向上扩散了，不像汽油，漏出来以后就滞留在车的旁边。汽油着火是围绕车烧的，氢气的火是在车辆上方的，所以氢气在开放空间里是非常安全的。但氢气在封闭空间的安全性要引起足够重视，如家用氢燃料电池车在车库里，这个车库要加氢传感器，而且要加上通风装置，以防发生危险。现阶段建议载有氢燃料的车最好露天停放。

总之，目前我国政府非常重视新能源汽车的发展，燃料电池汽车迎来了好的发展机遇。科研院所与企业界要联合攻关，继续完善燃料电池技术链，发展燃料电池产业链，加快促进我国燃料电池汽车商业化发展。

目前，燃料电池汽车样车开发和示范运行都已证明其技术的可行性，但要达到实用化还面临着很多的挑战，主要有以下几点。

（1）燃料电池的寿命需要进一步提高

目前燃料电池的使用寿命只有 2 000~3 000h，而实用化的目标寿命应大于 5 000h。因此，减缓和消除工况循环下材料与性能的衰减、增加对燃料与空气中杂质的耐受力、提高零度以下储存和起动能力等成为研究的热点。

（2）燃料电池的成本要大幅度降低

2005 年，美国能源部依据现有材料与工艺水平，预测在批量生产条件下燃料电池系统的成本为 108 美元 /kW，到 2010 年达到的目标成本是 35 美元 /kW。为此，需要研究满足寿命与性能要求的廉价替代材料（如超低 Pt 用量的电极、大于 120℃高温低湿度膜等）与改进关键部件的制备工艺，并逐步建立批量生产线。

（3）解决氢源和基础设施问题

结合本地资源情况，选择合适的制氢途径，进行加氢站的建设和示范，同时开展车载储氢材料和储氢方法的研究，延长整车的续驶里程。

思考与讨论

认知民族电池品牌在国际上的地位；
对民族品牌树立信心，以民族品牌为荣。

案例 1　2022 年全球 10 大电动汽车电池制造商

2022 年 10 月 09 日留学早报快讯：2022 年全球 10 大电动汽车电池制造商出炉。

排名	公司	2022 年市场份额	国家
NO.1	CATL（宁德时代）	34%	中国
NO.2	LG Energy Solution	14%	韩国
NO.3	BYD（比亚迪）	12%	中国
NO.4	Panasonic（松下）	10%	日本
NO.5	SK On	7%	韩国
NO.6	Samsung SDI（三星 SDI）	5%	韩国
NO.7	CALB（中航锂电）	4%	中国
NO.8	Guoxuan（国轩高科）	3%	中国
NO.9	Sunwoda（欣旺达）	2%	中国
NO.10	Svlot（长城汽车旗下）	1%	中国
其他		8%	

宁德时代，中国创业板第一大上市公司，全球锂电龙头企业，从某种意义上说，它代表着中国新能源产业链的未来。

请同学查阅相关资料讲解我国锂离子电池产业"跟跑-并跑-领跑"的发展历程，以及比亚迪"刀片型"新结构动力电池技术。

课后题

简答题

1）简述纯电动汽车发展史。

2）简述混合动力汽车发展史。

3）简述燃料电池汽车发展史。

项目二
电动汽车动力电池

情境引入

一辆 2014 年 5 月出厂的比亚迪 E6 纯电动汽车，在 2019 年 8 月仪表出现一个红色的蓄电池符号旁边还带有一个感叹号的符号。关掉点火开关，重新开启上电操作，有时符号消失还能上电"OK"，偶尔符号出现时就不能上电"OK"了。经比亚迪服务技师用诊断仪诊断后为电池电芯老化严重。

如果你是接车的修理技术人员，那么应如何找出上述故障的原因？修理方案应如何制订？

学习目标

能说出汽车动力电池的性能指标有哪些。
能说出磷酸铁锂锂离子电池的特点。
能说出全固态锂离子电池的特点。
能说出吉利电池箱内电池的特点。
能画出电池箱内的结构示意图。
能说出电池箱的制冷和制热原理。

技能目标

能更换纯电动汽车电池箱。
能更换纯电动汽车电池箱内的一组电池。

任务一　蓄电池性能指标

一　蓄电池的性能指标

蓄电池的作用是储存电能。在充电过程中，电能通过蓄电池内活性物质的化学变化转变为化学能，储存在蓄电池内；在放电过程中，通过蓄电池内活性物质的化学变化逆转将化学能转变为电能，由蓄电池输出。

各种蓄电池的基本工作原理是电能→化学能→电能→化学能的可逆变换过程，能够反复使用，一般称能够将化学能转变为电能的电池为蓄电池。

截至 2022 年，蓄电池在比能量和比功率方面有很大的提高，使得电动汽车的动力性能不断提高，一次充电后的续驶里程也不断地延长，而且这种提高一直在进行。蓄电池的主要性能指标讨论如下。

1. 电压（V）

1）电动势：电池正极和负极之间的电位差 E（见表 2-1）。

> **技师指导** 电动势即当电池外部负载的电阻为无穷大时，可完全忽略电池内阻的情况下测得的蓄电池端电压。

表 2-1　不同电池的电动势

电池	铅酸电池	镍镉电池	镍氢电池	锰钴锂电池	磷酸铁锂电池	钠硫电池
电压	2.1V	1.2V	1.2V	3.7V	3.2V	2.1V

2）开路电压：电池在开路时的端电压，一般开路电压与电池的电动势近似相等。

> **技师指导** 万用表的内阻为几十兆欧，可近似看作无穷大，忽略电池内阻的情况下测得的蓄电池端电压接近电池的电动势。

3）额定电压：电池在标准规定的条件下工作时应达到的电压。

4）工作电压：在电池两端接上负载电阻后，在放电过程中显示出的电压，也称为负载电压或对外放电电压。

5）终止电压：电池在一定标准所规定的放电条件下放电时，电池的电压将逐渐降低，当电池不宜再继续放电时，电池的最低工作电压称为终止电压。

2. 电池容量（A·h）

（1）理论容量

理论容量是指根据蓄电池活性物质的特性计算出的最高理论容量值，一般用电池容量与电池质量的比（A·h/kg）来表示，也可以用电池容量与电池体积的比（A·h/L）来表示。

（2）实际容量

实际容量是指在一定条件下所能输出的电量，等于放电电流与放电时间的乘积。

（3）标称容量

标称容量是指用来鉴别电池适当的近似安时值，由于没有指定放电条件，所以只标明电池的容量范围而没有确切值，也称为公称容量。

（4）额定容量

额定容量是指按一定标准所规定的放电条件，电池应该放出的最低限度的容量，也称为保证容量。

（5）荷电状态

荷电状态（State of Charger）缩写为SOC，反映的是电池实际存贮的电荷与电池当前能存贮的最多电荷之比，常用百分数表示。

SOC=1即表示电池为充满状态，记为100%。随着蓄电池放电，蓄电池的电荷逐渐减少，此时蓄电池的充电状态可以用SOC的百分数的相对量来表示蓄电池中电荷的变化状态。

因为电池实际存贮的电荷与电池当前能存贮的最多电荷两者都是可变值，所以对SOC精确的实时监测，是电池管理系统的一个关键技术。

> **技师指导** 一般动力蓄电池放电高效率区SOC在50%~80%，对于混合动力汽车的电池管理系统，一般实际控制在45%~85%。

3. 能量

电池存贮的能量决定电动汽车的行驶距离，能量的单位是千瓦·时（kW·h），简称度。

（1）标称能量

标称能量是指按一定标准所规定的放电条件下，电池所输出的能量。电池的标称能量是电池的额定容量与额定电压的乘积。

（2）实际能量

实际能量是指在一定条件下电池所能输出的能量。电池的实际能量是电池的实际容量与平均工作电压的乘积。电池的质量包括电池本身结构件质量和电解质质量的总和。

（3）能量质量比

能量质量比是指动力电池组单位质量中所能输出的能量，简称比能量，单位为W·h/kg。

（4）能量体积比

能量体积比是指动力电池组单位体积中所能输出的能量，简称能量密度，单位为W·h/L。

4. 功率

功率是指在一定的放电制度下，电池在单位时间内所输出的能量。电池的功率决定混合动力汽车的加速性能。

（1）功率质量比

功率质量比是指电池单位质量中所具有电能的功率，简称比功率，单位为W/kg。

（2）功率体积比

功率体积比是指电池单位体积中所具有电能的功率，简称功率密度，单位为W/L。

> **技师指导** 这里总结一下"比"和"密度"的区别，比和质量有关，密度和体积有关。

5. 电池的内阻

电流通过电池内部电解液、隔膜、电极时受到的"阻力"会使电池的对外输出电压降低，此"阻力"称为电池的内阻。由于电池的内阻作用，使得电池在放电时的端电压低于电动势和开路电压，在充电时的端电压高于电动势和开路电压。

> **技师指导** 正常工作时，铅酸蓄电池的内阻一般为几毫欧姆，镍氢电池的内阻一般也为几毫欧姆，锂离子电池的内阻一般也为几毫欧姆。
>
> 不同的汽车，蓄电池的内阻是不一样的，而且都不会有个固定的值，会随着蓄电池的使用时间而变大，新的充满电的电池内阻很小，旧的且馈电的电池内阻增大许多。要想准确地知道蓄电池内阻值的大小，需要电池内阻测量仪测试当前的内阻是多少。
>
> 电池内阻测量仪可通过测量电池的两端来测量出电池的内阻。注意：万用表是不能测量电池类元件内阻的，这是因为电池本身是电源，测量电阻用的是万用表内的电源，而被测元件是不能由万用表内的电源以外的电源给供电的。

6. 循环次数

在一定的充放电制度下，电池容量降到某一定值之前（比如80%），电池所能承受的循环次数，称为循环寿命，这是蓄电池的主要性能指标之一。

> **技师指导** 我国电动道路车辆用蓄电池标准规定，锂离子电池的循环寿命不得小于300次，铅酸蓄电池的循环寿命不得小于400次。

在每个循环中，电池中的化学活性物质要发生一次可逆性的化学反应。蓄电池充电和放电的循环次数与电池的充电和放电的形式、电池的温度和放电深度有关，放电深度浅时，有利于延长电池的寿命。特别是电池在电动汽车上的使用环境，包括电池组中各个电池的均衡性、安装、固定方式、所受的振动和线路的安装等，都会影响电池的工作循环次数。随着充电和放电次数的增加，电池中的化学活性物质会发生老化变质，逐渐削弱其化学功能，使得电池的充电和放电的效率逐渐降低，直至最后电池丧失全部功能而报废。

7. 使用年限

电池除了以循环次数表示使用时间，通常还要用电池的使用年限来表示电池的寿命，单位为年。

8. 放电速率

放电速率一般用电池在放电时的时间或放电电流与额定电流的比例来表示，简称放电率。

1）放电时率：电池以某种电流强度放电直至电池的电压降低到终止电压时，所经过的放电时间。

2）放电倍率：电池的放电电流值与电池额定容量数值的比值。

> **技师指导** 比如电池额定容量 C=6.5A·h，若以 6.5A 放电电流放电，则放电倍率就为 1，放电电流为 1CA；若以 3.25A 放电电流放电，则放电倍率为 0.5，放电电流为 0.5CA。

9. 自放电率

自放电率是指电池在存放时间内，在没有负载的条件下自身放电，使得电池容量损失的速度。自放电率用单位时间月或年内电池容量下降的百分数来表示。

> **技师指导** 铅酸蓄电池的月自放电率为 0.03%，镍氢电池的月自放电率为 20%，锂离子电池的月自放电率为 5%~10%。

10. 成本

电池的成本与其技术含量、材料、制作方法和生产规模有关。目前新开发的高比能量的电池成本较高，使得电动汽车的造价也较高，开发和研制高效、低成本的电池是电动汽车发展的关键。除上述主要性能指标外，还要求电池无毒性、对周围环境不会造成污染或腐蚀，使用安全，具有良好的充电性能和充电操作方便，耐振动，无记忆性，对环境温度变化不敏感，易于调整和维护等。

目前电池技术的瓶颈则在于如何造出容量大（充满电可以连续行驶 400km）且体积小、重量轻、价格低的电池，最后还要考虑如何快速给电池充电。

> **阅读环节**　　　　　　　　　　**特斯拉成本分析**
>
> 对于特斯拉纯电动汽车而言，动力电池模块［Cell（电芯）+Pack（包装及成组）+BMS（电池管理系统）］的成本占据了整车成本相当的比例。
>
> 特斯拉 Model S 车型动力电池系统占整车成本的比例：85kW·h 基本款的售价是 79 900 美元，按照 Tesla 年报披露的毛利润率 22.5% 计算，其大概成本为 79 900 美元 ×（1-22.5%）=61 923 美元，那么可以计算出 Model S 的动力电池系统成本所占比例为 35 246 美元 ÷61 923×100% = 56.9%，已经接近整车成本的 60% 了。
>
> Model S 的能量成本：如果按照动力电池系统的成本计算，其能量成本是 35 246 美元 ÷85kW·h = 414 美元 /kW·h。Model S 在电芯水平的能量成本是 26 680 美元 ÷85kW·h = 313 美元 /kW·h，以上是按照松下与 Tesla 新供货合同计算的结果。如果用 2011 年松下的供货价格，那么 Model S 的电芯能量成本是 15 246 美元 ÷85kW·h = 179 美元 /kW·h。
>
> Model S 动力电池系统的重量占整车的比例：Model S 的整车重量为 2 109kg，那么电池的重量比例为 339kg÷2 109kg = 16%。而整个动力电池系统占整车的比例为 544kg÷2 109kg = 26%。但是，一辆普通轿车的发动机占整车的大概比例一般为 15% 左右。
>
> Model S 的电池寿命：关于 Telsa 电池组的循环寿命，到目前为止没有任何公开的数据报道，属于 Tesla 商业机密范畴。但是有人实测过单个松下 NCR18650A 电芯的循环性，如果以 80% 容量保持率为标准，那么在室温下 0.5C 100% DOD 的测试条件下可以达到 1 700 次的循环，容量型电芯能够达到这个循环寿命已经是相当不错的了。由于每个电芯在内阻和容量上的差异，成组以后的循环性相对于单体电芯会有所降低。但是由于松下 18650A 电芯的一致性非常好，而且 Tesla 采用了独特的 BMS 设计原理，有理由相信 Model S 的电池组循环性跟单体电池相比没有较大幅度的下降。

二 具体电池性能指标

各种单体储能装置的性能指标比较见表2-2,要注意的是电池成组后单体电池的容量和充放电次数会有较大的下降。

表2-2 各种单体储能装置的性能指标比较

项目	铅酸蓄电池	镍氢电池	锂离子电池
充电时间	4~12h	12~36h	3~4h
充放电次数	400~600	大于500	1 000
工作电流	高	高	中
记忆效应	轻微	有	很轻微
自放电(每月)	0.03%	20%	5%~10%
能量密度(W·h/kg)	30	60~80	100~200
功率密度(W/L)	小于1 000	大于1 000	大于1 000
安全性	一般	良	差
环境	有污染	基本无污染	基本无污染

早期电动汽车上应用最广泛的电源是铅酸蓄电池,但随着电动汽车技术的发展,铅酸蓄电池由于比能量较低,充电速度较慢,寿命较短,已逐渐被其他蓄电池所取代,而铅酸蓄电池的低速电动汽车也不在新能源汽车之列。镍镉电池主要应用到电动工具或电动叉车上,基本没有应用到电动汽车上。

一般情况下,电动汽车的能源为动力电池,动力电池在工作中进行的是频繁、浅度的充放电循环。在充放电过程中,电压、电流可能有较大的变化。

针对这种使用特点,电动汽车的动力系统对电池有如下几个方面的特别要求。

1)电动汽车要求动力电池具有更高的比功率。
2)电动汽车中动力电池的高充放电效率对保证整车效率具有至关重要的作用。
3)电动汽车动力电池应当在快速充放电和充放电过程变工况的条件下保持性能的相对稳定。

三 电动汽车对动力电池的基本要求

一般电动汽车动力电池要求有较大的比能量,而混合动力汽车所采用的动力电池组则要求有较大的比功率,两种电池在性能方面各有侧重。混合动力汽车对动力电池的基本要求如下。

1. 比能量大

比能量是保证混合动力汽车能够达到基本合理的续驶里程的重要性能。蓄电池连续2h放电率的比能量至少不低于44W·h/kg。

2. 充电时间短

动力电池对充电技术没有特殊要求,能够实现感应充电。动力电池的正常充电时间应小于 6h，动力电池能够适应快速充电的要求，动力电池快速充电达到额定容量的 50% 时的时间为 20min 左右。

3. 连续放电率高

动力电池能够适应快速放电的要求，连续 1h 放电率可以达到额定容量的 70% 左右。

4. 自放电率低

动力电池自放电率要低，能够长期存放。

5. 不需要复杂的运行环境

动力电池能够在常温条件下正常、稳定地工作，不受环境温度的影响，不需要特殊加热、保温热管理系统，能够适应混合动力汽车行驶时振动的要求。

6. 安全可靠

动力电池应干燥、洁净，电解质不会渗漏腐蚀接线柱和外壳，不会引起自燃或燃烧，在发生碰撞等事故时不会对乘员造成伤害。废动力电池能够进行回收处理和再生处理，动力电池中有害的重金属能够进行集中回收处理。电池组可以采用机械装置进行整体快速更换，线路连接方便。

7. 其他

蓄电池寿命长、免维修、制造成本低。动力电池的循环寿命不低于 1 000 次，在使用寿命限定期间内，不需要进行维护和修理。

四 电池开发

镍氢（Ni-MH）电池的比能量和比功率高，可实现快速充电，但高温性能差，成本高，应用潜力巨大。锂聚合物（Li-Ion）电池具有非常高的比能量和比功率，但成本高，低温性能差，应用潜力巨大。这两种电池目前是电动汽车的最好选择，不过对温度的要求恰好相反，因此要对电池箱内的温度进行管理。

> **扩展阅读** 未来可能采用的有如下电池，但并不确定未来商业化用哪种，所以只能作名称了解。
> 1）镍锌（Ni-Zn）电池：比能量高、比功率高、成本低、循环寿命短、潜力大。
> 2）锌空气（Zn/Air）电池：机械式充电、成本低廉、非常高的比能量、比功率低、不能接受再生能量、潜力巨大。
> 3）铝空气（Al/Air）电池：机械式充电、成本低、非常高的比能量、非常低的比功率、不能接受再生能量、潜力低。
> 4）钠硫（Na/S）电池：比能量高、比功率高、成本高、安全问题、需要热量管理、潜力一般。
> 5）钠、氯化镍（Na/NiCl$_2$）电池：比能量高、成本高、需要热管理系统、潜力大。

任务二　铅酸蓄电池

铅酸蓄电池的理论比能量为 175.5 W·h/kg，实际比能量为 35 W·h/kg，能量密度为 80 W·h/L。铅酸蓄电池的低速电动汽车不是新能源汽车，但用作混合动力汽车的电源还是可以的。

以酸性水溶液为电解质的蓄电池称为酸蓄电池。由于铅酸蓄电池电极是以铅及其氧化物为材料，故又称为铅酸蓄电池。

一　铅酸蓄电池的特点

铅酸蓄电池的特点是开路电压高，放电电压平稳，充电效率高，能够在常温下正常工作，生产技术成熟，价格便宜，规格齐全。十多年前，国内外的第一代电动汽车广泛使用了铅酸电池。

二　铅酸蓄电池的种类

铅酸蓄电池在汽车上要区分是起动用铅酸蓄电池，还是动力铅酸蓄电池。混合动力汽车牵引用动力铅酸蓄电池（简称动力铅酸蓄电池）的性能与起动用铅酸蓄电池的要求是不同的。

1. 起动用铅酸蓄电池的特点

传统汽车的起动用铅酸蓄电池最大的特点就是允许短时大电流放电，不能用于电动汽车作为储能蓄电池用。

2. 动力铅酸蓄电池的特点

要有高的比能量和比功率，高的循环次数和使用寿命，以及快速充电性能等，是电动汽车采用的蓄电池。

三　铅酸蓄电池构造

图 2-1 所示为普通铅酸蓄电池的构造，铅酸蓄电池的基本单元是单体电池（Battery Cell）。每个单体电池都由正极板、负极板和装在正极板与负极板之间的隔板组成。每个单体电池的基本电压为 2.1V 多一点，不过习惯称为 2V。实际用的铅酸电池是由不同容量的单体电池按使用要求进行组合，装置在不同的塑料外壳中，来获得不同电压和不同容量的铅酸蓄电池。铅酸蓄电池总成经过灌装电解液和充电后，就可以从铅酸蓄电池的接线柱上引出电流。

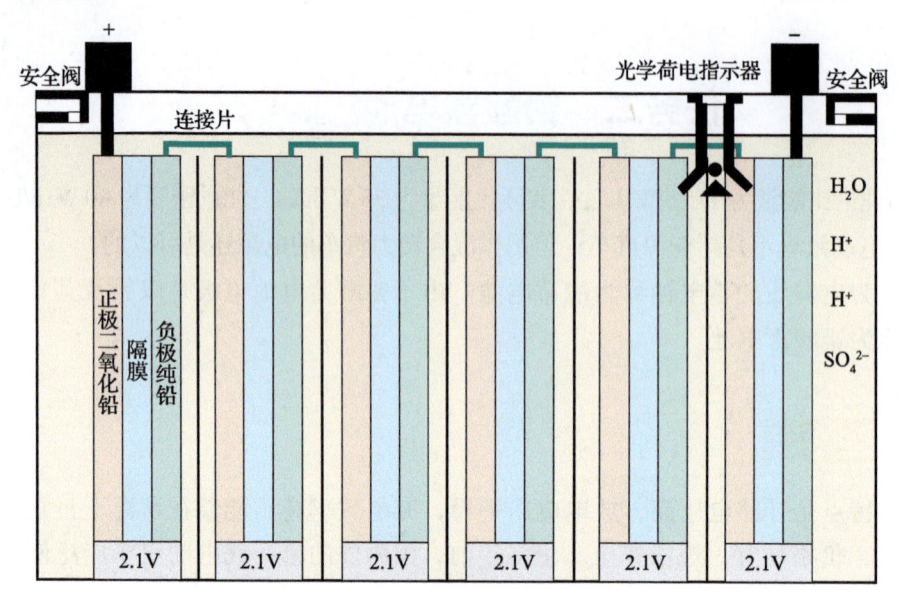

图 2-1 铅酸蓄电池的构造

铅酸蓄电池的荷电状态可通过光学荷电指示器来观察，光学荷电指示器构造如图 2-2 所示，光学荷电指示器的原理是利用荷电高时电解液密度高，浮球上升，光线进入后可以反射出来，荷电低时电解液密度变低，浮球下降，光线进入后不能反射出来的原理制成的。

标称为 12V 的铅酸蓄电池采用 6 个单格串联，其符号如图 2-3 所示，规定长端为正极，短端为负极。

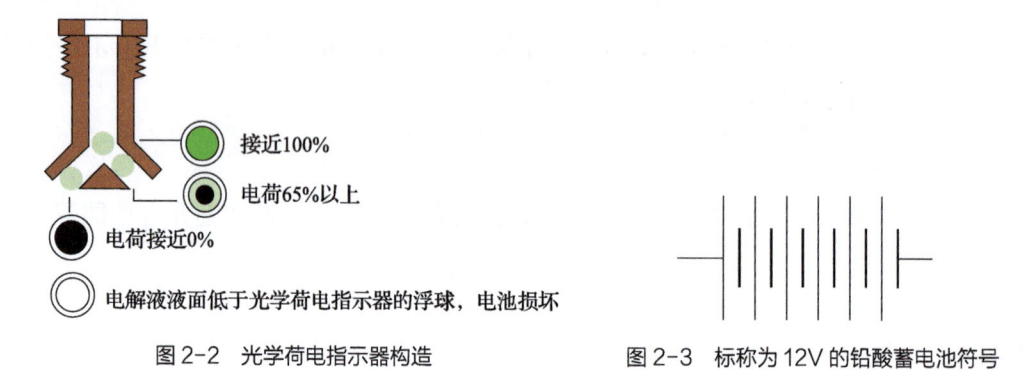

图 2-2 光学荷电指示器构造

图 2-3 标称为 12V 的铅酸蓄电池符号

四 铅酸蓄电池原理

1. 起动铅酸蓄电池

起动铅酸蓄电池的放电和充电的反应过程，是铅酸蓄电池活性物质可逆进行的化学变化过程。它们可以用化学反应方程式（1）表示。

$$PbO_2 + 2H_2SO_4 + Pb \underset{充电}{\overset{放电}{\rightleftharpoons}} PbSO_4 + 2H_2O + PbSO_4 \tag{1}$$

正极　　　　　　负极　　　　　正极　　　　　负极

铅酸蓄电池在放电时，化学反应由左向右进行，其相反的过程为充电过程的化学反应。由于铅酸蓄电池在放电过程中，其中的 H_2SO_4 的浓度会逐渐减小，所以可用密度计来测定 H_2SO_4 的密度，再由铅酸蓄电池电解液密度确定铅酸蓄电池电解液的放电程度。单体铅酸蓄电池的电压为2V，在使用或存放一段时间后，电池的电压可能降低到1.8V以下，或 H_2SO_4 溶液的密度下降到 $1.29g/cm^3$ 时。此时，铅酸蓄电池就必须充电，如果电压继续下降，那么铅酸蓄电池将损坏。

2. 动力铅酸蓄电池

动力铅酸蓄电池通常采用密封、无锑材料网隔板等技术措施，并在普通铅酸蓄电池的电解液中加入硅酸胶（Na_2SiO_3）之类的凝聚剂，用化学方程式（2）表示。使电解质成为胶状物，形成一种"胶体"电解质，采用"胶体"电解质的铅酸蓄电池，使用起来更加方便。

$$H_2SO_4 + Na_2SiO_3 = H_2SiO_3 + Na_2SO_4 \quad (2)$$

阀控铅酸蓄电池（Valve Regulated Lead Acid Battery，VRLA）是装了排气阀的蓄电池。安装了排气阀的铅酸蓄电池的特点是电极上带有催化剂，可以使充电时产生的氢气和氧气反应生成水流回电池，因而可以防止充电时产生的氢气和氧气逸散，控制水的消耗。一般情况下，阀控铅酸蓄电池在运行（放电）过程中是"零排放"，只有在充电后期生成的氢气和氧气过多来不及生成水，致使内部压力上升才有机会打开排气阀。蓄电池内的气体压力超过安全阀的压力时才有少量的氢和氧混合气体排放。图2-4所示为成组后的车用阀控铅酸蓄电池。

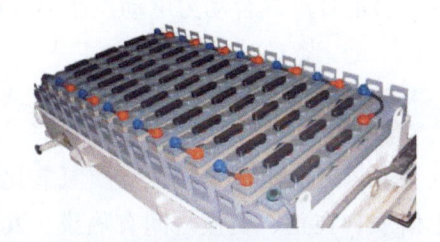

图2-4 成组后的车用阀控铅酸蓄电池

任务三 镍氢电池

一 电池简介

镍氢电池（Ni-MH）是一种碱性电池，单体电池电压为1.2V，比能量为75～80W·h/kg，比功率为160～230W/kg，能量密度达到200W·h/L，功率密度为400～600W/L。

1. 优点

1）充电18min可恢复40%～80%的容量，过充电和过放电性能好。
2）应急补充充电性能好，1h内可以完全充满，应急补充充电的时间短。
3）在80%的放电深度下，循环寿命可达到1 000次以上，是铅酸蓄电池的3倍。
4）一次充电后续驶里程长，而且起动加速性能较好。
5）可以在环境温度为 -28～80℃的条件下正常工作。
6）循环寿命可达到6 000次或7年。

7）采用全封闭外壳，可以在真空环境中正常工作。

8）低温性能较好，能够长时间存放。

9）镍氢电池中没有铅（Pb）和镉（Cd）等重金属元素，不会对环境造成污染。

10）镍氢电池可以随充随放，不会出现镍镉在没有放完电后即充电而产生的"记忆效应"。

2. 缺点

1）在高温条件下使用时电荷量急剧下降。

2）自放电损耗较大。

3）价格较贵，镍氢电池的成本很高，达到 600~800 美元 / kW·h，不同的储氢合金具有不同的储存氢的能力，价格也不相同。

4）镍氢电池的比功率和放电能力不及镍镉电池。

5）镍氢电池在使用时还应充分注意各个单体电池之间的一致性，特别是在高速率、深放电的情况下，各个单体电池之间的容量和电压差较明显。注重对电池组在充、放电过程中的导热管理和电池安全装置的设计。

目前日本混合动力电动汽车多采用镍氢电池作为能源。

二 电池构造

镍氢电池正极是活性物质氢氧化镍[$Ni(OH)_2$]，负极是储氢合金，用氢氧化钾作为电解质，在正、负极之间有隔膜，共同组成镍氢单体电池。在金属铂的催化作用下，完成充电和放电的可逆反应。镍氢电池的特性与镍镉电池特性基本相同，但氢气是没有毒性的物质，无污染。镍氢电池安全可靠，使用寿命长，而且不需要补充水分。

镍氢电池的极板有发泡体和烧结体两种。采用发泡体极板的镍氢电池，在出厂前必须进行预充电且放电电压不能低于0.9V，这是因为其工作电压不太稳定，特别是在存放一段时间后，会有近20%的电荷流失，老化现象比较严重，会造成内阻增高。经过改进的镍氢电池的烧结体极板本身就是活性物质，不需要进行活性处理，也不需要进行预充电，电压平衡、稳定，具有低温放电性能好、不易老化和寿命长的优点。

通常镍氢电池的外形有方形和圆形两种。

三 工作原理

镍氢电池的电解质是水溶性氢氧化钾（KOH）和氢氧化锂（LiOH）的混合物。

如图2-5所示，当电池充电过程中，正极氢氧化镍 $Ni(OH)_2$ 失去一个氢离子（H^+）到电解液中，并放出一个电子到正极，氢离子（H^+）在电解质溶液中与氢氧根离子结合生成水，在负极水分解为氢氧根离子和氢离子，氢离子（H^+）被负极金属吸收，负极从金属转化为金属氢化物。

负极　正极

储氢合金　尼龙无纺布隔膜　Ni(OH)₂氢氧化镍

● Ni　● K　● O　● H　● 电子

● M：钛-钒-钴-镍-铬（Ti-V-Co-Ni-Cr）储氢合金金属

充电时：
正极反应：$Ni(OH)_2 + OH^- \rightarrow NiOOH + H_2O + e^-$
负极反应：$M + H_2O + e^- \rightarrow MH + OH^-$
总反应：$M + Ni(OH)_2 \rightarrow MH + NiOOH$

镍氢电池的充电原理

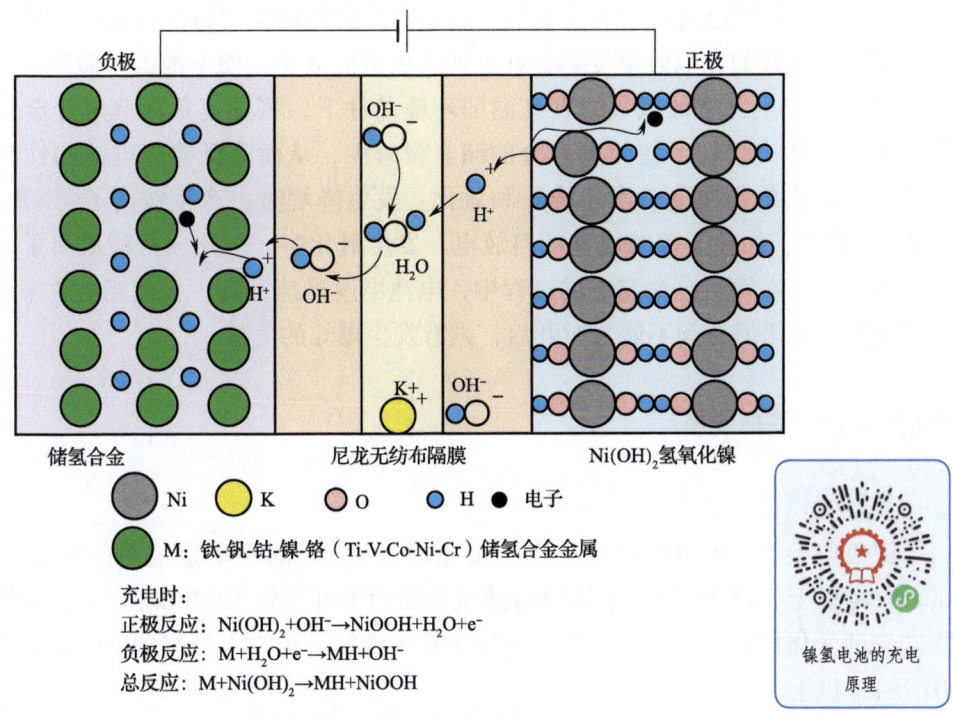

图 2-5　镍氢电池的充电原理

如图 2-6 所示，在放电过程中，氢离子（H^+）离开了负极，与氢氧根离子（OH^-）结合成水，离开了负极，在正极氢离子（H^+）和过氧化镍 NiOOH 结合恢复为氢氧化镍 $Ni(OH)_2$ 在电解质氢氧化钾中结合成水并释放电能。

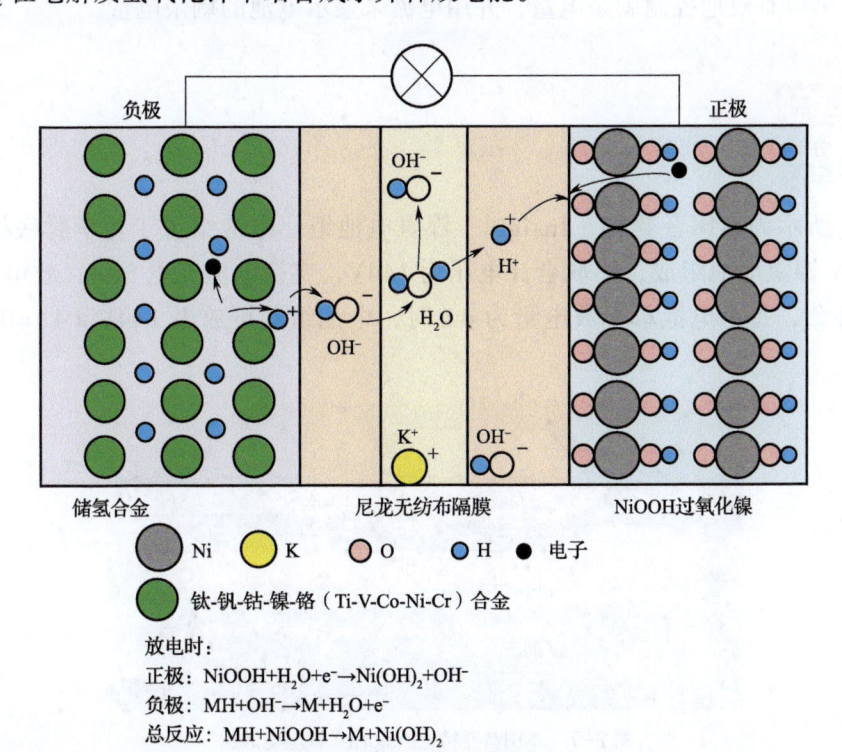

负极　正极

储氢合金　尼龙无纺布隔膜　NiOOH过氧化镍

● Ni　● K　● O　● H　● 电子

● 钛-钒-钴-镍-铬（Ti-V-Co-Ni-Cr）合金

放电时：
正极：$NiOOH + H_2O + e^- \rightarrow Ni(OH)_2 + OH^-$
负极：$MH + OH^- \rightarrow M + H_2O + e^-$
总反应：$MH + NiOOH \rightarrow M + Ni(OH)_2$

图 2-6　镍氢电池的放电原理

镍氢电池在充电过程中容易发热,发热产生的高温会对镍氢电池产生负面影响。高温状态下,正极板的充电效率变差,并加速正极板的氧化,使电池的寿命缩短。镍氢电池在充电后期会产生大量的氧气,在高温的环境条件下,将加速负极储氢合金氧化,并使储氢合金平衡压力增加,使储氢合金的储氢量减少,从而降低镍氢电池的性能。尼龙无纺布隔膜在高温的作用下会发生降解和氧化:发生降解时,产生铵离子(NH_4^+)和硝酸根(NO_3^-)离子,加速了镍氢电池的自放电;发生氧化时,氧化成碳酸根离子,使镍氢电池的内阻增加。在镍氢电池充电的过程中,电池温度迅速升高,会使充电效率降低,并产生大量氧气,如果安全阀不能及时开启,则有发生爆炸的危险。

四 充、放电特性

1. 放电特性

镍氢电池(6个单体电池组件)放电时,以2C的功率输出时的质量比功率可达到600W/kg以上,以3C的功率输出时的质量比功率可达到500W/kg以上,深度范围内质量比功率的变化比较平稳,对混合动力汽车动力性能的控制十分有利,电池的寿命可以达到10万km以上。

2. 充电特性

镍氢电池的充电接收性很好,充电效率几乎达到100%,能够有效地接收混合动力汽车在制动时反馈的电能。另外,由于能量损耗较小,镍氢电池的发热量被抑制在最小的极限范围内,可以有效地控制剩余电量,并用电流来显示电池的剩余电量。

五 实车应用

1. 本田车系

图2-7所示为本田音赛特(Insight)镍氢电池组,电池组置于行李舱底板,由120个松下1.2V镍氢电池组成,串联合计电压为144V,支持电流充电50A,放电100A。为延长电池寿命,每个电池单元放电量为4A时,电池组共可放电144V×4A=0.576kW·h能量。

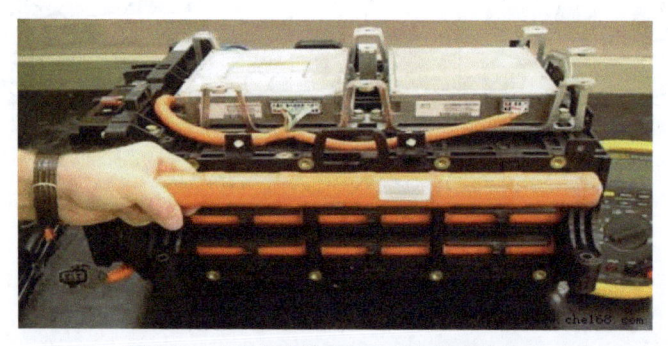

图2-7 本田音赛特(Insight)镍氢电池组

2. 丰田车系

图 2-8 所示为 2009 年后第三代普锐斯镍氢电池组，重达 53.3kg，由 28 组松下镍氢电池模块构成，每个模块分别载有 6 个 1.2V 电池（图 2-9），总计 168 个电池，串联标称电压合计 201.6V，比上第一代的 38 组 228 电池有所减少。2009 年第三代丰田普锐斯在国外为插电式混合动力（PHEV），电池装载较多，而在国内第三代丰田普锐斯因无插电功能，故电池数量和第二代完全相同，标称电压也为 201.6V。

图 2-8　丰田第三代普锐斯镍氢电池组

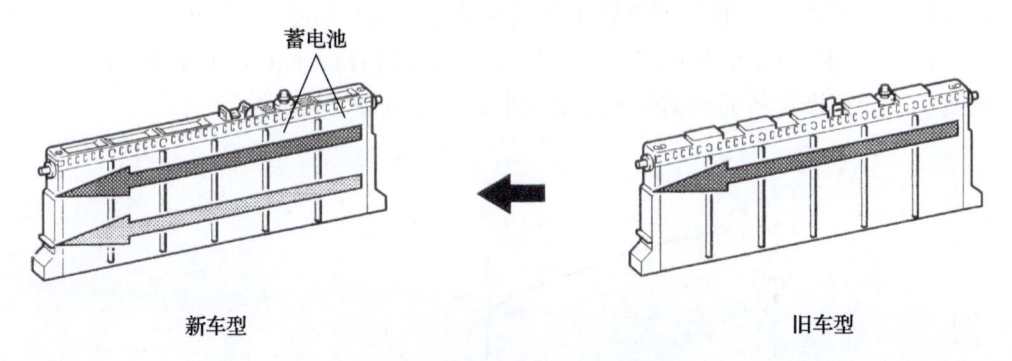

图 2-9　普锐斯 6 个 1.2V 电池结构

旧款普锐斯（Prius）中，HV 蓄电池间为单点连接，接点在蓄电池上部；而新车型中的蓄电池间为双点连接，新增的点在电池下部，这样蓄电池的内部电阻得以降低。

松下公司在镍氢电池的制造技术上进行了一些改进，例如：正极板采用多极板技术，负极板采用端面焊接技术，在电解液中适当加入 LiOH 和 NaOH，采用抗氧化能力强的聚丙烯毡做隔膜等，可以有效地提高镍氢电池的耐高温能力。在镍氢电池动力电池组之间，加大散热间隙，采取有效的散热措施和建立自动热管理系统，以保证镍氢电池正常工作并延长其使用寿命。镍氢电池通过增大冷却强度，可以让动力电池的放电功率有一定程度的提高，比如由 25kW 提高到 27kW。

任务四　锂离子电池

专家指导　目前，实用商品化的纯电动汽车均采用了锂离子电池，就目前来判断，未来很长一段时间仍只有锂离子电池。

一 锂离子电池的组成

锂离子电池主要由电极、隔膜、电解质和外壳组成。正极主要为含锂的化合物，常见的正极材料包括钴酸锂（LCO）、锰酸锂（LMO）、三元材料（NCM）、磷酸铁锂（LFP）等。负极大多采用石墨作为负极材料。隔膜是一层具有电绝缘特性的物质，它可以把正负极分隔开，具有使电解质中离子通过的能力。常用的电解液通常为有机物。外壳有钢壳、铝塑膜，其中铝塑膜大多由耐磨层、铝层、防腐蚀层、黏结层几部分组成，其中耐磨层是电池的外表面，可以防止汽车长期运行中因电池位置错动而引起的磨损，铝层可以起到防止水分进入的作用。

下面重点介绍普通锂离子电池、磷酸铁锂（$LiFePO_4$）和固态锂离子电池。

二 不同锂离子电池的特点

1. 普通锂离子电池的特点

目前市场上的锂离子电池正极材料主要是氧化钴锂（$LiCoO_2$），另外还有少数采取氧化锰锂（$LiMn_2O_4$）和氧化镍锂（$LiNiO_2$），以及三元材料 [$Li(NiCo)O_2$] 作为正极材料的锂离子电池。不同正极材料的锂离子电池放电曲线对比如图 2-10 所示。

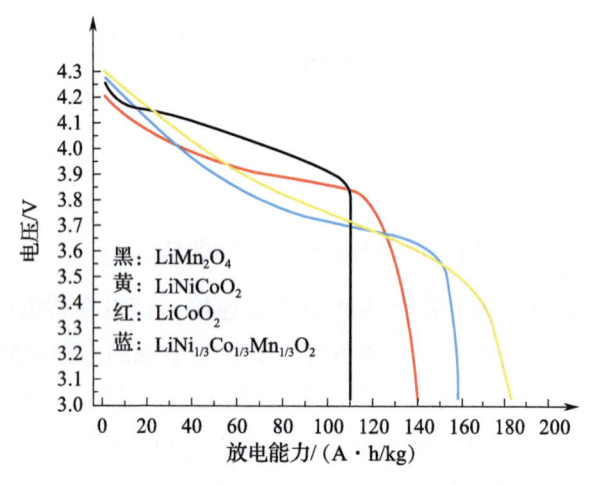

图 2-10 不同正极材料锂电池放电曲线对比

普通锂离子电池有如下优点。

1）普通单体电池的工作电压高达 3.7V，电压是镍氢电池的 3 倍，是铅酸电池的近 2 倍。

2）重量轻，比能量大，高达 150W·h/kg，是镍氢电池的 2 倍，铅酸电池的 4 倍，因此重量是相同能量的铅酸电池的 1/4～1/3。

3）体积小，能量密度高达 400W·h/L，体积是铅酸电池的 1/3～1/2。

4）提供了更合理的结构和更美观的外形的设计条件、设计空间和可能性。

5）循环寿命长，循环次数可达 1 000 次。以容量保持 60% 计，电池组 100% 充放电循环次数可以达到 600 次以上，使用年限可达 3～5 年，寿命约为铅酸电池的 2～3 倍。

6）自放电率低，每月不到5%。

7）允许工作温度范围宽，低温性能好，锂离子电池可在 –20～55℃之间工作。

8）无记忆效应，因此每次充电前不必像镍镉电池、镍氢电池一样需要放电，可以随时随地地进行充电。

9）电池充放电深度，对电池的寿命影响不大，可以全充全放。

10）无污染，锂电池中不存在有毒物质，因此被称为"绿色电池"。

钴酸锂电池和三元材料锂电池具有重量更轻、体积更小等优点，但这种电池不是特别适合做动力电池。另外，钴酸锂电池的主要原材料金属钴元素在我国储量极少，目前80%的金属钴元素基本靠进口，在我国难以大规模使用。最后，由于这种锂电池比能量高、材料稳定性差，容易出现安全问题，如果单体容量过大，那么一旦产生爆炸将十分危险。不过随着最近几年电动汽车电池生产技术的提高，大量采用三元材料锂离子电池的电动汽车越来越多。

图 2-11 所示为奥迪 Q5 混合动力汽车采用的锂离子电池组。

图 2-11　奥迪 Q5 混合动力汽车采用的锂离子电池组

2. 磷酸铁锂

1997 年美国人发现磷酸铁锂（$LiFePO_4$）模型，进而发现磷酸铁锂（$LiFePO_4$）是适合做动力电池的一种材料，从下面磷酸铁锂（$LiFePO_4$）电池的优点可以看出，磷酸铁锂电池是目前适合用于电动汽车产业化运用的锂离子电池。图 2-12 所示为一汽奔腾 B50EV 汽车磷酸铁锂锂离子电池组。

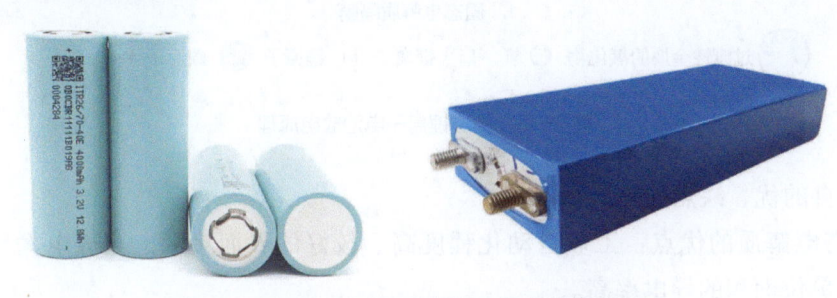

图 2-12　电动汽车常用的圆形和方型磷酸铁锂电池

磷酸铁锂电池的优点

1）高效率输出：标准放电为 2C~5C，连续高电流放电可达 10C，瞬间脉冲放电（10s）可达 20C。

2）高温时性能良好：外部温度为 65℃时内部温度则高达 95℃，电池放电结束时温度可达 160℃，电池的结构安全、完好。

3）安全性好：即使电池内部或外部受到伤害，电池也不燃烧、不爆炸。

4）循环容量大：经 500 次循环，其放电容量仍大于 95%。

3. 全固态锂离子电池

传统锂离子电池的有机电解液存在耐热性问题。由于有机电解液具有挥发性，所以操作温度最高限制在 60℃左右。因此，如果没有冷却系统，那么在高温环境中就无法使用传统的锂离子电池。要应用于高温环境，就需要研发出不易挥发的固体电解质。然而，固体电解质的锂离子传导性比有机电解液低，因而必须降低全固态锂离子电池的内阻才能投入商用。

所谓全固态锂离子电池，简单来说就是指电池结构中所有组件都是以固态形式存在，而如今传统商业化的锂离子电池则是液态锂离子电池，即电解液是液态溶液状。具体来说就是把传统锂离子电池的液态电解液和隔膜替换为固态电解质，一般是以锂金属为负极，也可是石墨类及其他复合材料，其结构如图 2-13 所示。

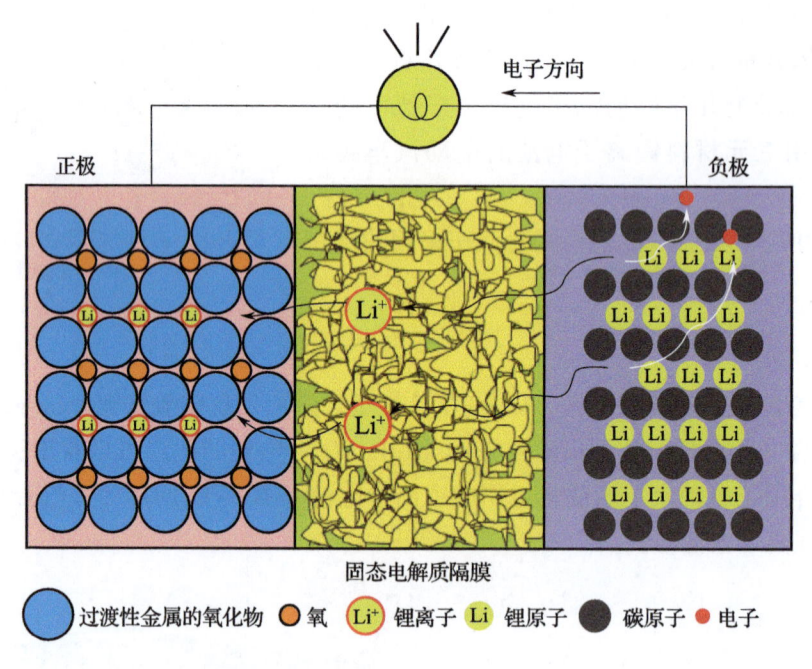

图 2-13 固态锂离子电池放电原理

对比各自的优、缺点如下。

1）液态电解质的优点：工业自动化程度高、较好的界面接触、充放电循环电极膨胀相对可控、单位面积的导电率高。

缺点：易挥发、易燃烧的电解质导致其安全/热稳定性较差，依赖于形成 SEI 膜，锂离子和电子可能同时传导。

2）全固态电解质的优点：高安全/热稳定性（针刺和高温稳定性极好，可长期正常工作在 60~120℃的条件下）；可达 5V 以上的电化学窗口，可匹配高电压材料；只传导锂离子，不传导电子；由于固态电解质存在，可以在电池内串联组成高电压的单体电池；简化冷却系统，提高能量密度；可应用在超薄柔性电池领域。

缺点：在充放电过程中，界面应力受影响；单位面积的离子电导率较低，常温下比功率差；成本极为昂贵；工业化生产大容量电池有很大的困难。

三 锂类电池的工作原理

无论是高压（3.7V）锂离子电池，还是低压（3.2V）锂离子电池，其基本原理是相同的。各种锂离子电池的内部主要由正极、负极、电解质及隔离膜组成，正、负极及电解质材料上不同工艺上的差异使电池有不同的性能，尤其是正极材料对电池的性能影响最大。下面以磷酸铁锂（$LiFePO_4$）为例说明其工作原理。

锂离子电池结构与充、放工作原理示意图如图2-14所示，磷酸铁锂（$LiFePO_4$）作为

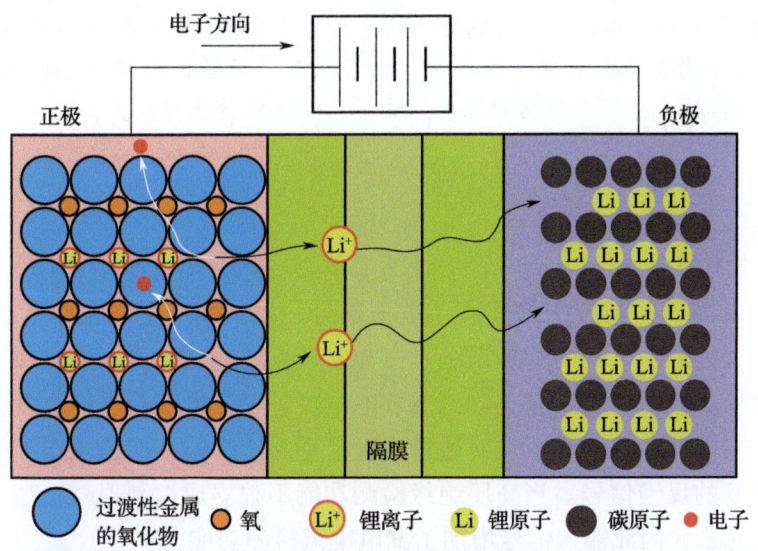

过渡金属（元素周期表中B族元素）氧化物（金属型酸根）：钴酸锂（$LiCoO_2$）、锰酸锂（$LiMn_2O_4$）、镍酸锂（$LiNiO_2$）、钴镍酸锂（$LiNiCoO_2$）、三元材料（NCM：$LiNi_{1/3}Co_{1/3}Mn_{1/3}O_2$）、磷酸铁锂（$LiFePO_4$）等

a）充电工作原理

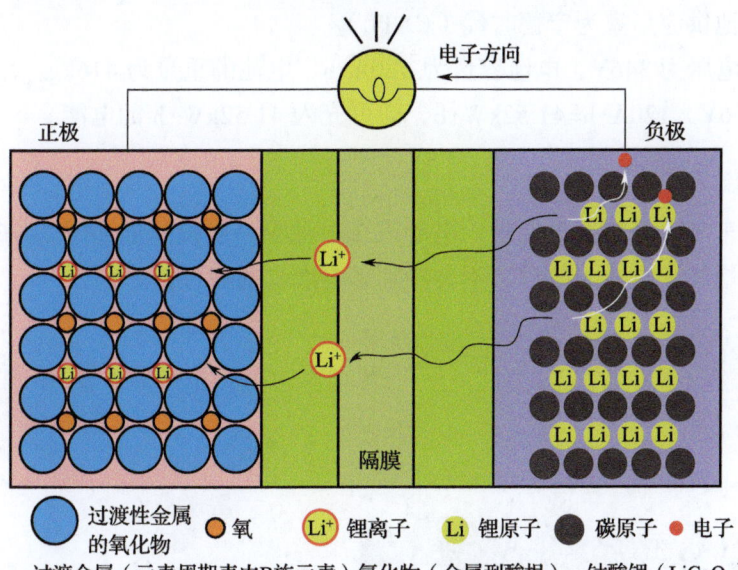

过渡金属（元素周期表中B族元素）氧化物（金属型酸根）：钴酸锂（$LiCoO_2$）、锰酸锂（$LiMn_2O_4$）、镍酸锂（$LiNiO_2$）、钴镍酸锂（$LiNiCoO_2$）、三元材料（NCM：$LiNi_{1/3}Co_{1/3}Mn_{1/3}O_2$）、磷酸铁锂（$LiFePO_4$）等

b）放电工作原理

图2-14 锂离子电池结构与充、放电工作原理

电池的正极,由铝箔与电池正极连接,中间是聚合物的隔膜,它把正极与负极隔开,锂离子(Li^+)可以通过而电子(e^-)不能通过,右边是由碳(石墨)组成的电池负极,由铜箔与电池的负极连接。电池的上、下端之间是电池的电解质,电池由金属外壳密闭封装。磷酸铁锂($LiFePO_4$)电池在充电时,正极中的锂离子(Li^+)通过聚合物隔膜向负极迁移。在放电过程中,负极中的锂离子(Li^+)通过隔膜向正极迁移。锂离子电池就是因锂离子在充放电时来回迁移而命名的。

> **技师指导** 锂离子电池的正极由含有锂离子的金属氧化物组成,负极一般是石墨构成的晶格,充电时锂离子由正极向负极一端移动,最终嵌入由石墨构成的稳定的晶格中。可以容纳锂离子的晶格越多,可以移动的锂离子越多,电池容量就越大。

四 锂离子电池箱

动力系统(电力驱动系统)的锂离子电池部分包括锂离子的电池箱、锂离子电池本身、高压配电箱、锂离子电池的管理系统。电池管理系统的主要监测内容如下:一是每块锂离子电池的电压;二是电池的充电电流或放电电流;三是电池箱内的温度,负责在锂离子电池过冷时加热电池,在电池过热时通过温度管理系统降温;四是高压配电箱中各继电器开关闭合或断开的反馈信号。当高压绝缘检测功能不独立成控制器时,高压绝缘检测也由电池管理系统完成,因此输入信号增加了漏电电流检测功能。

1. 锂离子电池箱铭牌

图 2-15 所示为吉利(GEELY)帝豪 EV300 纯电动汽车的电池箱标牌。电池采用三元锂离子电池,电池供应厂家为宁德时代(CATL)。

电池的标称电压为 346V,电池容量为 120A·h,电池的重量为 416kg。用电压(V)×容量(A·h)=346V×120A·h=41.52kW·h,即可充入 41.52kW·h 的电能。

2. 锂离子电池箱盖

为了在汽车车身下侧布置电池箱,电动汽车电池箱一般设计成如图 2-16 所示的外观,这样最大程度地增加了电池的数目,不会特别影响底盘的通过性。

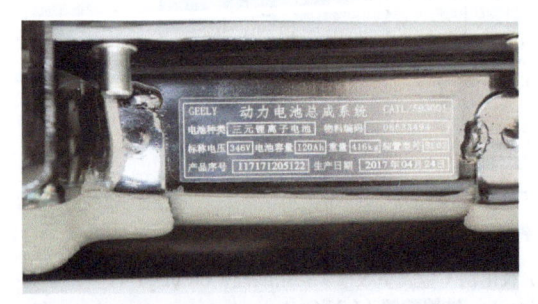

图 2-15 吉利(GEELY)帝豪 EV300 纯电动汽车的电池箱标牌

图 2-16 电动汽车电池箱及电池箱举升机的外观

电池箱的上盖一般采用玻璃钢材料制作，重量轻，电绝缘和热绝缘效果好。

电池下部底拖板采用金属制作，在底拖板的外缘设计有与车身底部连接的螺栓孔，通过大量的螺栓将电池箱通过这些螺栓孔连接在车身底侧上。

电池箱从车上抬下或抬上要采用电池的举升机（图2-16）来辅助完成，没有电池举升机是十分困难和相当危险的。

3. 电池箱分解

在分解电池箱前，为了安全起见，一定要取下检修塞（其插头位置如图2-17所示），并妥善保存，以防被误插回。拆下锂离子电池上盖的沉头螺栓，再拆下上盖和下拖板间的大量螺栓，即可取下上盖。

在检修车辆高压系统时，要拔下电池箱上的检修塞插头后，才能安全地在汽车高压系统上作业。检修塞内装有银质直流熔丝，检修塞和检修塞座之间的插拔是有次数限制的。

在要拆开电池箱时，也必须将检修塞从检修塞座取下（图2-18），并妥善保管。

图2-17 内置熔丝的检修塞插头位置 　　图2-18 拔下内置熔丝的检修塞插头

拆电池箱的上盖时首先取下电池箱检修塞位置的4个沉头螺栓（图2-19），再将电池箱后侧抬起并向前推上盖，保证前部高压电缆引出座从电池上盖中让出，最后取下上盖，可见到如图2-20所示的电池箱内部结构。

图2-19 取下电池箱检修塞位置的4个沉头螺栓 　　图2-20 取下上盖的电动汽车锂离子电池箱

4. 锂电池成组

锂离子电池箱内的电池通常采用多个电池并联来增大容量，这些并联的电池再串联成为一组（图2-21），多组电池再串联成为电池箱内的动力电池。

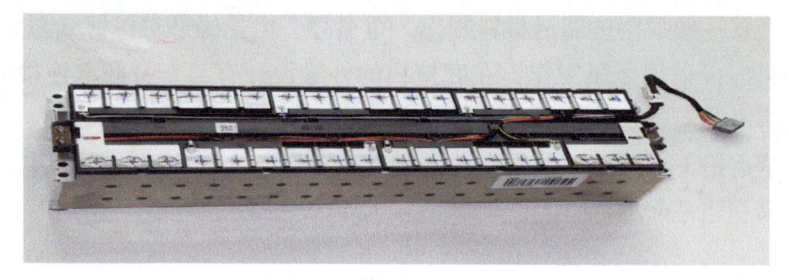

图 2-21 三并六串的一个电池组

什么是电池组的 3P5S 或 3P6S？比如吉利的电池组分成两种：一种是 3P5S，另一种 3P6S。3P 的意思是说，3 个 40A·h 的锂离子电池并联成为 120A·h，P 译为并联（Parallel），5 个这样的 120A·h 电池串联成为一组，S 译为串联（Serial）。同理，3P6S 是 6 个这样的 120A·h 电池串联成为一组（图 2-22）。采用 3P5S 和 3P6S 分组是根据底盘所能允许的空间造成的，设计者是想设计成一个同样的组，但受于空间限制，设计成两组样式更适合电池箱的形状。

图 2-22 电池的串并联结构

不同的电池组之间通过橙色扁电缆连接形成组与组的串联。为了对不同组作区别，要在电池的侧面标出电池是如何串联的，同时电池组之间也要编号，比如 M1、M2～M17，而具体是哪两种组如图 2-23 所示。

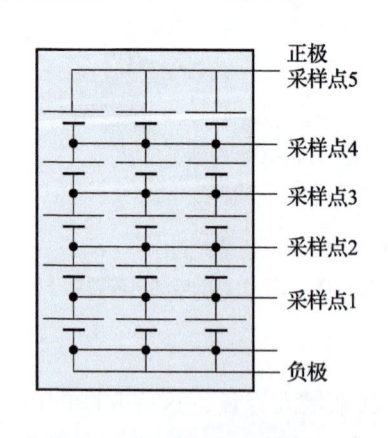

a）3P5S（三并五串）电池组结构　　b）3P6S（三并六串）电池组结构

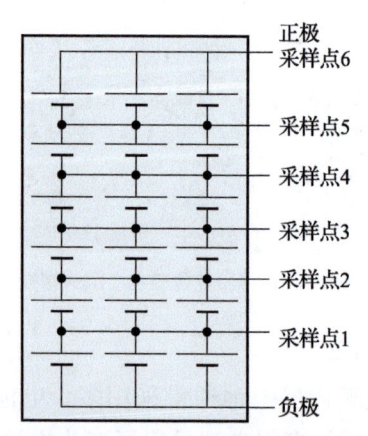

图 2-23 吉利 EV300 电动汽车电池的两种串并联结构

表 2-3 列出了吉利电动汽车 EV300 的电池箱说明。

表 2-3　吉利电动汽车 EV300 的电池箱说明

采集盒型号	电池并串形式为 3P5S	电池并串形式为 3P6S	CAN 总线端电电阻	电池故障编号查询
CSC1（尾号 37）	M1、M2		27kΩ	1 ~ 10
CSC2（尾号 45）		M3、M4	27kΩ	11 ~ 22
CSC3（尾号 45）		M5、M6	27kΩ	23 ~ 44
CSC4（尾号 45）		M7、M8	27kΩ	45 ~ 56
CSC5（尾号 45）		M9、M10	27kΩ	57 ~ 68
CSC6（尾号 45）		M11、M12	27kΩ	69 ~ 80
CSC7（尾号 37）	M13、M14		27kΩ	81 ~ 90
CSC8（尾号 38）	M15		27kΩ	91 ~ 95
CSC9（尾号 46）	M16、M17		27kΩ	96 ~ 115

任务五　动力电池测试标准

一　高功率锂离子电池测试标准

高功率锂离子电池测试标准见表 2-4。

表 2-4　锂离子电池测试标准

	检验项目	标准要求	检验仪器	检验步骤
1	外观及尺寸	外观不得有变形及裂纹，表面平整无外伤、无污物等，且标识清晰	目视	无
2	常温放电性能	110%E ≥ 放电容量 ≥ 95%E	二次检测柜	1. 0.5C 恒压充电至 4.20V，截止电流 0.03C，限时 180min 2. 搁置 5min 3. 0.5C 恒流放电至 3.0V，限时 150min 4. 搁置 10min 允许工步 1-4 循环 5 次以下取平均值
3	低温 -20℃放电性能	放电容量 ≥ 70%E	二次检测柜 /低温测试柜	1. 0.2C 恒压充电至 4.20V，截止电流 0.03C，限时 370min 2. 搁置 16~20h 3. 0.2C 恒流放电至 3.0V，限时 350min

（续）

检验项目		标准要求	检验仪器	检验步骤
4	高温55℃放电性能	放电容量≥95%E	二次检测柜/高温测试柜	1. 0.2C恒压充电至4.20V，截止电流0.03C，限时370min 2. 搁置5h 3. 0.2C恒流放电至3.0V，限时350min
5	5C循环性能	0.5C充5C放50周，要求容量保持力≥95%（必测项）300周循环容量保持力≥85%（可选项）	二次检测柜	1. 0.5C恒压充电至4.20V，截止电流0.03C，限时180min 2. 搁置15min 3. 5C恒流放电至2.75V，限时30min 4. 搁置30min 循环工步1-4
6	10C循环性能	0.5C充10C放50周，要求容量保持力≥90%（必测项）300周循环容量保持力≥80%（可选项）	二次检测柜	1. 0.5C恒压充电至4.20V，截止电流0.03C，限时180min 2. 搁置15min 3. 10C恒流放电至2.75V，限时30min 4. 搁置30min 循环工步1-4
7	15C循环性能	0.5C充15C放50周，要求容量保持力≥85%（必测项）300周循环容量保持力≥75%（可选项）	二次检测柜	1. 0.5C恒压充电至4.20V，截止电流0.03C，限时180min 2. 搁置15min 3. 15C恒流放电至2.75V，限时30min 4. 搁置30min 循环工步1-4
8	20C循环性能	0.5C充20C放50周，要求容量保持力≥80%（必测项）300周循环容量保持力≥70%（可选项）	二次检测柜	1. 0.5C恒压充电至4.20V，截止电流0.03C，限时180min 2. 搁置15min 3. 20C恒流放电至2.75V，限时30min 4. 搁置30min 循环工步1-4
9	常温倍率放电性能	按标准充满电后，在常温25℃±5℃下分别以0.2C\0.5C\1C\2C\5C\10C\15C\20C恒流放电至终止电压。0.2C放电容量≥98%E，0.5C放电容量≥95%E，1C放电容量≥93%E，2C放电容量≥90%E，5C放电容量≥88%E，10C放电容量≥85%E，15C放电容量≥80%E，20C放电容量≥80%E	二次检测柜	1. 0.5C恒压充电至4.20V，截止电流0.03C，限时180min 2. 分别以0.2C\0.5C\1C\2C\5C\10C\15C\20C放电至截止电压（0.2C、0.5C、1C、2C为3.0V，5C及以上为2.75V），0.2C放电限时350min，0.5C放电限时150min，1C放电限时90min，2C放电限时60min，5C率及以上放电限时为30min

（续）

	检验项目	标准要求	检验仪器	检验步骤
10	过充电性能	按标准充满电后，电池按2C率充电至10V（方电及软包装电4.80V），允许漏液，但应不爆炸、不起火	二次检测柜/自制过充设备	1. 0.2C 恒压充电至 4.20V，截止电流 0.03C，限时 370min 2. 2C 恒压充电至 10V/4.80V，截止电流 1mA，限时 4h
11	重物冲击	将被测试电池放置于测试平台上，将一直径为 15.5－16.0mm 的铁棒横向搁在被测电池侧面。一重为 9.1~10.0kg 重物自距被测试电池竖直上（610±25）mm 处掉落于铁棒和被测电池的相交点上。电池应不爆炸、不起火	二次检测柜/自制冲击实验机	被测试电池测试前按标准充满电
12	短路测试	按标准充满电后，将正负极用内阻小于 50mΩ 的电线接通，直至电池温度下降到比峰值至少低 10℃时，结束试验，将正负极断开，电池应不冒烟、不起火、不爆炸、电池外部温度要求≤150℃	自制短路设备/二次检测柜	被测试电池测试前按标准充满电
13	热冲击测试	按标准充满电后，将电池放置于热箱中，温度以（5℃±2℃）/min 的速率从常温升至（150℃±2℃）并保温 30min，电池应不爆炸、不起火	烤箱/二次检测柜	被测试电池测试前按标准充满电
14	针刺试验	单个电池充满电后，在 25℃±5℃搁置 1h，将 Φ3mm~5mm 的钢针从垂直于电池最大面迅速贯穿（钢针停留在电池中），电池应不爆炸、不起火	二次检测柜/自制针刺设备	被测试电池测试前按标准充满电
15	加热试验	单个电池充满电后，在 25℃±5℃搁置 1h，再在 70℃±2℃条件下搁置 20min，试验过程中，电池应不爆炸、不起火	二次检测柜/烤箱	被测试电池测试前按标准充满电
16	跌落试验	单个电池充满电后，在 25℃±5℃搁置 1h 后，在同样条件下自 1.5m 高处跌落至木板上，试验过程中，电池应不爆炸、不起火	二次检测柜	被测试电池测试前按标准充满电

（续）

	检验项目	标准要求	检验仪器	检验步骤
17	挤压试验	单个电池充满电后，在25℃±5℃下搁置1h，施力板垂直于电池的最小面向电池中心挤压，挤压面积不小于20mm²，挤压程度直至电池壳体破裂或内部短路（电压为0）为止，试验过程电池应不起火、不爆炸	二次检测柜/自制挤压设备	被测试电池测试前按标准充满电
18	常温荷电保持及恢复能力	单个电池在25℃±5℃条件下以0.2C率恒流恒压充电至规定上限电压4.20V，截止电流0.01C后停止。静置1h。在25℃±5℃下贮存28d 荷电保持能力：在同一温度下以0.2C率恒流放电至终止电压3.0V，记录放电容量 容量恢复力：电池充电后，在25℃±5℃以0.2C率恒流放电至终止电压3.0V，记录放电容量 要求容量保持力≥80%E，容量恢复力≥90%E	二次检测柜	1. 0.2C恒压充电至规定上限电压，截止电流0.01C，限时370min 2. 静置后贮存28d 3. 0.2C恒流放电至规定下限电压，限时350min 4. 搁置5min 5. 0.2C恒压充电至规定上限电压，限时370nin 6. 搁置5min 7. 0.2C恒流放电至规定下限电压，限时350min
19	高温荷电保持及恢复能力	单个电池在25℃±5℃条件下以0.2C率恒流恒压充电至规定上限电压4.20V，截止电流0.01C后停止。静置1h. 在55℃±2℃下贮存7d 荷电保持能力：在55℃±2℃下以1C恒流放电至终止电压（3.0V），记录放电容量 容量恢复力：电池充满电，在25℃±5℃搁置5h后，以0.2C充恒流放电至终止电压（3.0V），记录放电容量要求容量保持力≥80%E，容量恢复力≥90%E	二次检测柜/高温测试柜	1. 0.2C恒压充电至规定上限电压，截止电流0.01C，限时370min 2. 静置后贮存7d 3. 0.2C恒流放电至规定下限电压，限时350min 4. 搁置5min 5. 0.2C恒压充电至规定上限电压，限时370nin 6. 搁置5h 7. 0.2C恒流放电至规定下限电压，限时350min
20	贮存试验	单个电池充满电后在25℃±5℃下以0.2C恒流放电2h，在25℃±5℃下贮存90d后，以0.2C恒流恒压充电至规定上限电压（4.20V），截止电流0.01C，再以0.2C恒流放电至终止电压（3.0V），记录容量。要求贮存后容量≥95%E	二次检测柜	1. 0.2C恒流放电至规定下限电压，限时350min 2. 贮存 3. 0.2C恒压充电至规定上限电压，截止电流0.01C，限时370min 4. 搁置5min 5. 0.2C恒流放电至规定下限电压，限时350min

（续）

	检验项目	标准要求	检验仪器	检验步骤
21	过放电性能	单个电池充电后，在25℃±5℃下以0.1C恒流放电至0V，试验过程中，电池应不爆炸、不起火、不漏液	二次检测柜	0.1C恒流放电至0V，不限时
22	耐振动试验	单个电池充满电后，紧固至振动台上，按下述条件进行试验： a）振动方向：上下振动 b）振动率：10~55Hz c）最大加速度：30m/s² d）振动时间：2h e）放电：以1C恒流放电至规定终止电压。测试后放电容量损失率应≤5%，不允许出现电压异常、电池外壳变形、漏液等现象	二次检测柜/振动测试台	1C恒流放电至规定下限电压，限时90min

注：

1. 以上 2/3/4/5/6/7/8/9/10 为评审考核测试项目，其他为可选项，且对于 5/6/7/8 测试以规格书给定最大放电电流进行测试其中之一即可；
2. 钴酸锂/锰酸锂/三元正极材料电池"规定上限电压"为 4.20V，"规定下限电压"为 3.00V
3. E 为额定容量（即标称容量）
4. "按标准充满电"为 0.2C 率恒压充电至 4.20V，截止电流 0.03C
5. 用于测试的电池粒均须为 A 品以上电池，每种循环测试各用 1 支，其它测试项目各用 3 支
6. 根据电池型号后缀字母确定电池的最大可持续放电电流做循环（D-5C、E-10C、F-15C、G-20C、H-25C）

二 磷酸铁锂离子电池测试标准

磷酸铁锂离子电池测试标准见表 2-5。

表 2-5　磷酸铁锂离子电池测试标准

	检验项目	标准要求	检验仪器	检验步骤
3.1	外观及尺寸	外观不得有变形及裂纹，表面平整无外伤、无污物等，且标识清晰	目视	
2	常温放电性能	110%E ≥ 放电容量 ≥ 95%E	二次检测柜	1. 0.5C 恒压充电至 3.650V，截止电流 0.03C，限时 180min 2. 搁置 5min 3. 0.5C 恒流放电至 2.0V，限时 150min 4. 搁置 10min 允许工步 1-4 循环 5 次以下取平均值

（续）

检验项目		标准要求	检验仪器	检验步骤
3.3	低温 -20℃放电性能	放电容量 ≥ 70%E	二次检测柜 / 低温测试柜	1. 0.2C 恒压充电至 3.650V，截止电流 0.03C，限时 370min 2. 搁置 16~20h 3. 0.2C 恒流放电至 2.0V，限时 350min
3.4	高温 55℃放电性能	放电容量 ≥ 95%E	二次检测柜 / 高温测试柜	1. 0.2C 恒压充电至 3.650V，截止电流 0.03C，限时 370min 2. 搁置 5h 3. 0.2C 恒流放电至 2.0V，限时 350min
3.5	5C 循环性能	0.5C 充 5C 放 50 周，要求容量保持力 ≥ 95%（必测项）300 周循环容量保持力 ≥ 85%（可选项）	二次检测柜	1. 0.5C 恒压充电至 3.650V，截止电流 0.03C，限时 180min 2. 搁置 15min 3. 5C 恒流放电至 2.0V，限时 30min 4. 搁置 30min 循环工步 1-4
3.6	10C 循环性能	0.5C 充 10C 放 50 周，要求容量保持力 ≥ 90%（必测项）300 周循环容量保持力 ≥ 80%（可选项）	二次检测柜	1. 0.5C 恒压充电至 3.650V，截止电流 0.03C，限时 180min 2. 搁置 15min 3. 10C 恒流放电至 2.0V，限时 30min 4. 搁置 30min 循环工步 1-4
3.7	15C 循环性能	0.5C 充 15C 放 50 周，要求容量保持力 ≥ 85%（必测项）300 周循环容量保持力 ≥ 75%（可选项）	二次检测柜	1. 0.5C 恒压充电至 3.650V，截止电流 0.03C，限时 180min 2. 搁置 15min 3. 15C 恒流放电至 2.00V，限时 30min 4. 搁置 30min 循环工步 1-4
3.8	20C 循环性能	0.5C 充 20C 放 50 周，要求容量保持力 ≥ 80%（必测项）300 周循环容量保持力 ≥ 70%（可选项）	二次检测柜	1. 0.5C 恒压充电至 3.650V，截止电流 0.03C，限时 180min 2. 搁置 15min 3. 20C 恒流放电至 2.00V，限时 30min 4. 搁置 30min 循环工步 1-4

（续）

检验项目		标准要求	检验仪器	检验步骤
3.9	常温倍率放电性能	按1C率充满电后，在常温25℃±5℃下分别以0.2C\0.5C\1C\2C\5C\10C\15C\20C恒流放电至终止电压。0.2C放电容量≥98%E，0.5C放电容量≥95%E，1C放电容量≥93%E，2C放电容量≥90%E，5C放电容量≥88%E，10C放电容量≥85%E，15C放电容量≥80%E，20C放电容量≥80%E	二次检测柜	1. 0.5C恒压充电至3.65V，截止电流0.03C，限时180min 2. 分别以0.2C\0.5C\1C\2C\5C\10C\15C\20C放电至规定下限电压，0.2C放电限时350min，0.5C放电限时150min，1C放电限时90min，2C放电限时60min，5C率及以上放电限时为30min
3.10	过充电性能	按标准充满电后，电池按2C率充电至10V，允许漏液，但应不爆炸、不起火	二次检测柜/自制过充设备	1. 0.2C恒压充电至3.65V，截止电流0.03C，限时370min 2. 2C（测试柜最大电流5A）恒压充电至10V，截止电流1mA，限时4h
3.11	重物冲击	将被测试电池放置于测试平台上，将一直径为15.5~16.0mm的铁棒横向搁在被测电池侧面。一重为9.1~10.0kg重物自距被测电池竖直上方（610±25）mm处掉落于铁棒和被测电池的相交点上电池应不爆炸、不起火	二次检测柜/自制冲击实验机	被测电池测试前按标准充满电
3.12	短路测试	按标准充满电后，将正负极用内阻小于50mΩ的电线接通，直至电池温度下降到比峰值至少低10℃时，结束试验，将正负极断开，电池应不冒烟、不起火、不爆炸，电池外部温度要求≤150℃	自制短路设备/二次检测柜	被测电池测试前按标准充满电
3.13	热冲击测试	按标准充满电后，将电池放置于热箱中，温度以（5℃±2℃）/min的速率从常温升至（150℃±2℃）并保温30min，电池应不爆炸、不起火	烤箱/二次检测柜	被测电池测试前按标准充满电
3.14	针刺试验	单个电池充满电后，在25℃±5℃搁置1h，将ϕ3mm~5mm的钢针从垂直于电池最大面迅速贯穿（钢针停留在电池中），电池应不爆炸、不起火	二次检测柜/自制针刺设备	被测电池测试前按标准充满电
3.15	加热试验	单个电池充满电后，在25℃±5℃搁置1h，再在70℃±2℃条件下搁置20min，试验过程中，电池应不爆炸、不起火	二次检测柜/烤箱	被测电池测试前按标准充满电

（续）

检验项目		标准要求	检验仪器	检验步骤
3.16	跌落试验	单个电池充满电后，在20℃±5℃搁置1h后，在同样条件下自1.5m高处跌落至木板上，试验过程中，电池应不爆炸、不起火	二次检测柜	被测试电池测试前按标准充满电
3.17	挤压试验	单个电池充满电后，在25℃±5℃下搁置1h，施力板垂直于电池的最小面向电池中心挤压，挤压面积不小于20mm^2，挤压程度直至电池壳体破裂或内部短路（电压为0）为止，试验过程电池应不起火、不爆炸	二次检测柜/自制挤压设备	被测试电池测试前按标准充满电
3.18	常温荷电保持及恢复能力	单个电池在25℃±5℃条件下以0.2C率恒流恒压充电至规定上限电压（3.65V），截止电流0.01C后停止。静置1h，在25℃±5℃下贮存28d 荷电保持能力：在同一温度下以0.2C恒流放电至终止电压（2.0V），记录放电容量 容量恢复力：电池充电后，在25℃±5℃以0.2C率恒流放电至终止电压（2.0V），记录放电容量 要求容量保持力≥80%E，容量恢复力≥90%E	二次检测柜	1. 0.2C恒压充电至规定上限电压，截止电流0.01C，限时370min 2. 静置后贮存28d 3. 0.2C恒流放电至规定下限电压，限时350min 4. 搁置5min 5. 0.2C恒压充电至规定上限电压，限时370nin 6. 搁置5min 7. 0.2C恒流放电至规定下限电压，限时350min
3.19	高温荷电保持及恢复能力	单个电池在25℃±5℃条件下以0.2C率恒流恒压充电至规定上限电压（3.65V），截止电流0.01C后停止。静置1h，在55℃±2℃下贮存7d 荷电保持能力：在55℃±2℃下以1C恒流放电至终止电压（2.0V），记录放电容量 容量恢复力：电池充满电，在25℃±5℃搁置5h后，以0.2C充恒流放电至终止电压（2.0V），记录放电容量 要求容量保持力≥80%E，容量恢复力≥90%E	二次检测柜/高温测试柜	1. 0.2C恒压充电至规定上限电压，截止电流0.01C，限时370min 2. 静置后贮存7d 3. 0.2C恒流放电至规定下限电压，限时350min 4. 搁置5min 5. 0.2C恒压充电至规定上限电压，限时370nin 6. 搁置5h 7. 0.2C恒流放电至规定下限电压，限时350min
3.20	贮存试验	单个电池充满电后在25℃±5℃下以0.2C恒流放电2h，在25℃±5℃下贮存90d后，以0.2C恒流恒压充电至规定上限电压（3.65V），截止电流0.01C，再以0.2C恒流放电至终止电压（2.0V），记录容量 要求贮存后容量≥95%E	二次检测柜	1. 0.2C恒流放电至规定下限电压，限时350min 2. 贮存 3. 0.2C恒压充电至规定上限电压，截止电流0.01C，限时370min 4. 搁置5min 5. 0.2C恒流放电至规定下限电压，限时350min

（续）

检验项目		标准要求	检验仪器	检验步骤
3.21	过放电性能	单个电池充电后，在 25℃±5℃下以 0.1C 恒流放电至 0V，试验过程中，电池应不爆炸、不起火、不漏液	二次检测柜	0.1C 恒流放电至 0V，不限时
3.22	耐振动试验	单个电池充满电后，紧固至振动台上，按下述条件进行试验： a）振动方向：上下振动 b）振动频率：10~55Hz c）最大加速度：30m/s² d）振动时间：2h e）放电：以 1C 恒流放电至规定下限电压 测试后放电容量损失率应 ≤ 5%，不允许出现电压异常、电池外壳变形、漏液等现象	二次检测柜/振动测试台	1C 恒流放电至规定下限电压，限时 90min

注：
1. 以上 3.2/3.3/3.4/3.5/3.6/3.7/3.8/3.9 为评审考核测试项目，其他为可选项，且对于 3.5/3.6/3.7/3.8 测试以规格书给定最大放电电流进行测试其中之一即可。
2. 磷酸铁锂正极材料电池"规定上限电压"为 3.65V，"规定下限电压"为 2.00V。
3. E 为额定容量（即标称容量）。
4. "按标准充满电"为 0.2C 率恒压充电至 3.65V，截止电流 0.03C。
5. 用于测试的电池粒均为 A 品以上电池，每种循环测试各用 1 支，其它测试项目各用 3 支。
6. 根据电池型号后缀字母确定电池的最大可持续放电电流做循环（D-5C、E-10C、F-15C、G-20C、H-25C）。

> **思考与讨论**

培养用数据说话的习惯；
培养过度关注对电动汽车负面影响的分辨能力。

案例 2　公平看待新能源汽车起火事故，培养用数据说话的习惯

目前国家标准《电动汽车用动力蓄电池安全要求》（GB 38031—2020）中明确要求，当电池发生热失控以后，电池不能起火爆炸，要留出 5 分钟给乘客逃离。

人们总认为电动汽车容易起火，安全性比燃油车差，但根据美国消防协会的统计，自 2012—2019 年间全美车辆起火事件中，特斯拉平均行驶 2.8 亿 km 才会发生一次起火事故，燃油车则是每 3000 万 km 一次。

从数据可以看出，电动汽车失火的出现的概率要比燃油汽车小得多。不要由于媒体的过于关注而给大家造成误解。

课后题

1. 判断题

1）目前纯电动汽车实用的动力电池只有锂离子电池。（　　）
2）三元锂离子电池中的三元指的是三种金属元元素，多指镍、钴和锰。（　　）
3）镍氢蓄电池多用于一些日本车系的混合动力汽车。（　　）
4）镍氢蓄电池有怕热、不怕冷的特点，电池管理时无需采用加温装置。（　　）
5）锂离子电池组采用先并联再串联的结构形式。（　　）

2. 简述题

1）简述汽车动力电池的性能指标。
2）简述磷酸铁锂电池的特点。
3）简述全固态锂离子电池的特点。
4）简述吉利电池箱内电池的特点。
5）画出电池箱内部的结构示意图。
6）简述电池箱的制冷和制热原理。

项目三
电池管理系统

情境引入

一辆 2017 年 5 月出厂的吉利 EV300 纯电动汽车，在 2019 年 8 月仪表出现一个红色的蓄电池符号，旁边还带有一个感叹号的符号。关掉点火开关，重新开启上电操作，有时符号消失，还能上电"READY"。偶尔符号出现时就不能上电"READY"了。几次经诊断仪诊断都确定为电池电芯老化严重，请问为什么有时还能上电"READY"呢？想想是否与电池的某个管理技术有关？

如果你是接车的修理技术人员，应如何找出上述故障的原因，修理方案应如何制定？

学习目标

能说出电池管理系统的功能。
能说出电池均衡技术有哪几种。

技能目标

能读取电池管理系统的数据流。

任务一　电池管理系统功能和技术

一　电池管理系统功能

电池管理系统在研究型单位称为 BMS（Battery Management System），但在生产和售后服务资料中多称为电池管理 ECU 或电池控制单元，如图 3-1 所示的丰田普锐斯混合动力汽车电池管理单元、图 3-2 所示的比亚迪 E6 纯电动汽车电池管理单元。

图 3-1　丰田普锐斯混合动力汽车电池管理单元　　图 3-2　比亚迪 E6 纯电动汽车电池管理单元

1. 单体电池问题

（1）大容量单体电池容易产生过热

汽车动力电池采用大容量单体锂离子电池容易产生过热。单体电池有一定的温度耐受范围，在实际应用中如果体积过大，那么会产生局部的过热，从而影响电池的安全和性能。因此，单体电池的大小受到限制，动力和储能电池不可能采用超大的单体锂离子电池。在苛刻的使用环境下，对于 110mm×110mm×25mm 的 20A·h 锂离子电池，其局部最高温度为 135℃；而对于 110mm×220mm×25mm 的 50A·h 锂离子电池，其局部温度更可高达 188℃，更容易发生安全问题。因此，有必要监测和控制温度。

（2）电池的性能不完全一致

基于现有的正极材料和电池制造水平，单体电池之间尚不能达到性能的完全一致，在通过串并联方式组成大功率、大容量动力电池组后，苛刻的使用条件也易诱发局部偏差，从而引发安全问题。因此，为确保电池的性能良好、延长电池的使用寿命（提升 50% 以上），必须使用 BMS 对电池组进行合理、有效的管理和控制。表 3-1 表明生产和使用过程均会造成电池性能不一致。

表 3-1　生产和使用过程均会造成电池性能不一致

过程	原因	造成的差异
生产过程	■ 生产工艺、材质有差异 ■ 生产的批次不同 ■ 个别电池生产时产生内部短路	■ 电压、内阻、容量 ■ 电流承受能力 ■ 电压分布不均匀
使用过程	■ 长时间使用，材质老化不同步 ■ 电池自放电 ■ 电池组内不同的区域温度也有所不同 ■ 串并联充放电工作电流 ■ 系统局部漏电	

2. 电池成组问题

电池成组后主要的问题有以下几个方面。

（1）过充电/过放电

串联的电池组在充电或放电时，由于充、放电时的化学反应不一致，部分电池可能先于其他电池充满或放完。继续充电或放电就会造成过充电或过放电，锂离子电池内部的副反应将导致电池容量下降、热失控或者内部短路等问题。

（2）过大电流

并联、老化、低温等情况，均会导致部分电池的电流超过其承受能力，因而缩短电池的寿命。

（3）温度过高

局部温度过高，会使电池的各项性能下降，最终导致内部短路和热失控，产生安全问题。

（4）短路或者漏电

由于振动、湿热、灰尘等因素造成电池短路或漏电，危及驾乘人员的人身安全。

3. 电池管理系统的功能

电池管理系统（Battery Management System，BMS）的主要任务和输入/输出见表3-2。

表3-2 电池管理系统（BMS）的主要任务和输入/输出

BMS的主要任务	输入的信号	执行部件
电压不一致监控	单体电压值	动力电池故障指示灯
电池组件电压平衡	电池电压和温度	电压平衡电路（目前商品化车无此技术）
内阻不一致监控	单体电池内阻值	动力电池故障指示灯
低温或电量低时限流控制	电池电压、电流、温度	通知功率元件进行限流降功率
上电继电器组控制	制动信号和一键开关信号	上电继电器组
直流充电继电器组控制	直流充电枪CAN信号	直流充电继电器组
车载充电机充电电压控制	电池电压、电流、温度	充电机充电电流
直流充电桩充电电压控制	电池电压、电流、温度	充电机充电电流
电池箱内部温度平衡控制	电池温度	■ 电池箱内制冷装置电磁阀阀门 ■ 电池箱内制热装置电磁阀阀门 ■ 鼓风机电机转速控制
电池容量的计算	电池电压、电流、温度	■ 仪表SOC显示 ■ 仪表剩余续驶里程计算
绝缘检测	电池电压、电流	■ 动力电池绝缘警告灯 ■ 动力电池故障指示灯

（1）输入信号

BMS的功能是要避免电池成组后出现的问题，因此需要动态监测动力电池组的工作状态，为此要利用电池电压、电流和温度进行管理。

1)电压。利用成组或每块电池的端电压进行电池一致性计算、总电压计算,采集成组后的电池是降低成本和提高可靠性的一种实用方式。

2)温度。对每个电池的温度直接进行监测是不现实的,实用的汽车制造商采用的方法是监测电池箱内的温度,作为温度控制的依据。

3)电流。利用电流信号估算出各电池的荷电状态(State Of Charge,SOC),利用电流和电压共同推断电池的健康状态(State Of Health,SOH)和电化学状态(State Of Electroformation,SOE)。

(2)输出控制

1)SOC计算。将估算的剩余电量显示出来或换算成可续驶里程,当有功率输出过大,超过当前SOC的功率允许值时,进行限制。

2)电压不一致。监控单体电压值中的最高值和最低值,超过限制值时,点亮动力电池故障指示灯。同时能够及时给出故障电池所在的箱号和箱内位号,方便挑选出有问题的电池,保持整组电池运行的可靠性和高效性。

> **技师指导** 这种电压不一致是在充、放电电流相同的情况下仍然产生的故障现象,未来可能通过电池组件的电压平衡技术电路来解决,目前商品化电动汽车还未发现应用此技术,有一种说法是其经济效益并不被厂家认可,增加的成本较高。

3)内阻不一致监控。通过单体电池的电压和电流计算出内阻值,电池之间的内阻不一致时,点亮动力电池故障指示灯。同时能够及时给出故障电池所在的箱号和箱内位号,方便挑选出有问题的电池,保持整组电池运行的可靠性和高效性。

4)低温或电量低时的限流控制。在动力电池低温或电量过低时,驾驶人若将加速踏板踩下很深,则功率元件按大电流工作会损坏电池,为保护电池,动力电池管理系统计算是否进行降功率限流控制。

5)上电继电器组控制。在驾驶人踩下制动开关,并按下一键开关后,若电池管理系统无故障码存在,则电池管理系统会控制上电继电器组的线圈电路工作,从而接通动力电池与变频器、空调压缩机、PTC加热器的电路。

6)车载充电机充电电压控制。在进行交流充电时,电池管理系统根据监测电池所得的数据判断当下最好的充电电压是多少,然后将这个电压告知车载充电机控制器,车载充电机控制器控制直流充电模块组输出这个最好的充电电压给动力电池充电。当电池有故障时,通过CP通信告知交流供电桩控制器停止供电。

7)直流充电桩充电电压控制。在进行直流充电时,电池管理系统根据监测电池所得的数据判断当下最好的充电电压是多少,然后将这个电压告知直流充电桩控制器,直流充电桩控制器控制直流充电模块组输出这个最好的充电电压给动力电池充电。当电池有故障时,通过CAN通信告知直流充电桩控制器停止充电。

8)直流充电继电器组。在进行直流充电时,电池管理系统控制高压配电箱内部的直流充电继电器组工作。

9)电池箱内部温度平衡控制。电池箱内部布置有多个采样点,发现温度过高时,起动鼓风机电机转动进行通风冷却。有的电动汽车电池箱内设置有专门的冷却器对电池箱内的空气进行冷却，冷却器内部可以是冷却液，也可以是空调的制冷剂，电池管理系统会打开一个电磁阀阀门将冷却液或制冷剂引入冷却器中。

10）绝缘检测。电池管理系统通过外置或内置的绝缘检测电路，对动力电池的正极对车身、负极对车身的电阻进行实时监测。发现绝缘电阻低于500Ω/V时点亮动力电池绝缘警告灯，进行低级别的报警。发现绝缘电阻低于100Ω/V时点亮动力电池绝缘警告灯，进行高级别的报警。

二 电池管理系统技术

电池管理系统主要执行以下工作：电压、电流与温度测量；计算电池SOC；计算电池放电深度（DOD）；计算最大允许放电电流；计算最大允许充电电流；预测电池寿命指数和SOH；故障诊断。

1.SOC的估算方法

传统的SOC基本估算方法有开路电压法、内阻法和安时法等。近年来又相继研发出许多对电池SOC的新型算法。各种智能算法和新型算法不够成熟，有些复杂算法在单片机系统上难以实现。为了更准确地估算SOC，在算法中还需要考虑对电池的温度补偿、自放电和老化等多方面的因素，这也加大了算法的复杂程度。目前，国内实际应用的实时在线估算SOC的方法大多采用以安时法（电流积分）为主，加上不同的电压修正的方式（开路电压法、零负载电压法），但是测量精度还达不到很好的效果。

（1）安时法（电流积分）
安时法是目前唯一可以精确计算电池组SOC的方法，要求标定SOC初始值，需要精确计算充电效率或放电倍率，需要以恒电流对电池组进行充、放电，必须将电池组彻底放电，存在累计误差。

（2）开路电压法（OCV）
开路电压法是指根据电池在充分静置之后测得的开路电压值计算SOC，正相关性容易受温度、静止时间等因素的影响，由于电压处于平台上，SOC估算易造成较大的误差。

> **技师指导** 实际汽车SOC计算中，首先在点火开关刚打开时采用开路电压法计算SOC初始值，然后采用安时法计算动态增加或减少的电量值，最终确定SOC的准确值。

（3）直流内阻法
直流内阻在SOC处于50%以下时，呈负相关性，当SOC处于50%~80%时不适用；直流内阻很小，准确测量困难，受其他很多非线性因素的影响。

电池电解液有效质量法适合铅酸蓄电池，不适合镍氢电池和锂离子电池；其他方法还有零负载电压法、放电法、在线辨识电池的准确模型、电化学分析法、线性模型法。

2. 动力电池组的安全管理

动力电池组管理系统要承担动力电池组的全面管理。一方面保证动力电池组的正常运作，显示动力电池组的动态信息，并能及时报警，使驾驶人随时都能掌握动力电池组的情况；另一方面要对人身和车辆安全进行保护，避免因电池引起的各种事故。

电池与电池、电池组与电池组之间需要用高压电缆连接。当动力电池组的总电压较高或采用高压直流输出时，高压电缆的截面积比较小，有利于电线束的连接和固定，但高电压要求有更可靠的防护。

当动力电池组的总电压较低时，则电流比较大，高压电缆的截面积则比较粗，高压电缆很硬，不能随意作形变，安装较不方便。各个电池箱之间还需要用高压电缆将各个电池箱串联起来，一般在最后输出一箱中加装手动或自动断电器，以便在安装、拆卸和检修时切断电流。另外，在电池箱中还有各种传感器线束，因此在汽车上有尺寸很长的各种各样的电线束，要求电线之间有可靠的绝缘，并能快速进行连接。

动力电池组的总电压可以达到 90～400V，高电压会对人体造成伤害，应采取有效的隔离措施，一般是将动力电池组与车辆的乘坐区分离，将动力电池组布置在地板下面或车架的两侧。在正常的情况下，车辆停止使用时，通常会自动切断电源，只有在汽车起动时才接通电源。当汽车发生碰撞或倾覆时，电池管理系统应能立即切断电源，防止高压电引起的人身事故和火灾，并防止电解液造成的伤害，以保证人身安全。可以利用安全气囊触发 BMS 控制自动开关断开。

电池自身存在安全问题，尤其是锂离子电池在过充电时会着火甚至爆炸，因此电池使用的安全问题是国内外各大汽车公司和科研机构当前所面临和必须解决的难题，它直接影响电动汽车是否能够普及应用。BMS 在安全方面主要侧重于对电池的保护，以及防止高电压和高电流的泄漏，其所必备的功能有过电压和过电流控制、过放电控制、防止温度过高、在发生碰撞的情况下关闭电池。这些功能可以通过与电气控制、热管理系统相结合来完成。许多系统都专门增加了电池保护电路和电池保护芯片。例如文献中的 BMS，其智能电池模块的电路设计还具有单体电池断接功能。安全管理系统最重要的是及时、准确地掌握电池各项状态信息，在异常状态出现时及时发出报警信号或断开电路，以防止意外事故的发生。

3. 电池箱热管理系统

汽车上使用的动力电池组在工作时都会有发热现象，不同电池的发热程度各不相同，有的电池在夏季采用自然通风即可满足电池组的散热要求，但有的电池则必须采取强制通风来进行冷却，这样才能保证电池组正常工作并延长电池的寿命。

动力电池工作时会产生较高的温度，理想状态下可以充分利用其产生的热量用于车内取暖和风窗玻璃除霜等，使热量得到管理与应用，但实际中汽车结构设计则决定了很难利用这部分热能或利用上不经济。

另外，北方冬季有的动力电池需要加保温电池箱，并设计有恒温控制系统。电池组装在一个系统中，各个电池组的温度应保持一致或相接近。

根据动力电池组在电动车辆上的布置，在动力电池组的温度管理系统中，首先应合理地安排动力电池组的支架，要求便于动力电池组或其分组能够便于安装，能够实现机械化装卸，便于各种电线束的连接。在动力电池组的支架位置和形状确定后，设计通风管道、风扇、动力电池组 ECU 和温度传感器等。

电池在不同的温度下会有不同的工作性能，如铅酸蓄电池、锂离子电池和镍氢电池的最佳工作温度为 25～40℃。温度的变化会使电池的 SOC、开路电压、内阻和可用能量发生变化，甚至会影响到电池的使用寿命。温度的差异也是引起电池不均衡的原因之一。

热管理系统的主要任务是使电池工作在适当的温度范围内，减小各个电池模块之间的温度差异。

使用车载空调器可以实现对电池温度的控制，这也是电动汽车常用的温度控制方法，例如利用空调制冷剂通入动力电池的散热器内部。

4. 电池组均衡方法

针对纯电动汽车，电池组也称为电池包（PACK），有别于单体电池，在我国目前的锂电池制造水平下，单体之间的性能差异在其整个生命周期里不可避免地会存在，组合成多节串联 PACK 后如不采取技术措施，单体电池在充、放电过程中的不一致就会导致单体电池由于过充电或过放电而提前失效。要想避免单体电池由于过充电或过放电导致提前失效，使 PACK 的性能指标达到或者接近单体电池的水平，必须对电池组中的单体电池进行均衡控制，电池组均衡的使命就是将多节串联后 PACK 内部各电池单体的充放电性能恶化减到最小或使其消失。

想避免 PACK 内部各电池单体放电时出现性能恶化，采用简单的控制电路就可做到，但充电时想避免 PACK 内部各电池单体出现性能恶化却有较大的难度，这使得充电均衡成为 PACK 均衡的一个主要问题。

多节动力电池组的均衡控制有三种，分别是单体充电均衡、充放电联合均衡和动态均衡。

（1）单体充电均衡

对电压低的单体电池进行充电以达到平衡。一个容量及放电功率平衡设计良好的系统中，只要充电均衡控制到位，最差单体电池的性能也能达到出厂指标。

（2）充放电联合均衡

如果充电均衡控制不能到位，充放电联合均衡就变得非常重要，在这一情况下，总均衡量是充放电均衡量相加之和，但这种方式对电池非常不利，这是因为充电时仍有可能出现过充电。

放电均衡是使电池包放电时，其放出能量为所有电池能量的平均和。放电均衡决不能解决单体锂电组合成电池包后性能恶化的主要问题。

事实上无需放电均衡，此时的充电均衡控制到位即指每次充电均衡控制都可使最差单体电池的电压回复到充满就可，这一均衡方式下电池包的各项性能由最差单体电池的性能决定，最差单体电池的性能如果达到出厂指标，那么电池包各项性能就能达到设计指标。

（3）动态均衡

动态均衡即指在锂电池的使用和闲置全程中进行的充放电均衡。它可以通过延长均衡的时间来掩盖充、放电均衡量不够所产生的问题。在动态均衡下，因为电池每时每刻都在细微均衡，所以在充电和放电时所需要的均衡量大幅下降。

5. 电池均衡技术

为了克服电池不一致带来的严重影响，在电池使用中，人们提出了对电池进行均衡的要求。为此，近十几年来，许多电池管理系统（BMS）的研发者，采用了各种各样的方法来进行电池的均衡。归纳起来有以下几种方法：分流法（旁路法）、切断法和并联法。

（1）分流法（旁路法）

在充电时，当某一电池的充电电压超过设定值时，通过并联在该电池中的电阻分流该电池的一部分电流，从而达到降低该电池充电电压的目的。这种方案结构复杂，体积大，分流时发热量大，故而通用性差。此种分流方法未必非要在电池过电压后才开始分流，可以在电压比平均电压高时就开始分流平衡。

分流法（旁路法）实现电路如图 3-3 所示。以单体电池 CELL8 为例，VSENSE8 和 VSENSE7 端口用于测量单体电池的电压，从而为控制提供依据。电力场效应管 Q8 和 75Ω 的放电电阻是分电流电路，当单体电池电压过高时，电力场效应管 Q8 在 EQ8 端口的驱动下导通，这时单体电池通过 75Ω 的放电电阻把电能消耗掉。

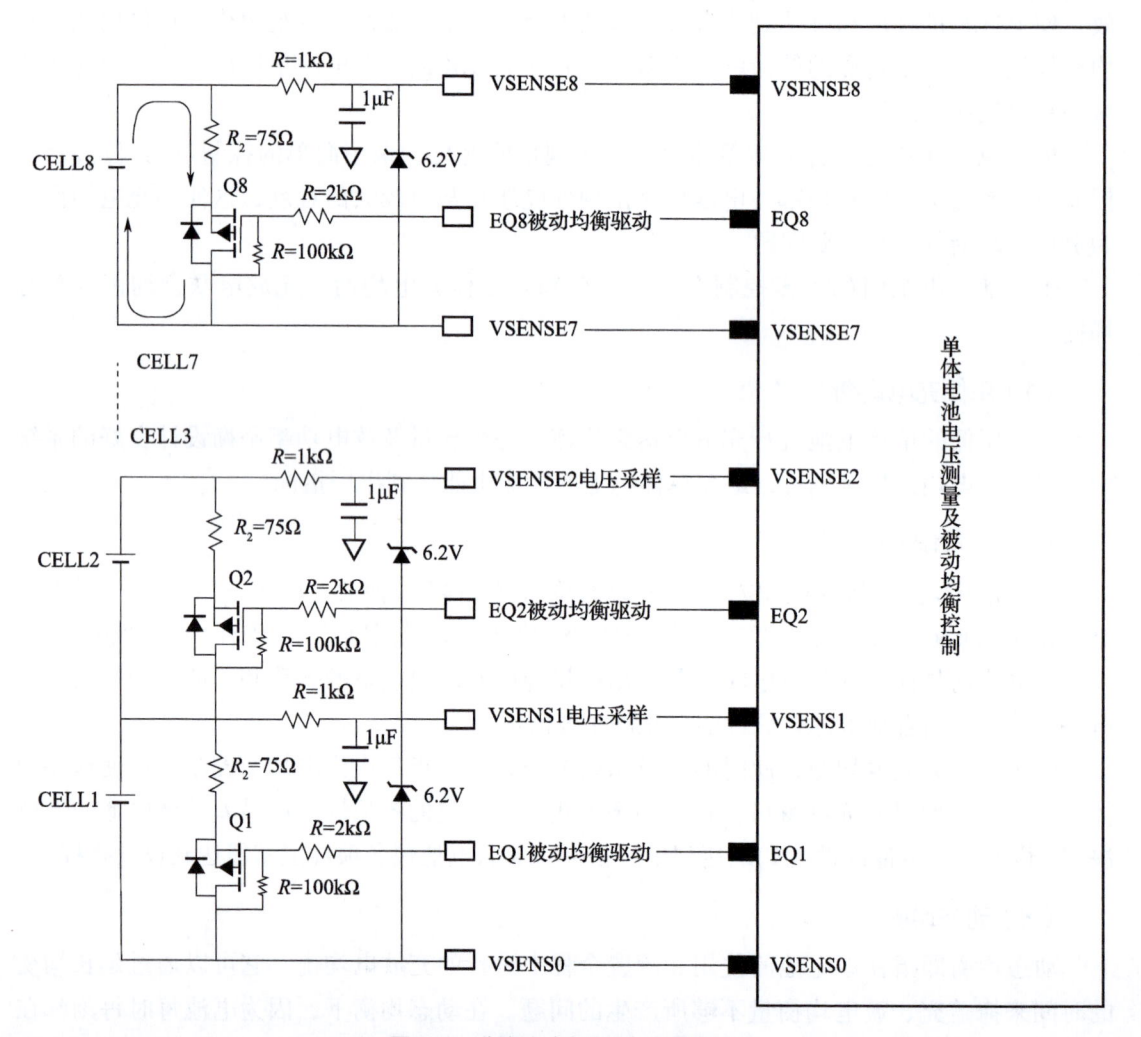

图 3-3 分流法（旁路法）实现电路

（2）切断法

在充电时，当某一单体电池的充电电压超过设定值时，通过自动控制开关切断该单体电池的电路，同时闭合旁路开关，电流绕过这块单体电池，继续向下一块单体电池充电。切断法开关的个数是电池数目的 2 倍。切断法需要充电器配合，要求充电器能够动态适应 1 个单体电池到全部单体电池充电的能力，且在切换电池后要能够动态地调整充电电压和充电电流，实现恒流、恒压充电以及浮充等，对充电器的要求比较高。

切断法电路如图 3-4 所示。右侧 DC-DC 变换器（充电器）主电路在 DC-DC 变换器控制器的控制下实现对左侧电池的充电，V5、V6 组成一个双向开关，V7、V8 组成另一个双向开关，共同为左侧的 8 个单体电池充电，每个单体电池处会有两个双向双开关，例如图中 CELL8 电池的 V1 和 V2 组成的一个双向开关、V3 和 V4 组成的另一个双向开关（其他单体电池未作标注），8 个单体电池的 16 个双向开关由双向开关驱动器通过 16 路总线驱动。

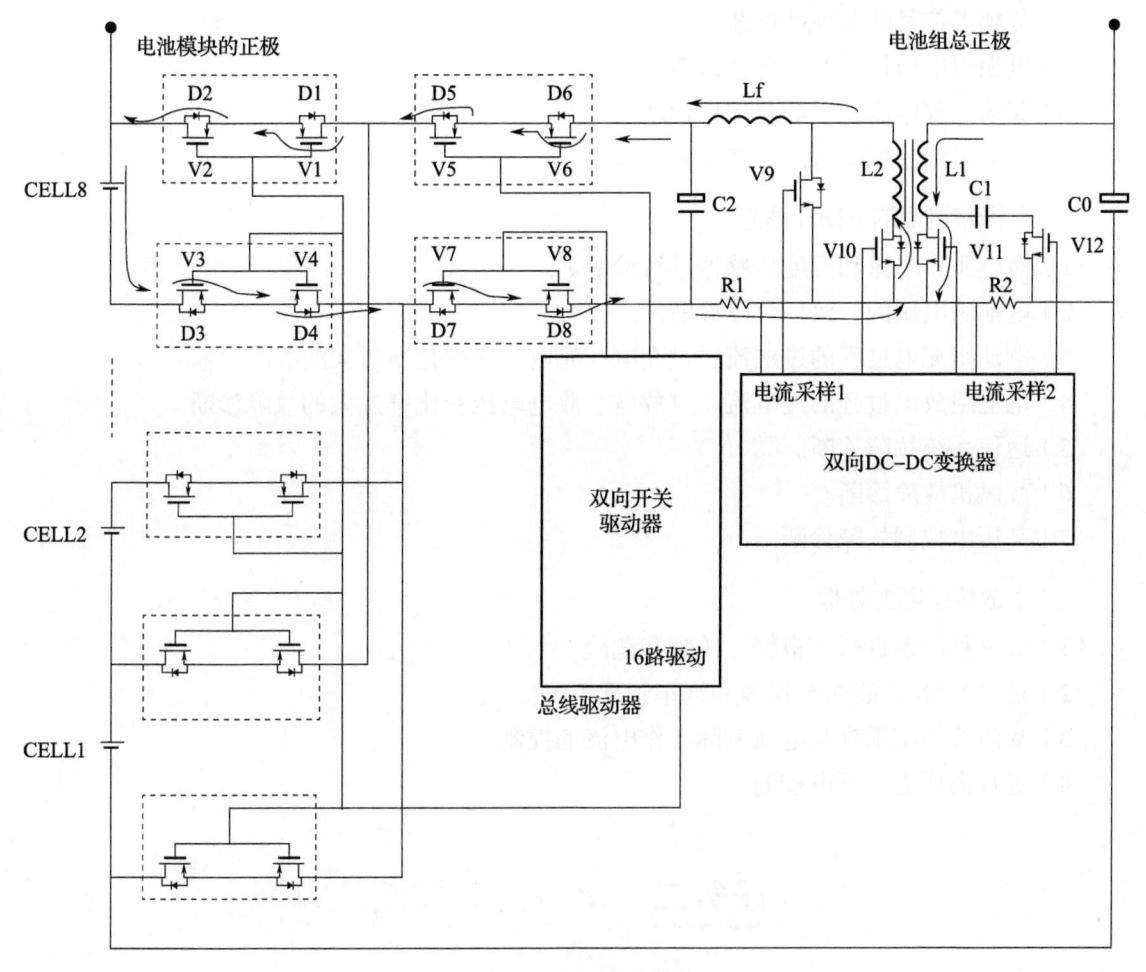

图 3-4　切断法实现电路

（3）并联法

并联法就是把电池按先并后串的连接方式使用。这也是一些电池生产厂家和电池的使用者企图利用一些小容量电池组成大容量、高电压电池组所采用的方法。电池并联后无法测量各单体电池的电压,因而就无法实施对电池组中各单体电池的监控。可见,用并联法是无法实现电池组电池的均衡效果的。

6. 电池管理系统的故障诊断

故障诊断功能是 BMS 的重要组成部分,通过故障诊断可以在动力电池组工作过程中实时掌握电池的各种状态,甚至在停机状态下也能诊断动力电池系统的各个部分(包括电池模块)。

故障级别分为一般故障、警告故障和严重故障。

BMS 根据故障的级别将电池状态归纳成尽快维修、立即维修和电池寿命警告三类信息传递到仪表板以警示驾驶人,从而保护电池不被过分使用。

(1)起动过程的 BMS 硬件故障诊断

1)传感器信号的合理性诊断。
2)电池组电压信号的合理性诊断。
3)起动过程电流信号的合理性诊断。
4)起动过程温度信号的合理性诊断。

(2)行车过程的 BMS 诊断

1)对电压、电流和温度传感器进行诊断。
2)电池组电压的一致性故障诊断。
3)电池组充电过程的过电流、过充电、充电电压变化率过大的故障诊断。
4)电池组放电过程的过电流、过放电、放电电压变化率过大的故障诊断。
5)通信系统故障诊断。
6)鼓风机故障诊断。
7)高压电控制故障诊断。

(3)故障诊断的处理

1)分三种级别进行(报警、故障和危险)。
2)通过 CAN 总线送至仪表和汽车管理系统。
3)故障诊断结果参与电池实际工作电流的控制。
4)进行高压上、下电控制。

任务二 电池管理控制

一 电池电量显示控制

图 3-5 所示为电池电量显示控制过程,其工作原理如下所述。

步骤 1:电池管理系统(BMS)通过电池组的总电压和动态电流的时间积分算出电池

电量（SOC）的百分数，然后将电池电量（SOC）信息经车身电气系统总线（B总线）转发给仪表控制器（ICU），使仪表显示电池电量（SOC）的百分数。

步骤2：判断电池管理系统（BMS）是否存有故障，若存有故障码，则点亮故指示障灯，此时信息经车身电气系统总线（B总线）转发给仪表控制器（ICU），即点亮整车故障指示灯或动力电池故障指示灯。

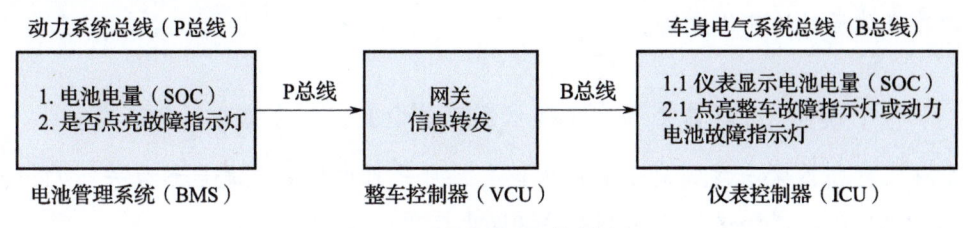

图3-5 电池电量显示控制过程

二 充电电压控制

图3-6所示为充电电压控制过程，其工作原理如下所述。

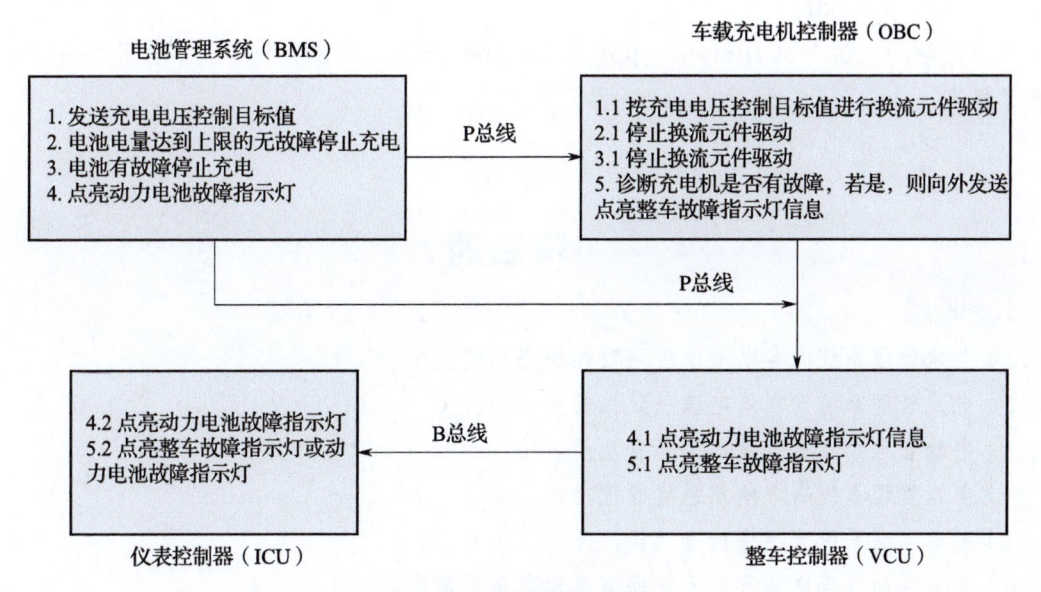

图3-6 充电电压控制过程

步骤1：电池管理系统（BMS）发送充电电压控制目标值，车载充电机控制器（OBC）按充电电压控制目标值进行换流元件驱动。

步骤2：电池电量达上限，执行无故障停止充电，进而停止换流元件驱动。

步骤3：电池有故障停止充电，进而停止换流元件驱动。

步骤4：判断电池管理系统（BMS）是否存有故障码，若存有，则点亮动力电池故障指示灯。整车控制器（VCU）将点亮动力电池故障指示灯信息发送给仪表，由仪表控制器（ICU）点亮动力电池故障指示灯。

步骤5：诊断充电机是否有故障，若是，则向外发送点亮整车故障指示灯信息给整车控制器（VCU），由整车控制器（VCU）向仪表控制器（ICU）发送点亮整车故障指示灯信息，从而点亮整车故障指示灯或动力电池故障指示灯。

> **思考与讨论**
>
> 培养查询资料学习的习惯；
> 培养查询资料的具体方法。

案例 3　培养查询汽车技术资料及论文，与专家对话的能力。

小林上网想搜索三元锂离子电池的论文，可是百度搜索总是显示有关三元锂离子电池的一堆广告，遇到这种情况不如尝试以小技巧：

（1）在搜索词上加引号如"电池管理系统"可屏开广告。
（2）在搜索词上加定语"锂离子电池管理系统"可缩小范围。
（3）在搜索词前加 intitle，如"intitle 三元锂离子电池"就可进行精准搜索。
（4）在搜索词后加 filetype：pdf 可进行精准 PDF 文件类型搜索，如："三元锂离子电池 filetype：pdf。"

请同学马上试一试 filetype：ppt 及 filetype：doc。测试你汽车资料查询水平是否有了提高。

课后题

1. 判断题

1）电池管理系统有各电池电压一致性检查功能。（　　）
2）电池管理系统有电池电流一致性检查功能。（　　）
3）电池管理系统有电池内阻检查功能。（　　）
4）电池管理系统有电池箱温度管理功能。（　　）
5）电池管理系统有绝缘检查功能。（　　）
6）有的电动汽车电池管理系统还有电池电压平衡功能。（　　）

2. 简述题

1）写出分流法电池平衡技术采用的元件名称，画出电路图，并说明其工作原理。
2）写出切断法电池平衡技术采用的元件名称，画出电路图，并说明其工作原理。

项目四
高压配电管理系统

情境引入

一辆 2014 年 5 月出厂的比亚迪 E6 纯电动汽车，出现了无法上电"OK"，经诊断为上电预充失败。

如果你是接车的修理技术人员，应如何找出上述故障的原因。修理方案应如何制定？

学习目标

能画出吉利纯电动汽车电池箱中继电器组的工作原理图。
能画出比亚迪 E6 纯电动汽车高压配电箱中继电器的工作原理图。
能说出电池箱的制冷和制热原理。

技能目标

能在带电测量高压配电箱前进行正确的防护。
能带电测量高压配电箱并诊断其中的配电故障。
能更换纯电动汽车高压配电箱中的继电器、熔断器或电流传感器。

任务一 吉利高压配电箱原理与诊断

一 吉利 EV300 高压网络

图 4-1 所示为吉利车系高压电路原理图，其工作原理如下所述。

1）车载充电过程：交流供电桩为车载充电机供电，交流电经充电机变换为直流电为动力电池充电。

2）动力电池放电过程：动力电池的直流电给电动压缩机、PTC 暖风加热器、驱动电动机变频器供电。

高压网络包括的主要元件有位于高压配电箱内的高压继电器组、带有高压分配熔断器和车载充电机的电动汽车功能分配单元（PDU）、带有 12V DC-DC 变换器功能的电动汽车变频器。交流充电口给车载充电机供电，实现慢速充电；直流充电口则给动力电池快速充电。

车载充电机的充电电流经 F1 熔丝给动力电池供电，电流大小由车载充电机内的电子开关进行控制。PTC 暖风和电池共用的加热器由 F2 熔丝供电，暖风功率大小由其内部的电子开关进行控制。电动空调压缩机由 F3 熔丝供电，经压缩机内自带的变频器换流为三相交流电机供电。

主供电工作原理：踩下制动踏板，按下供电开关，可听见电池箱内继电器开关闭合的"咔嗒"声音，此时为负极主继电器和正极预充继电器开关同时闭合工作，约持续几十毫秒，汽车变频器内的电容被正极预充继电器电阻充电完成。这时，正极主继电器开关再闭合开始工作，而正极预充继电器开关断开退出工作。注意：主供电电流由左侧的锂电池流向右侧的电子功率单元（简称 PDU）。

"快充+、快充−"外接带有熔丝和车载充电机的电子功率单元，简称 PDU。快充电流是从右侧的电子功率单元（简称 PDU）向左侧的锂离子电池供电。由于动力电池本身也是一个大的电容，在充电时采用了负极主继电器和正极快速预充继电器来防止充电机开始工作，充电机控制部分未进入电流控制时造成回路的电流过大。当充电电流被充电机控制后，快速充电正极继电器开关闭合工作，此时正极快速预充继电器退出工作。

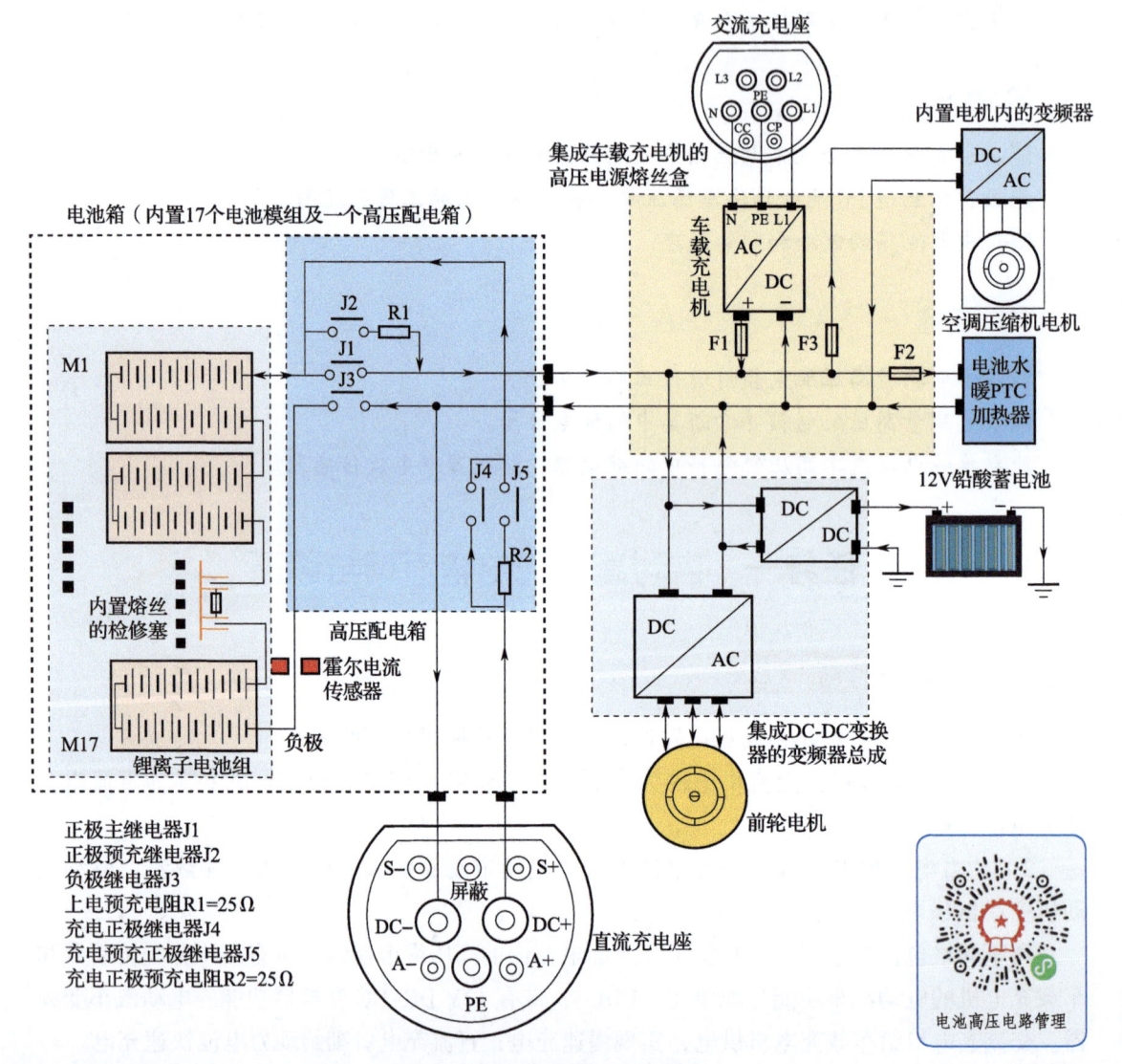

图 4-1 吉利车系高压电路原理图

当然，充电机控制若能在快充电时及时起作用，则正极快速预充继电器是可以取消的。

二 高压继电器触点监控

> **技师指导** 为什么新款电动汽车取消了检修塞呢？
> 在早期生产的电动汽车中，为了检修时能实现安全下电设计了检修塞。在2017年以后生产的多款电动汽车取消了检修塞，原因就是上电继电器组增加了继电器的触点监测功能。

它的优点是节省了一个检修塞，缺点是在上电继电器开关虚接焊在一起时只能报警，不能人为强行执行下电操作。不过正极和负极两端的两个继电器同时虚接焊在一起可能性很小，如果一个虚接焊报警，另一个继电器仍能执行下电动作。

在图4-2中，继电器线圈接电池管理系统的C端口，C/6代表C端口的第6引脚，其他类推。5P和6P是电池管理系统侧面的两个端口，分别为5PIN（针）和6PIN，5P/1代表5PIN（针）插头的第1引脚，5PIN（针）和6PIN插头外接电池管理系统（BMS），电池管理系统在通过C端口控制继电器时，通过5PIN（针）和6PIN反馈监测继电器的响应。

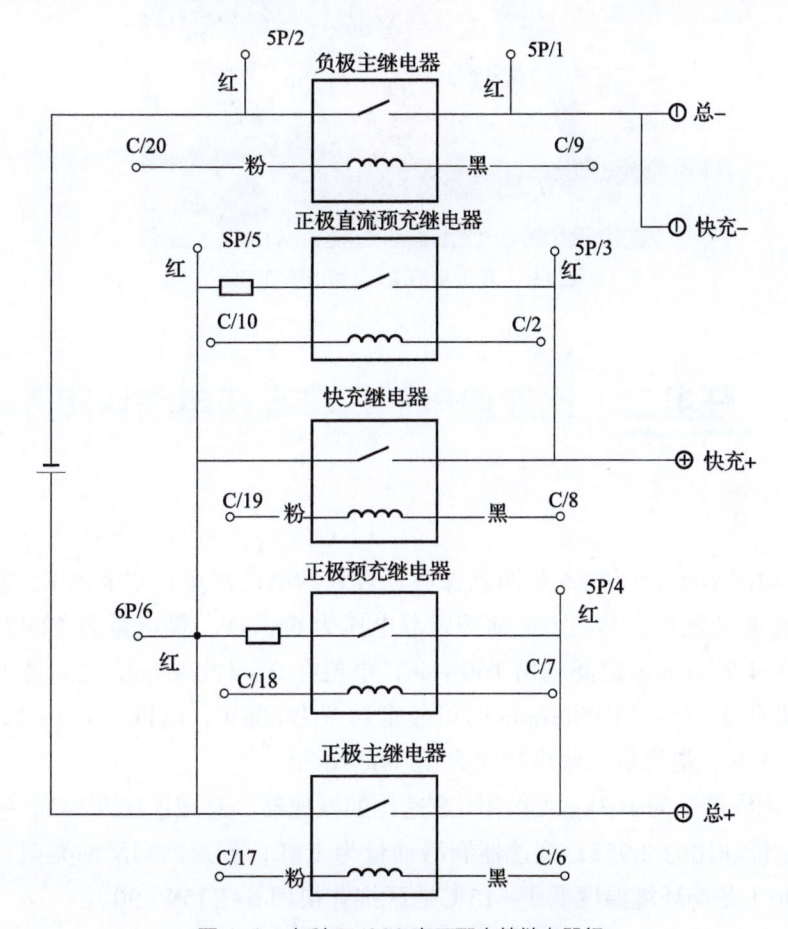

图4-2 吉利EV300高压配电箱继电器组

图 4-3 所示为电池管理系统 ECU 上部 6 条红色包线管，用于监测继电器开关；图 4-4 所示为接于继电器开关两端的继电器监测线束。

图 4-3　电池管理系统 ECU 上部 6 条红色包线管

图 4-4　接于继电器开关两端的继电器监测线束

图 4-5 所示为电池箱的输入/输出接口部分。"总正+、总负-"接电子功能控制单元（PDU），"快充+、快充-"接快速充电口"DC+、DC-"，整车通信 12P-A 和 12P-B 主要外接整车控制器。

图 4-5　电池箱的输入/输出接口部分

任务二　比亚迪电动汽车高压电路认知

一　典型车型简介

比亚迪电动汽车的 E5 和 E6 是两款保有量较大的电动汽车，本节以 E5 为例介绍。比亚迪 E5 为前轮驱动汽车，其动力电池额定总电压为 653.4V，储电量为 42.47kW·h。电机额定转矩在 0~4 775r/min 之间输出 160N·m；电机在 0~4 929r/min 之间最大输出转矩为 310N·m；电机在 4 775~12 000r/min 时可额定功率为 80kW；电机 4 929~12 000r/min 最大输入功率 160kW；电机最大输出转速为 12 000r/min。

电机动力总成重量为 103kg，采用固定速比的减速器，总减速比 9.342。一级传动比为 3.158；主减速传动比为 2.958；变速器润滑油量为 1.8L；变速器润滑油类型：齿轮油标号为 SAE80W-90（冬季环境温度低于 -15℃地区推荐换用 SAE75W-90）。

二 高压电路作用

如图 4-6 所示为比亚迪 E5 高压元件的电路。

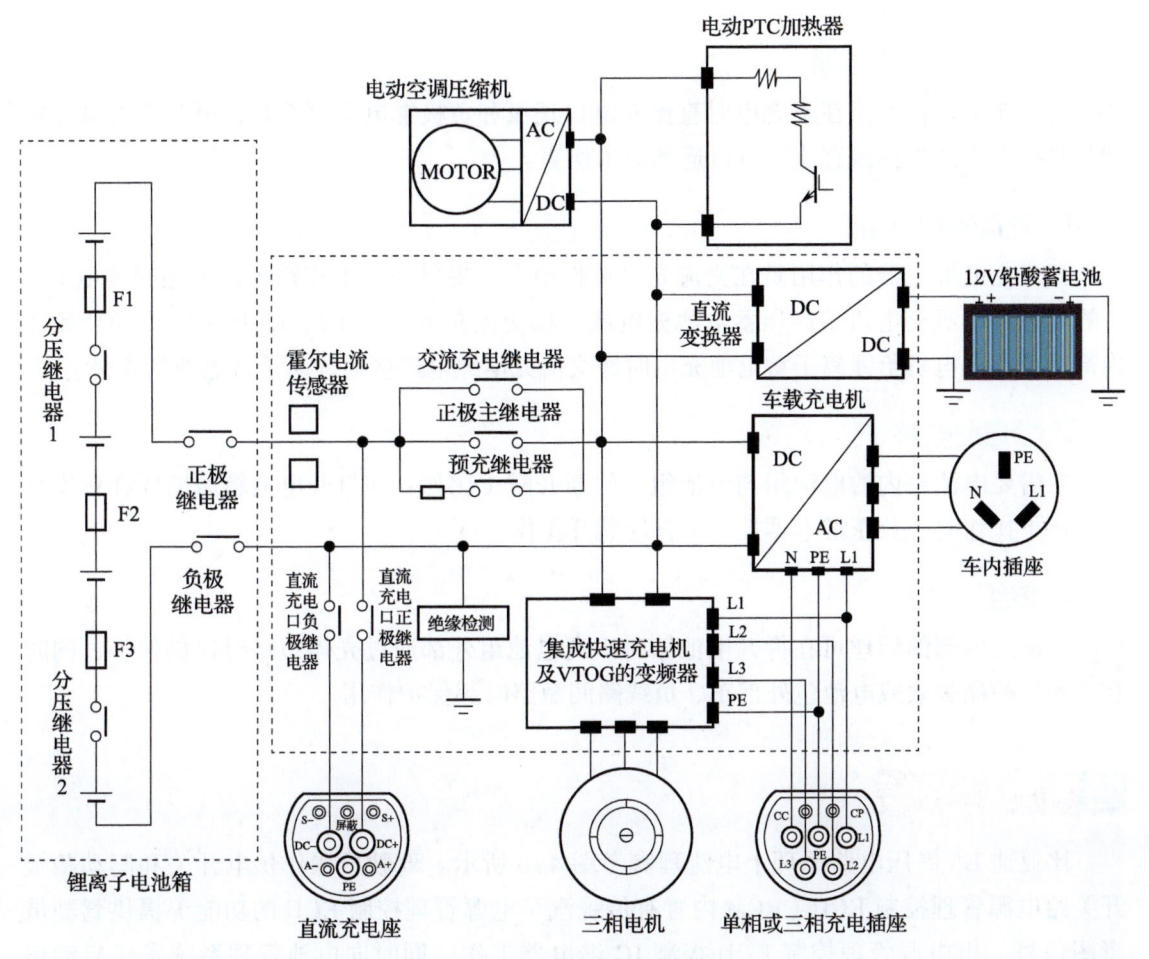

图 4-6　比亚迪 E5 高压元件的电路

1. 高压配电箱

高压配电箱（HVDB，High Voltage Distribution Box）位于机仓内，高压配电箱的作用是为电动汽车的驱动电机变频器供电，变频器将高压直流电逆变为三相交流电；为传统的电气元件供电。

2. 空调压缩机

电动空调经变频空调压缩机内的变频器逆变为交流电给电机的定子线圈，电机转子带动涡旋式空调压缩机的吸入低温、气态制冷剂，排出高温、液压制冷剂。

3. PTC 加热器

PTC 加热器为电动汽车空调蒸发箱内的高压电加热元件供电。高压电加热元件为正温度系数（PTC）元件，随加热温度提高电阻增大，电流得以自动限制，防止了过热。

4. 直流/直流变换器

直流/直流变换器简称 DC/DC，作用是将电池箱电压降为 14V 为 12V 铅酸蓄电池充电。

5. 直流充电口继电器

直流充电口作用是在不充电时直流充电口正极和负极继电器都断开，可防止人员（特别是小孩）因意外接触直流充电口遭到电击伤害。

6. 交流充电继电器

交流充电继电器的作用是在交流充电过程中专门提供一个工作路径。单相交流电 L1、N 的电能经车载充电机给高压蓄电池充电或三相交流充电 L1、L2、L3 的电能流经变频器内部的快速充电机给锂离子蓄电池充电时经交流充电继电器接通锂离子蓄电池的正极。

7. 分压继电器

在需要电池箱内的电池组与电池组之间断开时（比如：在打开电池箱后需要在较安全的电压下操作时）分压继电器提供了自动断开操作。

8. 熔丝

电池组内部的熔丝可在拆开电池箱时出现电池组外部通过壳体短路时提供保护，同时在变频器控制失效或电池包外部正、负线路间短路时起保护作用。

三 高压上电流程

比亚迪 E5 高压电路原理上电流程参考图 4-6 所示。驾驶员操作供电开关和制动踏板开关给电源管理控制 ECU（BCM 内置有传统汽车电源管理控制 ECU 的功能）提供驾驶员意图信号。由电源管理控制 ECU 控制 IG 继电器工作，同时向电池管理系统发送启动信号，电池管理系统控制负极继电器和预充继电器先工作给变频器内的电容器充电，同时电机变频器检测电容两端的上升电压，当电压接近动力蓄电池电压时，电机的变频器控制 ECU 向电池管理系统发送预充满的信息，这时正极主继电器的开关闭合工作，然后预充继电器开关断开，退出工作。高压配电箱上电完成后，仪表点亮"OK"灯，向驾驶员指示上电完成。

任务三　高压配电箱诊断总结

一 带电测量高压配电箱

电动汽车的高压被一部分一知半解的人妖魔化，过分强调高压，以至于给人造成的心理压力远超过其实际的危险性，在这里要说明的是，电动汽车的安全要比日常生活中插电饭锅插头或插计算机供电线的安全性要安全得多，何况这两种情况在日常生活中的频率非常高，而在电动汽车上高压作业的情况非常少，带电高压作业测量就更少了。

> **技师指导** 上面所述，不是说电动汽车没有危险，而是要大家正确看待危险水平。

要强调的是，在高压配电箱上进行高压带电测量作业具有危险性，一定要按安全操作规程，两人中一人操作，一人看护，看护人有义务提醒错误操作，并准备意外事故的处理工作。

电动汽车为什么带电测量高压配电箱？高压配电箱相当于传统汽车的熔丝和继电器盒，传统电路的测量在熔丝和继电器盒上带电测量。同样的，在高压配电箱内部有上电继电器组、高压直流熔丝和电流传感器等，高压网络上的元件供电都可通过高压配电箱测量，这种测量是带电测量才更有效。这是因为带电测量不仅能测量元件，而且能测量线束。

举个简单的例子：系统检测到上电预充时间过长，即预充继电器给电容充电过长，检查原因，若不确定是电容漏电还是电池电压测量不准，就可以用示波器测量预充继电器工作时给电容充电到供电主继电器闭合的时间间隔，从而发现故障的原因所在。这种故障在下电的情况下，用万用表的电阻档测量是做不到的。高压熔丝的测量，也必须是带电测量更方便，并且结果更准确。

二 高压配电箱组装要点注意

1）开盖后高压配电箱易有异物侵入，比如铁屑、尘土和水气等，因此开盖前应清理好工作现场。

2）绝对禁止在带电测量时将工具掉落到高压配电箱内，这将形成极严重的短路。

3）绝对禁止无高压防护的人员在高压配电箱上进行带电测量。

4）绝对禁止无汽车高压产品培训合格资格的人员在高压配电箱上进行带电测量。

5）要有拆卸作业，一定在拆卸前进行拍照。注意：要拍到关键易错的点，也可用漆笔先做记号。

6）工作人员要有边工作边思考的思维模式，不可大量地随意拆卸，应做有目的、小范围的拆卸。

7）工作人员要有原位安装的意识，不可随意调换近似相同的元件。

8）严格按照厂家要求校准力矩，并用漆笔做记号，防止因螺栓未拧到位而导致力矩不足产生接触电阻。

9）一定要防止某个螺栓的力矩过大造成接线柱和元件内部断开或形成新的接触电阻。

10）能通过闻、看、听初步观察配电箱的内部情况，形成一个初步判断。

三 高压注意

由于是在动力电池供电网络带电的情况下进行测量，请一定戴好如图 4-7 所示的安全防护。

护目镜（应急时也可用眼镜替代）可有效防止电火花飞溅伤到眼角膜。绝缘手套可在意外出现手与供电网络不同极性的两部分金属接触时避免连通构成回路，这种伤害是极大的，一定要避免。

另外，在出现绝缘报警的情况下，0级绝缘手套（图4-8）可在意外出现手与供电网络的一种极性的金属接触时避免连通构成回路。触电的伤害同样是极大的，一定要避免。

图4-7　戴护目镜 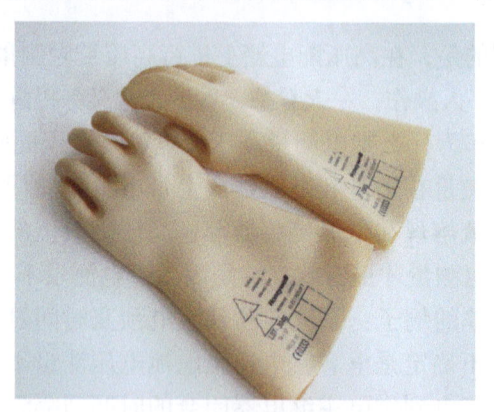　　　　　　　　图4-8　0级绝缘手套

四　低压参考点的选取

在低压12V铅酸蓄电池的网络上，通常取蓄电池负极作为测量的参考点（图4-9）或车身作为测量的参考点（图4-10），图中用试灯与万用表相同。

在动力电池供电的网络上，通常取动力电池负极作为测量的参考点（图4-11）。记住：动力电池供电的网络不再以车身作为参考点，这点要注意，如图4-12所示，以车身作为参考点测量到的电压为绝缘检测用电压，与动力电池的直流供电网络没有实质性关系。

图4-9　以蓄电池负极作为参考点 　　　　图4-10　以车身金属作为参考点

图4-11　以动力电池负极作为参考点 　　　图4-12　错以车身金属作为参考点时测得的是绝缘检测用电压

五 高压直流熔丝测量

万用表黑表笔与动力电池的负极相接触（图4-13），万用表红表笔与熔丝的一端接触，读出动力电池电压；万用表红表笔与熔丝的另一端接触（图4-14），读出动力电池电压。若两次测量时都有动力电池电压，则说明熔丝正常，如果一次有动力电池电压，另一次没有或数值不等则说明熔丝断开。

图4-13 熔丝一端有动力电池电压 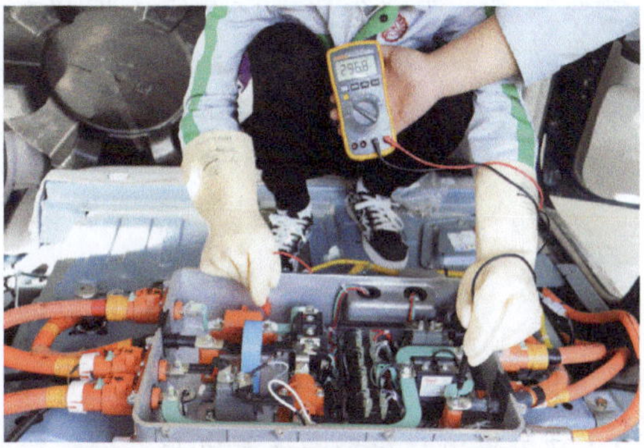　　图4-14 熔丝另一端有动力电池电压

熔丝断开说明其下游有短路或过载，通常在这种情况下，下游负载元件的软关断失控，内部元件已经烧毁，这时应查找到故障点，在更换元件后，再更换熔丝，不可直接更换熔丝。

六 高压直流继电器测量

将万用表分别与继电器的线圈供电插头接触，测得有12V铅酸蓄电池电压时证明线圈有电流流过。再测量动力蓄电池继电器的开关，这时取动力蓄电池负极作为参考点测量继电器开关两端的电压是否是动力蓄电池电压（图4-15、图4-16），若不相同或有很大差异，则说明继电器损坏，要求予以更换。

图4-15 继电器一端有动力电池电压 　　图4-16 继电器另一端有动力电池电压

思考与讨论

培养用画图法学习电动汽车；
培养用画图分析法学习电动汽车。

案例 4　画出高压原理图是一种很好的学习方法

学习电动汽车高压电路部分最好的方法是画出高压电路原理图，并分析工作过程。在这个过程中不仅要在实车上找到高压元件，捋出高压电路连接，还要对高压元件采用示意画法。当画出高压电路后，还要分析工作过程：比如不同电动汽车的预充电容放在哪个高压元件中，高压上电预充过程是如何实现的。上电过程如何实现；下电是主动放电还是被动放电；电流传感器是霍尔型还是毫欧电阻型。高压继电器的数量不同，在设计上的思路有何不同？

课后题

1. 判断题

1）动力电池母线经高压配电箱后分配给其他用电器。（　　）
2）动力电池高压配电箱对外供电采用 3 个继电器。（　　）
3）动力电池高压配电箱的预充继电器可位于正极母线，也可位于负极母线。（　　）
4）电动汽车采用检测预充电路预充完成后，再闭合与其并联的继电器。（　　）
5）动力电池高压配电箱内高压继电器的线圈采用 12V 电压工作。（　　）

2. 简述题

1）带电测量高压配电箱前进行正确的防护的方法是什么？
2）如何带电测量高压配电箱并诊断高压配电箱中的配电故障？
3）上电继电器电路为什么要增加预充电路？

项目五
电动汽车安全管理系统

➡ 情境引入

一辆 2014 年 5 月出厂的比亚迪 E6 纯电动汽车,在检查高压配电箱时发现高压正极与高压配电箱金属壳短路时,仪表竟然没有绝缘报警,这种情况将使车辆发生严重的安全隐患。

如果你是接车的修理技术人员,应如何找出上述故障的原因?修理方案应如何制定?

➡ 学习目标

能说出电动汽车电压等级是如何划分的。
能说出三相交流变压器埋地的原因。
能说出电动汽车搭铁保护原理。
能说出电动汽车失火施救方法。
能说出电动汽车高压安全防护设计有哪些。

➡ 技能目标

能带电测量三相交流电,解决简单的缺相故障及接地故障。
能带电测量单相交流电,解决供电故障及搭铁故障。
能解决电动汽车交流电搭铁保护不良故障。

任务一　电动汽车电压等级划分认知

电压等级划分明确了不同的车辆电路系统可满足不同的安全要求,降低了对 A 级低压电路系统不必要的保护成本,对汽车工业的发展起到了积极作用。随着对车辆舒适性需求的提升,车辆用电器增多。

一 2001年版电动汽车电压等级划分标准 ISO6469

2001年的ISO6469-3将电动道路车辆电压等级划分为A级电压和B级电压,其中A级电压为交流25V以下、直流60V以下,B级电压为交流25~1 000V、直流60~1 500V。交流1 000V以上为高压,直流1 500V以上为高压,具体范围见表5-1。

表5-1 2001年版ISO6469-3修订中讨论的电压等级划分

电压等级	最大工作电压 /V		安全性	基本防护和故障防护
	直流	交流(有效值)		
A	$0<U\leq 60$	$0<U\leq 25$	没有危险	对A级电压只需基本的功能防护,就能做到电路工作,同时对人没有危险
B	$60<U\leq 1\ 500$	$25<U\leq 1\ 000$	有危险	对B级电压(交流25~1 000V、直流60~1 500V)的保护,包括基本防护和故障防护

二 2011年版电动汽车电压等级划分标准 ISO6469

在汽车厂家推出42V系统后,出现42V系统经变频后的交流工作电压有超过A级安全电压的情况,但最终国际标准组织验证证明了其安全性,这一结论的确定也使B级电压交流最低值从2001版的25V修改为2011版的30V。不过42V系统因投入成本大、节能减排效果不佳而失败。随后各大汽车制造商开发了与12V系统共存的48V系统,总投入成本较低,节油量明显提升(10%~15%)。48V系统的直流部分与交流部分相对电平台之间的电压均符合现行标准对A级电压的要求,无需特殊的安全防护;但交流部分在最高工作电压下两相之间的电压会超过交流30V,属于B级电压,发生多点失效时有接触触电危险。因此,该部分需正常条件及故障条件下的物理防护保护、绝缘电阻保护等,但因负极搭铁,无法满足标准要求,故而造成实际应用和标准发生冲突。为持续推广48V系统,欧洲相关的标准法规已对高压母线和绝缘电阻的适用范围进行了重新定义,使得48V系统得以豁免绝缘电阻的要求,可见技术发展同样影响着标准法规。为进一步解决各国车辆准入方面的差异性,推动新科技的发展,电压等级划分再次引起高度关注。

现行ISO6469-3:2021的修改主要体现在B级电压等级划分上,参考低电压目录(LVD)IEC61140建议将B级高电压划分为B1级感知中等电压和B2级危险高电压,具体范围见表5-2。对B1级电压的保护可通过限制电路电压以及基本保护(如遮拦、外壳、绝缘)实现,相比B2级电压或细分前的B级电压,B1级电压不需要高压标记,降低了基本保护的选项要求,也不再需要故障防护(绝缘检测)。这不仅降低了车辆的电路安装与保护复杂程度,还大大地节约了车辆对部分组件不必要的防护成本,利于市场良性竞争、推动新技术的发展。

表 5-2　2021 年版 ISO6469-3 修订中讨论的电压等级划分、安全性及保护措施

电压等级		最大工作电压 /V		安全性	保护措施
		直流	交流（有效值）		
A		$0<U \leqslant 60$	$0<U \leqslant 30$	没有危险	不需要 9 项防护措施
B	B1	$60<U \leqslant 75$	$30<U \leqslant 50$	没有危险	需要 9 项防护中的 4 项，包括基本防护、使用工具拆卸、IP 等级、固体绝缘及爬电距离共 4 项要求
	B2	$75<U \leqslant 1\ 500$	$50<U \leqslant 1\ 000$	有危险	需要有基本防护、故障防护、高压标记、使用工具拆卸、下电不使用工具、IP 等级、固体绝缘及爬电距离、耐压、碰撞后防触电共 9 项要求

三 B1 级电压降低防护后的安全性问题

对 B 级电压细分为 B1 级感知中等电压以及 B2 级危险高电压，最受关注的是 B1 级电压降低防护后的安全性问题。根据 LVD 和 IEC 的相关标准，结合多年的实际使用经验得知在正常操作条件下 B1 级电压为安全电压，不会产生危险。但若出现接触直流系统的正极与搭铁负极、接触交流系统的相线与搭铁负极、接触交流系统的两条相线这三种情况时就可能存在危险。

根据 IEC60479-1 人体阻抗值随交流电压的频率增加而降低，在电机由低转速至高转速的调频过程中，交流电的频率是变化的。一个采用四对磁极的电动汽车永磁电机，电机最高转速通常要达 15 000r/min，甚至更高如 17 500r/min，根据 15 000=60× 频率 ÷4 可得，当电机最高转速为 15 000r/min 时，三相交流频率为 1 000Hz。应当注意到在交流频率为 1 000Hz 时，人体阻抗值仅为 50Hz 的 32%。另外，当电路发生故障时，人体接触电流的大小还与发生故障时的人体接触面积相关，通常接触面积越大，人体承受电压的能力下降，阻抗值也随接触面积的增大而降低，导致人体接触电流值增大，超过安全摆脱电流的概率大大增加，触电风险增高。

由于 B1 级电压降低防护后存在的安全性问题，在描述电动汽车安全电压时仍以 2001 年版电动汽车电压等级划分标准 ISO6469 为准。

任务二　电动汽车操作安全

一 汽车交流充电安全

1. 变压器中性点埋地

如图 5-1 所示，火力发电机厂发出的 50Hz 三相交流电经过升压变压器升压为 22kV，再经过降压变压器降压为 380V，形成三相 50Hz 交流电，三条相线 L1、L2、L3 的线间电压为 380V，中性点接出零线 N。L 和

N 间的为相电压 50Hz、220V 单相交流电。为了避免雷击损坏变压器和用电器,需要将变压器的中性点埋地。

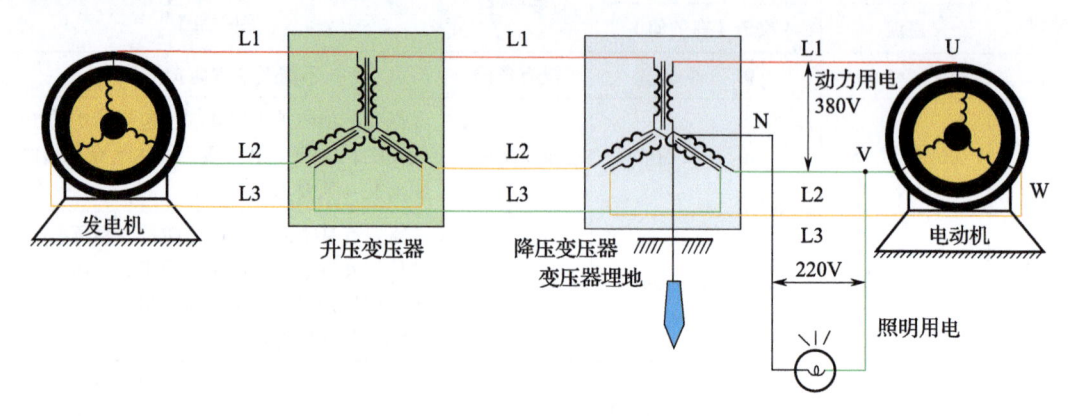

图 5-1 低压供电系统简化示意图

> **技师指导** 如果没有自然界的雷击变压器的问题,变压器的中性点就不用埋地,那么人站在地上触到相线也就不会被电击了。

2. 用电器不漏电的交流电流路径

为了防止雷击三相交流变压器的低压侧,便采用了中性点搭铁措施,优点是可防止雷击,缺点是增加了人触电的可能性。图 5-2 所示为正常工作时的交流电流路径。

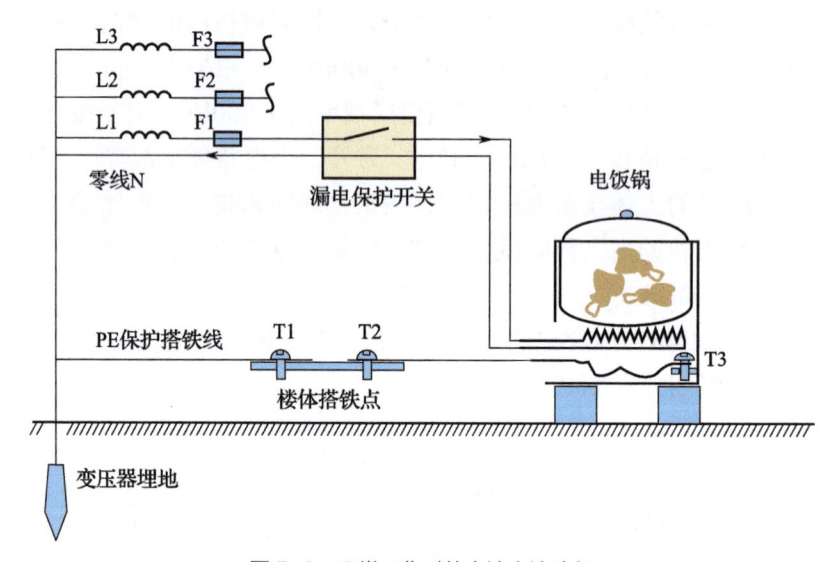

图 5-2 正常工作时的交流电流路径

3. 有保护搭铁漏电的交流电流路径

如图 5-3 所示,如果用电器壳体漏电,那么电流可由第三根搭铁线经 PE 后通过熔断器盒内的搭铁螺钉将电流导入住宅的等电位黏接轨,不会造成触电危险。

在城市建筑中,诸如电饭煲、冰箱和洗衣机等,在用电器工作时要防止壳体(图中用电器的虚线框）漏电对人体造成电击，因此在壳体上接保护搭铁线用于保护搭铁。保护搭铁即用用电器壳体和用电器的零线相连，零线和真实土地的地等电位，由于人总是站在真实的地上，真实的地和用电器壳体等电位，所以不会造成触电。加之空气开关中的漏电保护功能在其漏电时可自动断开开关，使得城市的用电保护要比农村安全和方便得多。

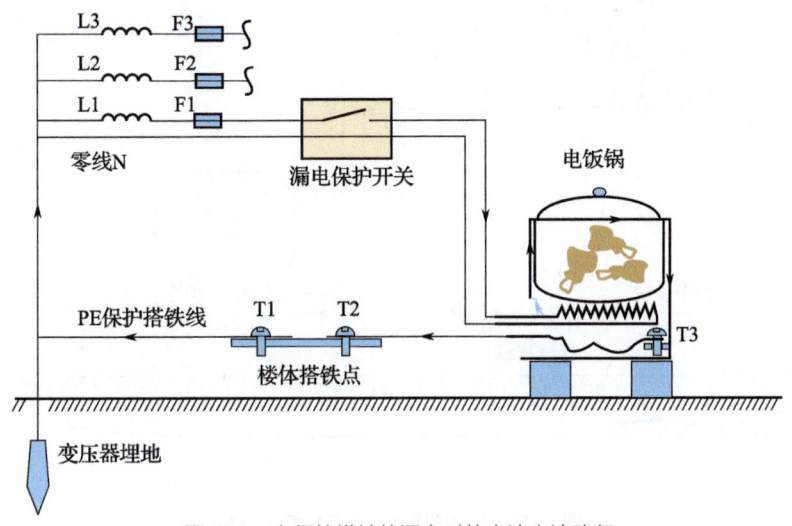

图 5-3 有保护搭铁的漏电时的交流电流路径

4. 无保护搭铁漏电的交流电流路径

在农村建筑中，由于没有搭铁线（PE）回变压器中性点的保护措施，所以用电器壳体漏电发生电击的情况较多。

（1）无保护搭铁，但有漏电保护开关

在有漏电保护器开关的情况下，L 线向用电器壳体漏电，漏电保护器内的 L 线和 N 线电流不平衡会促成漏电保护器内的开关断开，因此在用电器漏电时有保护作用（图 5-4）。但若漏电保护器内开关允许的电流平衡差很大，开关不断开，则有一定电击的危险。

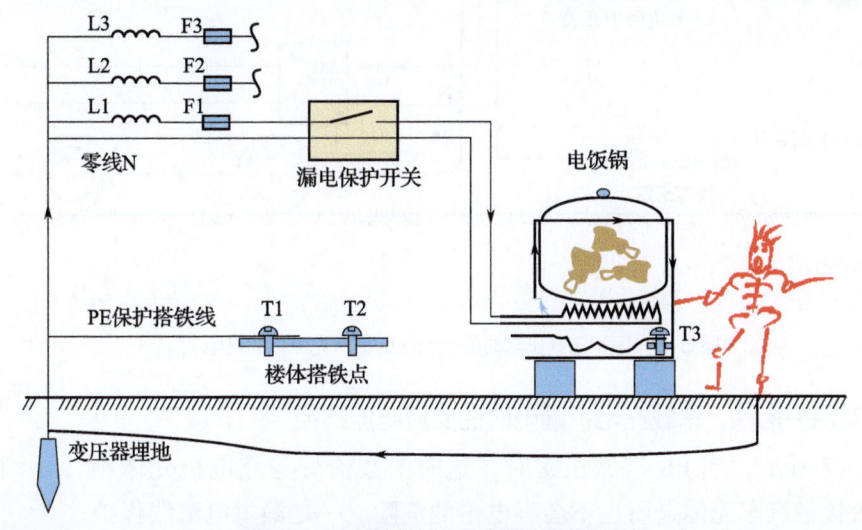

图 5-4 无保护搭铁，但有漏电保护开关

(2)无保护搭铁，无漏电保护开关

如图 5-5 所示，在广大农村无保护搭铁和无漏电保护开关的情况下，用电器壳体漏电时，漏电电流全部通过人体，有严重电击的危险。

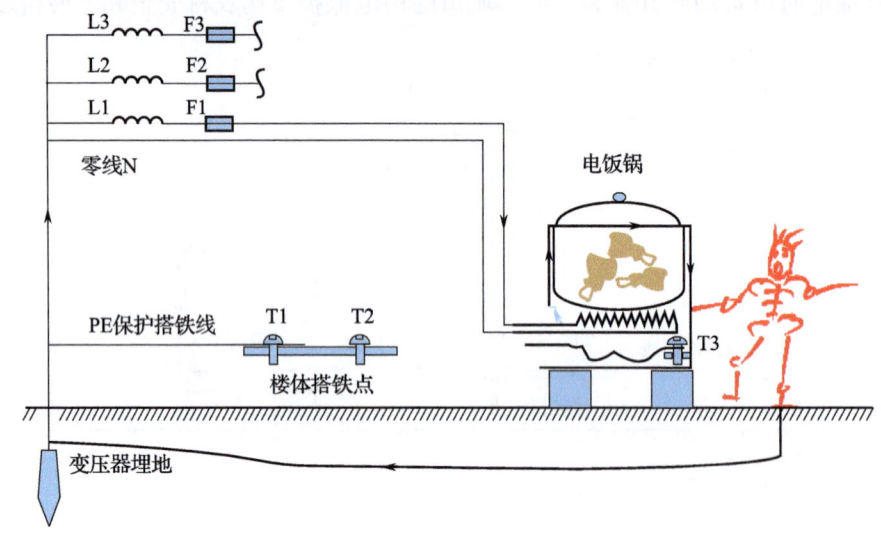

图 5-5 无保护搭铁，无漏电保护开关

5. 车载充电机的搭铁保护

（1）正常充电时的交流电流路径

图 5-6 所示为保护搭铁正常时的交流充电。汽车上的车载充电机壳体通过充电口和外界的 L、N、PE 三根线是连接的，因为有 PE 搭铁保护，所以充电过程中是安全的。

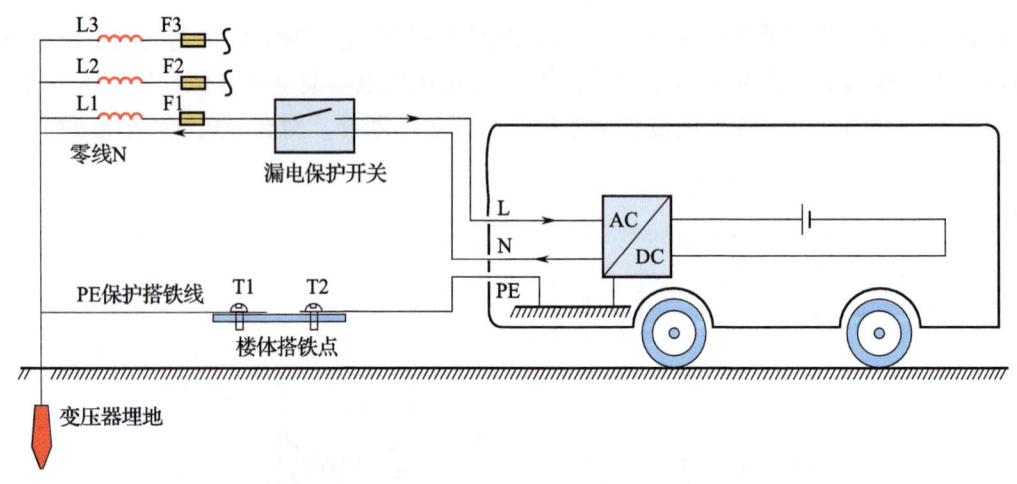

图 5-6 保护搭铁正常时的交流充电桩对充电机的充电

（2）有保护搭铁，车载充电机漏电时的交流电流路径

如图 5-7 所示，当 PE 搭铁正常时，这时 L 线恰好与充电机壳体相通，一旦人接触汽车壳体金属也不会有电击的危险。一是漏电电流线保护搭铁线形成回路，二是漏电电流大到一定程度时漏电保护开关会起作用。

有保护搭铁时的交流漏电路径

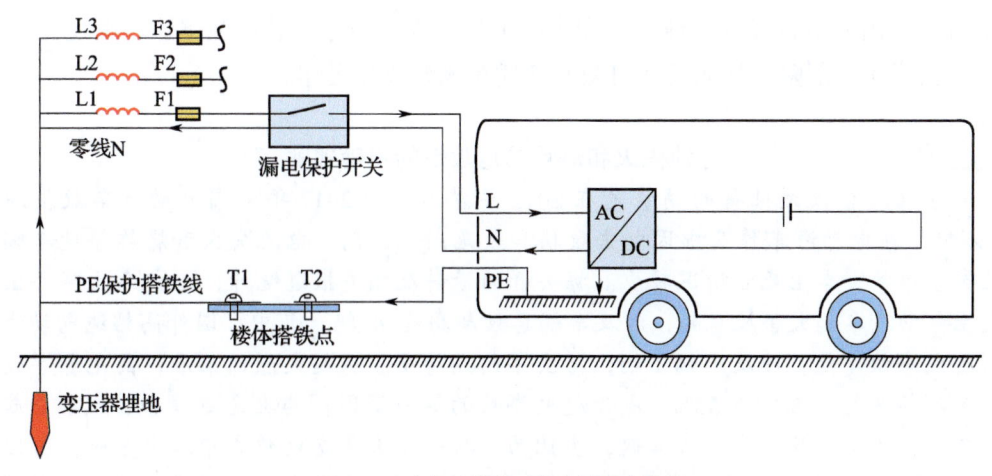

图 5-7　有保护搭铁时的交流漏电路径

（3）保护搭铁意外断开，车载充电机漏电时的交流电流路径

如图 5-8 所示，当 PE 搭铁出现故障时（如断开），而这时 L 线恰好与充电机壳体相通，一旦人接触汽车壳体金属就会有电击的危险，漏电电流会流经人体再由附近变压器的埋地点回到中性点。

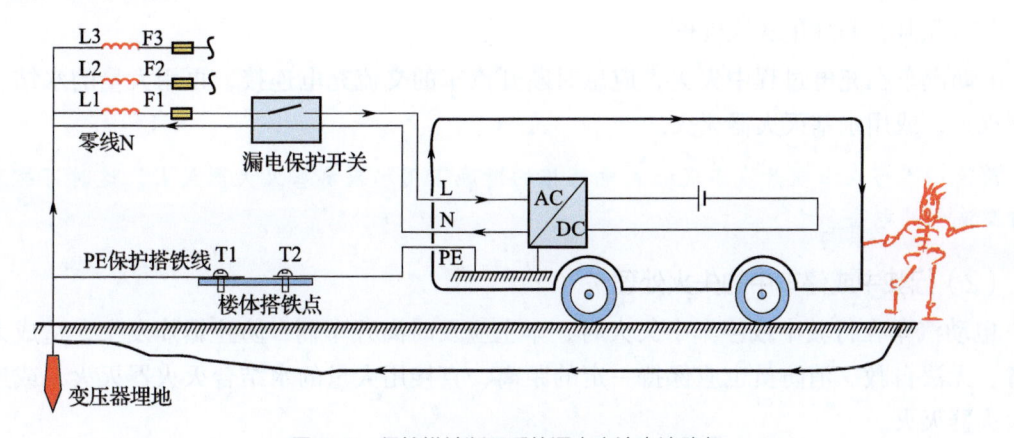

图 5-8　保护搭铁断开后的漏电交流电流路径

6. 搭铁的双检测

充电枪口搭铁线 PE 的一端要与供电装置的搭铁相连，也需要搭铁检测。充电枪口搭铁线 PE 另一端要与汽车上的车身相连，需要搭铁检测。

因此，交流充电桩要检查供电装置上的 PE 搭铁是否良好。同时车上的电池管理系统要检测与车身搭铁连接是否良好。若 PE 的搭铁出现不良情况，则供电桩内的接触器（交流继电器）开关会断开。

二　电池失火和爆炸的处理

1. 电池失火和爆炸的危险性

在电池失火和爆炸的情况下，人若受困于车内，如打不开车门或车主失去意识，则将十分危险。受困人员将吸入电池失火产生的烟气，导致中毒。若电池爆炸，则还有再次加重车主失去意识的危险，从而无法自救，任凭车辆燃烧和爆炸。

> **技师指导**　　　　　　**电池失火和爆炸的危险性的正确理解**
>
> 　　纯电动汽车较大批量的销售是在2012年左右，到2017年全国电动汽车数量超过170万辆，在电动汽车作业中因电击致伤和致死尚无一例，电池失火和爆炸导致车辆损失的例子较多，车主死亡情况较少。据公开的资料及相关报道统计，2017年上半年国内共发生电动汽车起火事故9起，涉及车辆总数却高达98辆。其中，国外高档纯电动汽车车型起火事故1起、涉及车辆1辆，与去年同期持平。从起火原因来看，因充电导致的起火事故共3起，占比为38%，成为起火事故的第一诱因；其次是碰撞和自燃各2起，各占25%。从使用状态中起火4起，占比为50%；其次是充电状态中起火3起，占比为37.5%；最后是静置状态下共发生1起起火事故，但涉及的车辆数却是最多的。从而可以看出，从电动汽车的充电、使用到静置等多个环节，均有起火事故的发生，安全问题已涉及电动汽车的各个环节，必须引起足够的重视是一方面，另一方面更要强调没有证明说明电动汽车比燃油车危险。

2. 电池失火和爆炸的处理

（1）充电过程中的失火处理

电动汽车在充电过程中失火，应急时断开汽车的交流充电连接，再用大量的水结合灭火器灭火，或用水基灭火器灭火。

警告： 不可在未断开汽车交流充电连接的情况下用水或水基灭火器灭火，这时可能发生来自交流电的电击。

（2）行驶中或停车中的失火处理

电动汽车在行驶中或停车中失火时，车主应及时离开车辆，防止爆炸发生，造成人事不省，无法自救。消防员也应保持一定的距离，直接用大量的水结合灭火器灭火，或用水基灭火器灭火。

三　过防护及行业错误操作纠正

1. 领域的乱用

错误体现在因张冠李戴造成的不同领域电压等级在电动汽车领域的乱用，以及将工业高压网络和工业低压网络的一些错误防护使用在电动汽车领域，出现了大量冒着电动汽车高级技术培训的幌子在做传播防护过当的操作。由于我国劳动部门对电动汽车的职业资格仍未建立，所以现在的职业资格是以低压电工操作证作为职业上岗资格。现在发现很多学校进行电动汽车的安全防护是按工业/民用电进行防护的，很多照搬的是错误的。

2. 行业操作错误

（1）按照交流电无保护搭铁环境，放置绝缘垫

在没有保护搭铁（农村家用供电多为这种情况）的交流低压（220V/380V）用电器，

带电操作时需要放绝缘垫。需要放绝缘垫的原因是为防止雷击变压器副线圈中性点埋地，造成人站在地面上若触及相线，则发生触电，站在绝缘垫上操作可避免电击。在农村的用电器没有保护搭铁的情况下，可采用放绝缘垫后带电操作。事实上，农村用的交流用电器也没有放置绝缘垫操作的习惯，这确实有一定的危险，但在汽车上，一不是交流电，二也不是无保护搭铁环境所以便忽略了。

> **技师指导** 由于电动汽车蓄电池母线正极或负极与车身都不共搭铁，可知低压电工（220V/380V）带电操作中脚下放置绝缘垫的操作不适用于电动汽车，明显是一种张冠李戴的做法。

那么穿绝缘鞋显然也没有效果。但在给电动汽车进行交流充电时有保护作用，也就是当交流供电保护搭铁有断开的情况，但也属防护过当。

试想驾驶人每次给电动汽车充电若要穿绝缘鞋的话，电动汽车肯定是卖不出去的。电动汽车的充电危险程度和给一个电饭煲供电一样，我们能习惯电饭煲供电，为什么不能习惯给电动汽车充电？这里打着防护幌子，或许也是一种无知的表现。

（2）按照高压交流电环境，错误使用防护工具的过防护

电动汽车只有在与高压元件上裸露电源正极或负极铜导线的情况下，人员有直接接触电源正极或负极铜导线的可能情况下，才需要配戴1 000V级别直流绝缘手套、护目眼镜、绝缘鞋和绝缘工具，是我们在1 000V以上带电操作中要使用的装备，并且时刻要保持它们能处于随时可用的状态。交流防护装备是在低压（220V/380V）带电操作时使用的，而低压（220V/380V）电气的连接是明显裸露的，戴绝缘手套也有空间操作。

电动汽车电池箱上的检修塞一旦取出后，电池箱以外的高压网络（在电动汽车上称为高压是相对12V电系而言的，与工厂用的相比仍然是低压范围）则处于下电状态，因此不必戴绝缘手套操作，但操作前仍要进行必要的验电操作。

> **技师指导**　　　　　　　　**一定要使用防护装备的情况**
> 事实上，电动汽车除非在检修塞无法取出的情况下，即电池箱内上电继电器无法下电时，或要带电测量高压配电箱内的直流熔丝以及上电继电器时，防护才是必要的。对于国内早期有些电动汽车高压上电继电器布置在电池箱外部，有可能的上电继电器短路只能求助检修塞的熔丝熔断，属于设计不合理，望行业改正。

（3）汽车充电过程的过防护

电动汽车可采用单相（车载单相交流/直流充电机）16A级别或三相交流（车载三相交流/直流充电机）32A级别充电时，充电枪上有保护搭铁，不会有触电危险，一旦有相线向用电器壳体漏电，则因相线和零线的电流不平衡而断开。

因此在充电过程中不用防护，试想车主要买车后还要带一套防护套装吗？

> **技师指导** 家中电饭锅的壳体是搭铁保护电路，试想很多人家中都用电饭锅，有谁戴绝缘手套、穿绝缘鞋做饭了。

3. 高压系统操作资格

（1）高压意识培训

如果员工没有接受高压意识培训，则不允许在纯电动汽车或混合动力汽车的高压网络上执行操作。

如果员工在车辆上的"工作"仅限于操作或客户咨询，如启用冬季轮胎的限速或阐述驾驶室管理及数据系统，则不必进行高压意识培训。此外，只是简单驾驶车辆时也没有必要进行高压意识培训，如洗车人员将车辆驶向洗车装置。

如果员工在车辆上执行操作、阐述或简单驾驶车辆之外的"工作"，那么一定要进行高压意识培训。甚至开启发动机舱盖，如清洗发动机或添加车窗风窗玻璃清洗液，也要求进行高压意识培训。

接受过高压意识培训的非电工技术专业人员可以在高压系统外执行作业。

（2）高压资格

高压资格是指有国家安监部门组织培训并进行考核通过后，拿到低压电工操作证。这里有个似乎矛盾的地方，电动汽车上的电压称为高压，那么为什么操作资格却是低压？这是由于电动汽车的电压等级在工业领域就是低压的，我们称电动汽车电压为高压只是为了区分直流 12V 的单线制低压电系。

（3）高压产品资格

高压产品资格是指在有高压资格的基础上，在从事高压产品相关工作时也经过了相应的高压产品的培训。比如电动汽车领域有了低压电工操作证了，还要系统学习过电动汽车的高压产品，比如电池、电机、变频器等相关高压产品的结构和原理。

有高压资格（取得低压电工操作证），并经过高压产品培训的汽车技师、电气技师、机械电子工程师可以在高压系统上执行作业。如果不具备"高压资格"和"高压产品资格"的人员不得在高压网络上作业。不遵守相关的注意事项会导致严重的结果。

经过高压操作和高压产品知识培训后，使用和维修电动汽车高压系统还是很容易的。

任务三　电动汽车安全设计

一　高压安全设计措施

电动汽车的高压安全措施是十分周密的，以下是主动技术和被动技术，总结起来有下面 8 项。主动通过设计防护实现安全的技术称为主动安全技术。以主动避开或远离高压危险点为目的的技术称为被动安全技术。

1. 被动安全技术

（1）橙色电缆线

为了减少与高压电（在电动汽车领域指 60V 以上）的直接接触，高压部件上的高压线路采用橙色作为警示，同时还会在高压器件附近有警示性通知。

（2）防接触保护

高压电缆，特别是壳体穿孔部位采用多层绝缘，外层为护套起防磨损＋绝缘功能，中间为带金属编织＋包带的中间层（图5-9a），金属编织与电缆两端的高压元件外壳金属相连，即与车身相连，导体从外部或内部弯曲凸出内层绝缘时，导体（电缆）与车身金属相连，形成绝缘检测回路，会触发漏电报警，而普通电缆（图5-9b）则没有此项功能。

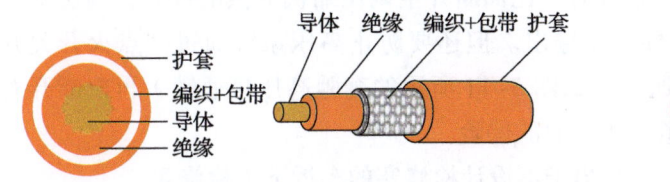

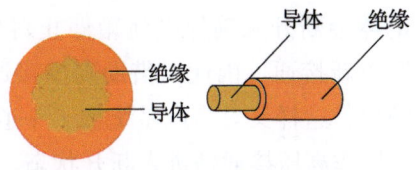

a）电动汽车系网络用电缆（带金属编织＋包带）　　b）普通电缆（无金属编织＋包带）

图5-9　高压电缆与普通电缆比较

2. 主动安全技术

（1）高压网络不共车身搭铁

高压电采用正极和负极与车辆车身金属间不共搭铁，两者之间并有绝缘检测（图5-10），即图中人是安全的，不会发生触电。若负母线对车身或正母线对车身的绝缘下降，人站在车身去碰另一条母线就不安全了，因此在汽车设计上，一旦发生绝缘电阻下降，高压上电继电器下电，并在仪表上出现系统故障指示。

要提出的是，正极或负极直流母线易与车身外相连，若绝缘检测失效，则将存在严重的高压电击隐患，一旦人员在车上接触了高压电负或正，将造成严重电击伤或死亡。

（2）高压对搭铁绝缘检测

假若高压产品漏电（图5-10），比如当DC-DC壳体高压漏电时，可能通过高压电池箱内的绝缘检测电路可以检测到。同理，若逆变器（DC-AC）漏电，则通过逆变器壳体搭铁、绝缘检测电路可以检测到。

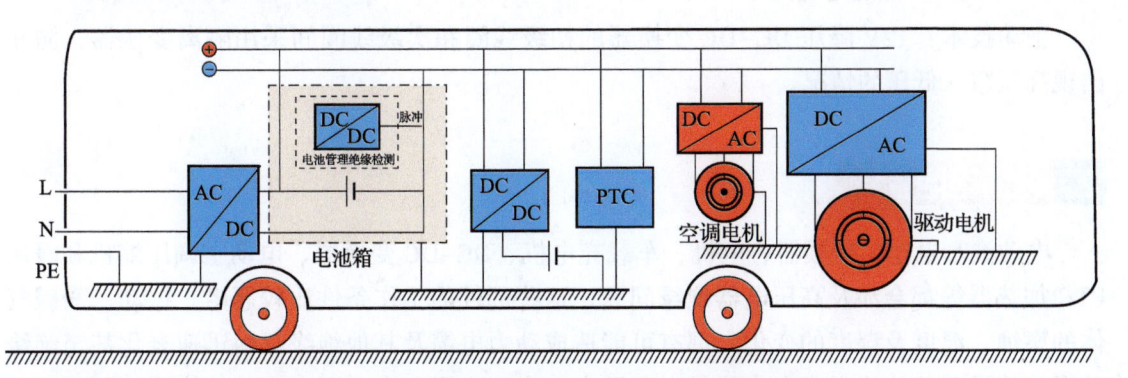

图5-10　高压网络不共车身搭铁与高压对搭铁绝缘检测

(3) 高压互锁防护

主动技术：高压产品的电缆脱开时，会形成触电和母线短路隐患。为此对整个高压系统设置一个导通环，当高压元件从线束上脱开时会造成"U形"导通环传送的信号中断，控制系统控电池箱内的高压上电继电器断开，同时逆变器内的电容器通过电阻自行进行放电。

(4) 高压接通锁或检修塞

主动技术：工作人员在诊断辅助系统时，比如断开空调压缩机的供电线时，高压上电继电器会断开来确保电池箱停止对外高压输出。但还要防止高压系统通过"点火开关开启"重新接通，因此，借助高压接通锁（如图5-11所示的奔驰高压接通锁）再次断开对外输出，这样又对高压系统加了一道防止接通的保险。

操作高压接通锁进入断开状态，就相当于不设计检修塞的车拆下了检修塞。

图 5-11　奔驰高压接通锁

(5) 在碰撞时切断高压系统

主动技术：通过来自安全气囊的碰撞识别触发断开电池箱内的上电继电器，并停止发电机发电模式，将母线电容器自动放电至允许的电压极限以下。

(6) 高压产品的电隔离

主动技术：12V降压DC-DC变换器的初级线圈和次级线圈间采用隔离变压器，防止出现高压窜入低压的情况。

二　绝缘电阻监测

电动汽车电池、变频器、电机、车载充电机、DC-DC变换器、电动空调压缩机和暖风PTC加热器等都会涉及高压电器绝缘问题。这些部件的工作条件比较恶劣，振动、酸碱气体的腐蚀、温度及湿度的变化，都有可能造成动力电缆及其他绝缘材料迅速老化甚至绝缘破损，使设备的绝缘强度大大降低，危及人身安全，因此有必要在出现绝缘头问题时及时对高压电网进行下电操作，保护人员安全。

> **技师指导** GB/T 18384.1—2015 中规定了电动汽车动力电池电压超过交流 25V 或直流 60V 时必须检测动力电池的绝缘电阻。当绝缘电阻降低到标准以下时，必须及时报警以及采取必要的保护措施。

1. 绝缘电阻大小的确定

电动汽车的绝缘状况以直流正、负母线对搭铁的绝缘电阻来衡量。电动汽车的国际标准规定，绝缘电阻值除以电动汽车直流系统标称电压 U，结果应大于 $100\,\Omega/V$（交流应大于 $500\,\Omega/V$），才符合安全要求，见公式（5-1）。标准中推荐的动力电池绝缘电阻测量方法适用于静态测试，而不满足实时监测的要求。

$$\frac{\text{绝缘电阻值}}{\text{直流系统标称电压}} \geq 100\,\Omega/V \qquad (5\text{-}1)$$

> **技师指导** GB/T 18384.1—2015 中将动力电池绝缘电阻定义为"如果动力电池与搭铁之间的某一点短路，最大（最坏情况下）的泄漏电流所对应的电阻"。绝缘电阻分为绝缘电阻无限大、绝缘电阻为零、绝缘电阻为某一值三种情况。GB/T 18384.1—2001 中规定动力电池绝缘电阻的最小值为 $100\,\Omega/V$（一级报警值），安全值为 $100\sim500\,\Omega/V$（二级报警值）。
>
> $100\,\Omega/V$ 意味着动力电池的电压乘以 100 即最低的绝缘电阻下限。例如动力电池电压为 366V，则此时的最低绝缘电阻检测值为 $36\,600\,\Omega$，低于此值就非常不安全了。
>
> 设计上通常按小于 $500\,\Omega/V$ 的绝缘监测为第二个报警等级（存在绝缘电阻下降，但无生命危险），小于 $100\,\Omega/V$ 的绝缘监测为第一个报警等级（存在绝缘电阻下降，可能有生命危险），有的汽车公司可能会有三级报警，即中间另设了一个 $300\,\Omega/V$ 的报警。

2. 绝缘电阻测量方法

对电动汽车绝缘电阻的测量方法有两种，一种方法是采用切换电阻测量，二是采用高压脉冲注入的方法进行测量。由于外接电阻切换测量有缺陷，实车上普遍采用高压脉冲信号注入法。

（1）外接电阻切换测量法绝缘电阻测量

通过测量电动汽车直流母线与电底盘之间的电压，计算得到系统的绝缘电阻值。假设电动汽车的直流系统电压（即车载动力电池总电压）为 U，待测的正、负母线与电底盘之间的绝缘电阻分别为 R_x、R_y，为将计算的电阻值。正、负母线与电底盘之间的电压分别为 U_x、U_y，则待测直流系统的等效模型如图 5-12 中的点画线框内所示。

图中 R_1、R_2 为测量用的已知阻值的标准电阻。工作原理如下：当电子开关 T_1、T_2 全部断开时，测量正、负母线与电底盘之间的电压分别为 U_x 和 U_y 为已知可测量。由电路定律可以得到公式（5-2）。当电子开关 T_1 闭合、T_2 断开时，则在正母线与电底盘之间加入标准偏置电阻 R_1，测量正、负母线与电底盘之间的电压分别为 U_x、U_y，同样可以得到公式（5-3），两方程在绝缘检测软件中联立方程组。

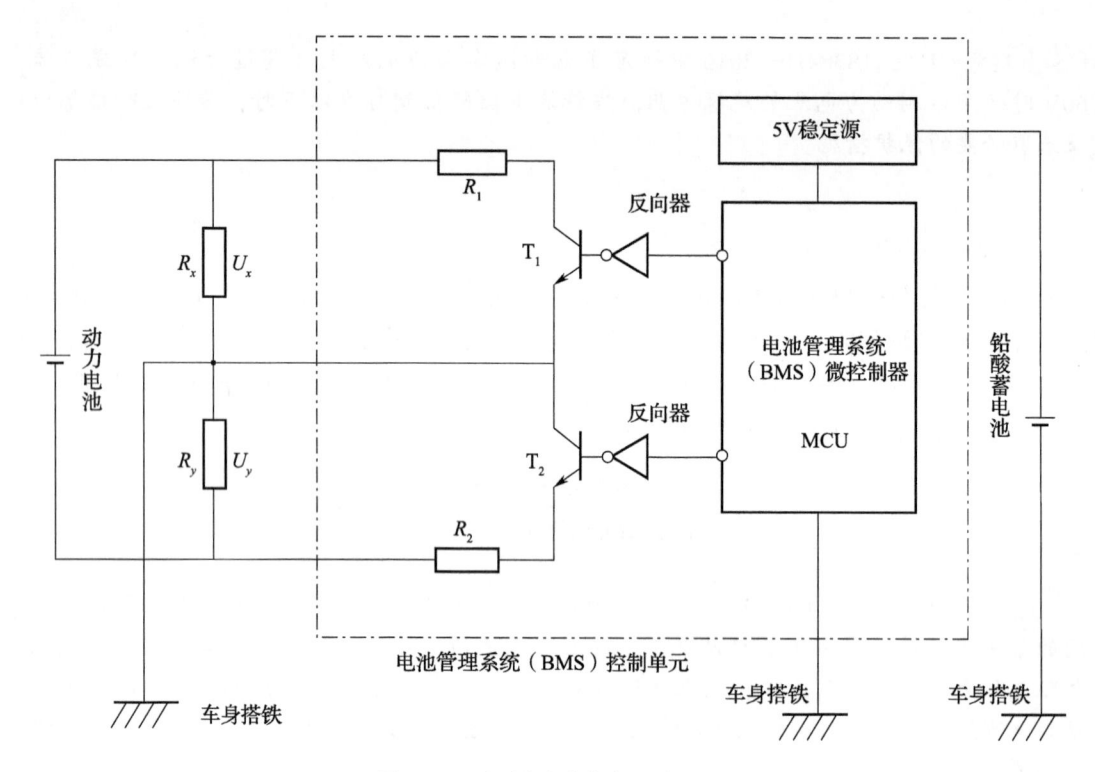

图 5-12 电动汽车绝缘电阻测量原理

$$\frac{U_x}{R_x} = \frac{U_y}{R_y} \tag{5-2}$$

$$\frac{U_x}{R_x} + \frac{U_x}{R_1} = \frac{U_y}{R_y} \tag{5-3}$$

绝缘检测软件通过公式（5-2）和（5-3）解出正、负母线与电底盘之间的绝缘电阻分别为 R_x 和 R_y，要注意到公式（5-2）中的 U_x 和 U_y 与公式（5-3）中的 U_x 和 U_y 数值是可测量的，但不是相等的。

同样，绝缘电阻在以下 2 种情况也可以得到：T_1、T_2 全部断开和 T_1 断开、T_2 闭合；T_1 闭合、T_2 断开和 T_1 断开、T_2 闭合。由上述计算公式可知，绝缘电阻 R_x、R_y 的具体数值由 4 个测量电压值和已知标准电阻计算得到，最终结果的精度与电压测量和标准电阻的精度直接相关。另外，开关动作前后，电池电压随汽车加、减速的变化对结果的影响也应分析。电动汽车的绝缘电阻一般来讲是缓变参数，而测量过程很快，因此可以认为测量过程中实际待测绝缘电阻的阻值保持不变。

绝缘电阻监测模块主要完成如下几方面功能：正、负母线对底盘的电压 U_x 和 U_y 测量、标准偏置电阻 R_1 或 R_2 的介入控制、绝缘电阻 R_x 和 R_y 计算和判断、报警方式等。

（2）高压脉冲信号注入法绝缘电阻监测

在直流母线正、负极和车辆底盘之间接入电阻，通过电子开关或高压继电器接通电阻和车辆底盘，然后测量这些电阻上的电压或电流，再计算得到绝缘电阻的大小。这些方法或多或少都有一些缺陷，如工作不可靠，不能响应动力电池内部对搭铁短路故障、不能测量正负对称故障、无法精确测量正/负母线双端对称搭铁时的绝缘电阻，系统泄漏电容增大时测量参数偏差大等问题。

通过向高压回路注入一个可变电流信号，通过检测接收回路上的电流变化值来检测系统当前的绝缘电阻值，可彻底解决电池内部对搭铁短接或正、负对称搭铁时无法测量的问题；且不受系统泄漏电容的影响，同时无需改变检测电路中的硬件参数值就可在全电压（DC 0～800V）范围内检测系统的绝缘电阻。

信号注入的方法是指对电动汽车的电池系统注入一定频率的直流电压信号。通过测量反馈的直流信号计算绝缘电阻这种信号对整个电池系统会产生纹波干扰，影响系统的正常工作。而现有的外接电阻切换的绝缘电阻测量方法检测精度较低，同时因长时间接入测量电阻，所以降低了系统的绝缘性能，增加了电池功耗。

脉冲注入法绝缘检测

车辆绝缘检测电路的工作原理如图5-13所示，检测回路由动力电池系统、高压正/负极回路串联电阻 R_i、信号源、测量电阻 R_m、汽车底盘、回路漏电电阻 R_f 组成。信号源是一个电流源信号，它通过高压正、负极回路串联电阻向动力电池系统注入一个低频的电流信号。该信号通过高压正/负极回路串联电阻、动力电池组、回路漏电电阻 R_f、车辆底盘、测量电阻形成一个信号回路。在电流信号注入时，采样电阻 R_m 上的电流为

$$I_{R_m} = \frac{U_{R_m}}{R_m} \tag{5-4}$$

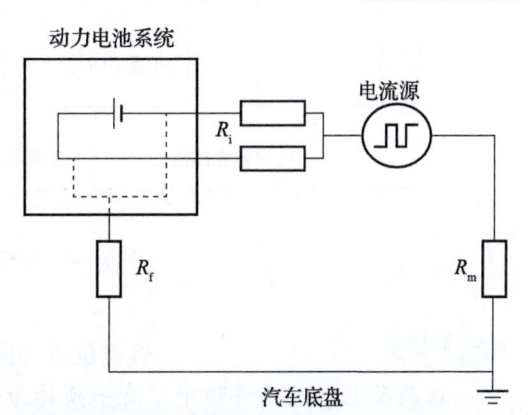

图5-13 车辆绝缘检测电路的工作原理

在测量回路中，来自电动汽车电池管理系统（BMS）的高压脉冲信号源的注入电压分别加载到回路的各个电阻上，其总电压为分回路电压之和。

$$U_x = U_R + U_{R_i} + U_{R_m} \tag{5-5}$$

由于测量回路的电阻 R_i 及 R_m 是已知的，由此可以计算出 U_{R_i} 及 U_{R_m}，则回路漏电电阻上所加的电压值 U_{R_f} 值：

$$U_{R_f} = U_x - U_R - U_{R_m} \tag{5-6}$$

由（5-4）和（5-5）式可得到最终的漏电电阻值为

$$R_f = \frac{U_{R_f} R_i}{I} \tag{5-7}$$

微处理器通过对注入信号的改变及 R 上的电压信号变化，进行运算、分析，最终计算出本系统的漏电电阻。在直流高压系统单端对搭铁漏电或正、负对称漏电时，由于回路的串并联电阻发生变化，通过对注入信号的极性判断及采样点的电压变化值与参考电压的变化差，判断其故障点所在。

（3）高压产品壳体共搭铁

如图 5-14 所示，动力电池箱、变频器和电机等高压产品通过外壳与车身搭铁，这样电池管理系统（BMS）的车身接搭铁线（图 5-12）中绝缘电阻 R_x 和 R_y 中间与车身之间的车身搭铁线就可与高压产品构成实际的检测回路。

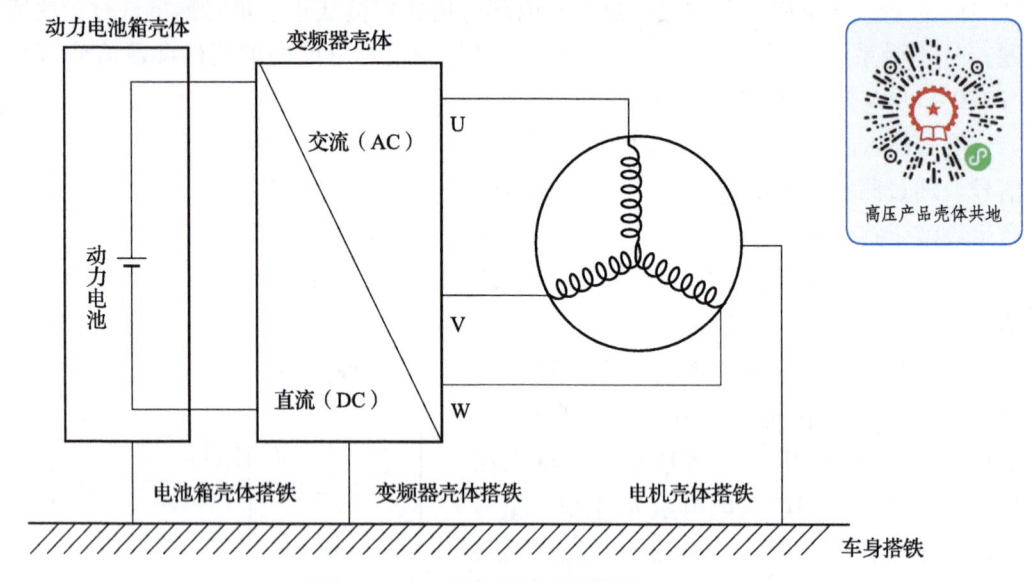

图 5-14 高压产品壳体共地示意图

> **技师指导**　等电位点测量的目的是什么？
>
> 在高压电动汽车培训中，有一项称为等电位点测量的培训，其作用就是要测量各高压用电器的外壳体与车身之间的电阻是否为零。若此电阻过大，则绝缘检测可能会失效，必须找到导致高压用电器的外壳体与车身之间电阻过大的原因，并予以排除，再次测量高压用电器的外壳体与车身之间的电阻为 0Ω。

（4）绝缘电阻动态监测

一般来讲，电动汽车的标称电压在 90~750V，实际偏置电阻因电压的不同而不同，运行过程中电池电压存在一定的波动范围，并且待测绝缘电阻也有一定的变化范围，因此，监测系统的电压测量电路必须保证在全范围内实现等精度的测量，而且正、负母线对搭铁电压的测量必须同时完成。

> **技师指导**　通过电池管理系统数据流如何判别动态绝缘电阻？
>
> 在高压电动汽车培训中，有一项称为动态绝缘电阻测量的培训，可以用绝缘电阻表进行，也可通过电池管理系统的数据流来判别。实车测试一下高压导线正或负对车身金属的绝缘电阻的大小。并比较用绝缘表方法的时间少，还是用数据流方法的时间少。

（5）绝缘检测无法识别

在高压电操作中，要牢记，千万不要把自己串入正、负极之间构成导电回路，因为这时绝缘检测是无法识别的，会造成严重的触电事故。

三 高压绝缘报警的诊断方法

当电动汽车发生绝缘报警时，需要找到高压网络哪个地方的哪个元件发生了绝缘问题。

1. 绝缘电阻表

图 5-15 所示为用 FLUKE 绝缘表测量变频器的绝缘电阻。电动汽车的绝缘测量原理是利用机内的电池作为电源经 DC-DC 变换产生的直流高压由表笔出经被测试品到达另一根表笔，从而完成运算直接将被测的绝缘电阻值测出来。

为实现能测量不同等级的绝缘产品，绝缘电阻表内的两节干电池（3V）升压为 50V、500V、1 000V 等不同的直流脉冲电压，以适应不同电压等级元件的绝缘检测要求。

图 5-15 用 FLUKE 绝缘表测量变频器的绝缘电阻

> **技师指导** 电动汽车内部的绝缘检测原理也是从低压升到高压直流脉冲来检测车上的高压网络的。

2. 高压线路绝缘检查原则

进行高压网络绝缘检查时，通常先断开电池箱对外输出的高压导线，以电池箱内侧和外侧为分界点。先判断绝缘下降的原因在电池箱内部，还是在电池箱外部。如果绝缘下降的原因在电池箱外部，可先从高压元件本身漏电，然后是高压导线的顺序进行。如果绝缘下降的原因在电池箱内部，可先从电池箱防水能力下降、高压继电器、高压连接支撑处、电池管理系统检测电压的信号线（其内部为高压）、电池组本身漏电的顺序进行。

3. 高压元件绝缘检查

（1）电池箱内绝缘检查

1）电池箱外部进行绝缘检测确认。

如图 5-16 中 a、b 所示，断开电池箱对外输出的供电电缆，用绝缘电阻表 1 000V 档分别测量电池箱对外输出的供电电缆座内正负两根电缆中的任意一根对车身搭铁（电池箱外壳）的搭铁电阻，检测绝缘报警是否发生在电池箱内。

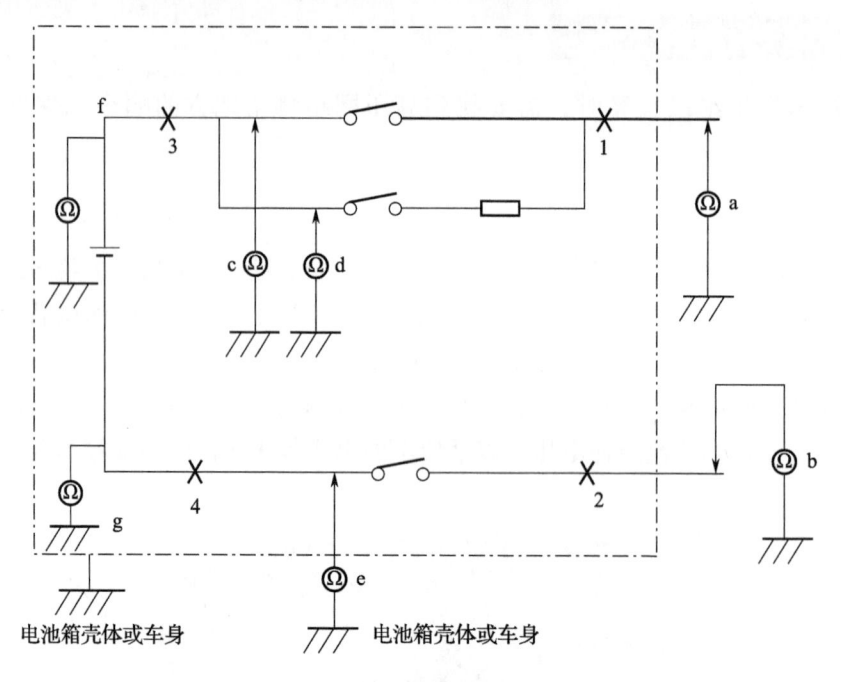

图 5-16　在电池箱外部进行绝缘测量

2）电池箱内进行高压电缆分段绝缘检查。拆开电池箱，先观察不可能的高压电缆绝缘下降段，排除这些电缆段，以免做无用的测量。对可能电缆段用绝缘电阻表 1 000V 档分别测量对车身搭铁（电池箱外壳）的搭铁电阻，电阻若低于正常值，则更换电缆。

3）高压继电器绝缘检查。如图 5-16 中 c、d、e 所示，拆开电池箱，断开高压继电器的高压导线，用绝缘电阻表 1 000V 档分别测量电池箱内正、负继电器输出端子对车身搭铁（电池箱外壳）的搭铁电阻，电阻若低于正常值，则更换继电器。

4）电池组的绝缘检查。如图 5-16 中 f、g 所示，拆开电池箱，断开电池上的高压导线，用绝缘电阻表 1 000V 档分别测量电池箱内电池的正、负极输出端子对车身搭铁（电池箱外壳）的搭铁电阻，电阻若低于正常值，则再详细分解各组电池，再次测量对搭铁的绝缘电阻，直至找到相应的电池组，修理方式可更换电池组，也可更换电池箱总成。

（2）电池箱外绝缘电阻检查

1）变频器绝缘检测。如图 5-17 所示的 a、b 测量点，在断开直流输入侧电缆和断开三相交流输出侧电缆的变频器上，用绝缘电阻表 500V 档或 1 000V 档（修理手册绝缘检测电压为 1 000V 时）分别测量输入侧正、负极对车身搭铁（变频器外壳）的搭铁电阻，电阻若低于正常值，则更换变频器。

如图 5-17 中 c、d、e 所示，在断开直流输入侧电缆和断开三相交流输出侧电缆的变频器上，用绝缘电阻表 1 000V 档分别测量变频器输出侧 U、V、W 对车身搭铁（变频器外壳）的搭铁电阻，电阻若低于正常值，则更换变频器。

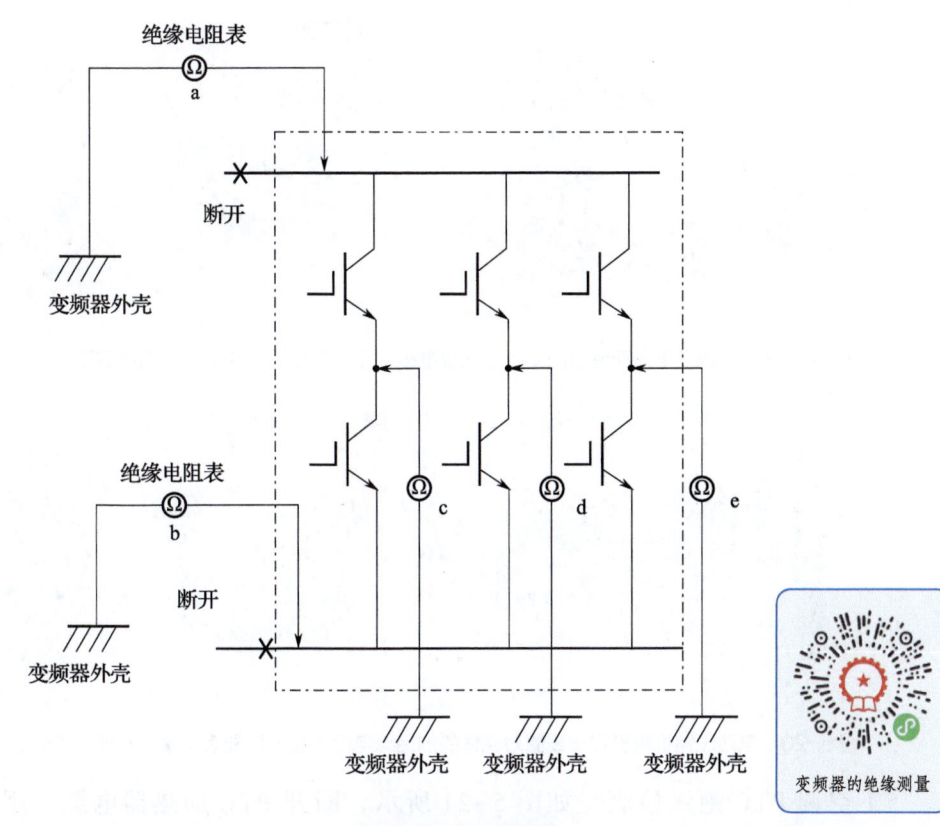

图 5-17　变频器直流侧绝缘测量

2）电机定子绝缘检测。如图 5-18 所示，在断开变频器和电机 3 根输入侧电缆的电机上，用绝缘电阻表 1 000V 档分别测量电机输入侧 U、V、W3 根电缆中的任意一根对车身搭铁（电机外壳）的搭铁电阻，电阻若低于正常值，则更换电机总成。

3）车载充电机绝缘检测。断开车载充电机输入侧 L、N 两根电缆，用绝缘电阻表 500V 档（交流电源为单相 220V）分别测量车载电机输入侧 L、N 两根电缆中的任意一根对车身搭铁（车载充电机外壳）的搭铁电阻，电阻若低于正常值，则更换车载充电机。

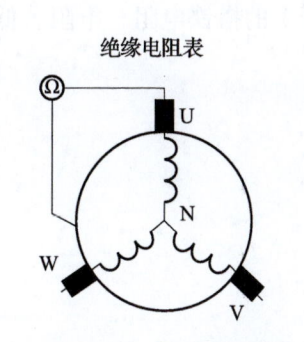

图 5-18　电机定子线圈绝缘测量

4）空调压缩机绝缘检测。断开电动压缩机电缆，拆下压缩机变频器电子元件部分，将压缩机分解成变频器和压缩机两部分。

测量电动压缩机的变频器绝缘电阻：方法参考图 5-18 所示，不再赘述，实际操作如图 5-19 所示，电阻若低于正常值，则直接更换电动空调压缩机总成。

测量电动压缩机的绝缘电阻：参考图 5-20 所示，从 3 根输入侧接线柱处用绝缘电阻表 1 000V 档分别测量电动机输入侧 U、V、W3 根接线柱中的任意一根对车身搭铁（电机外壳）的搭铁电阻，电阻若低于正常值，则更换电动空调压缩机。

图 5-19 测量电动压缩机的变频器绝缘电阻（左侧测量输出交流侧、右侧测量直流侧）

图 5-20 电动压缩机电机定子线圈对壳体的的绝缘电阻（左侧用摇表测量、右侧用绝缘表测量）

5）空调 PTC 绝缘检测。如图 5-21 所示，断开 PTC 加热器电缆，用绝缘电阻表 1 000V 档分别测量 PTC 加热器输入侧正、负两根电缆中的任意一根对车身搭铁（PTC 外壳）的搭铁电阻，电阻若低于正常值，则更换 PTC 加热器。

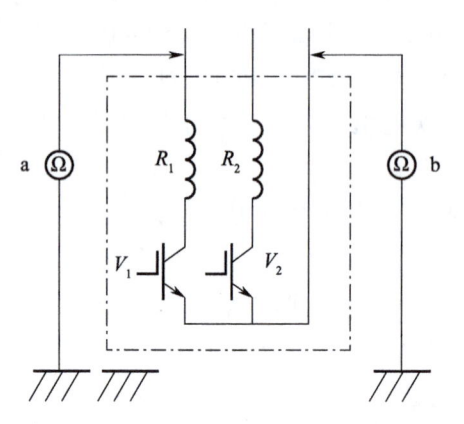

图 5-21 空调 PTC 加热电阻器的绝缘测量

PTC 加热器的绝缘测量

6）DC-DC 变换器绝缘检测。对于独立 DC-DC 变换器，断开 DC-DC 变换器的供电电缆，用绝缘电阻表 1 000V 档分别测量 DC-DC 变换器输入侧正、负两根电缆中的任意一根对车身搭铁（DC-DC 变换器外壳）的搭铁电阻，电阻若低于正常值，则更换 DC-DC 变换器。

技师指导 事实上，DC-DC 变换器大多集成在变频器内部，因此只需测量变频器内正、负两极输入端分别对变频器壳体的绝缘电阻即可。

> 思考与讨论

培养正确的高压安全意识；

培养领域不同，表达含意不同的认知。

案例 5　电动汽车的高压称呼是相对而言的

通过本项目的学习可知电动汽车动力电池的电压远没有达到高压的下限，但为什么人们还称其为高压呢！这是因为使用领域各不相同。

不同领域内的同样称呼实际意思是不同的，在日常电工的操作领域，不能电离空气导电的电压为低压，能电离空气导电的电压为高压。

在电动汽车领域，比安全电压（直流60V）高的电压，习惯称为高压，这是一种不成文的规定。

不同领域的称呼要习惯，不要在这个问题上纠结。

课后题

1. 判断题

1）电动汽车领域的安全电压为直流60V。（　　）

2）在电动汽车高压上电后，在仪表绝缘未报警的情况下，用手触摸正极电缆内铜导线的金属部分不会遭到电击。（　　）

3）在电动汽车高压上电后，在仪表绝缘未报警的情况下，用手触摸负极电缆内铜导线的金属部分不会遭到电击。（　　）

4）在电动汽车上，用绝缘表测量高压元件是否绝缘时，电压选高于用电器工作电压的最低电压档位。（　　）

5）电动汽车的动力电池电压属于高电压范围，不可与其近距离活动。（　　）

2. 简述题

1）请计算电池箱电压为400V时的绝缘电阻值。

2）画出两种绝缘检测的原理图，并写出绝缘检测的原理。

项目六
充电管理系统

📌 情境引入

一辆 2017 年 5 月出厂的吉利 EV300 纯电动汽车，在交流充电时出现刚开始能充电，一会后就不能充电了，经诊断仪诊断为充电枪过热，这种情况将使车辆出现严重的安全隐患。

如果你是接车的修理技术人员，应如何找出上述故障的原因。修理方案应如何制定？

📌 学习目标

能说出充电管理的内容。
能画出充电管理的系统图。
能说出交流充电桩的充电控制过程。
能说出直流充电桩的充电控制过程。

📌 技能目标

能排除交流充电过程中的充电故障。
能排除直流充电过程中的充电故障。

任务一　电动汽车充电方法

一　电池充电方法

1. 常规充电方式

该充电方式采用恒压、恒流的传统充电方式对电动汽车进行充电。以相当低的充电电流为蓄电池充电，电流大小约为 15A，若以 120A·h（例如 360V，即串联 12V 100A·h 30 只）的蓄电池为例，充电时间要持续 8 个多小时。相应的充电器的工作和安装成本相对比较低。电动汽车家用充电设施（车载充电机）和小型充电站多采用这种充电方式。车载充电机是纯电动轿车的一种最基本的充电设备。电机作为标准配置固定在车上或放在行李舱里。由于只需将车载充电器的插头插到停车场或家中的电源插座上即可进行充电，所以充电过程一般由客户自己独立完成。直接从低压照明电路取电，电功率较小，由 220V/16A 规格的标准电网电源供电。在 SOC 达到 95% 以上典型的充电时间为 8～10h。这种充电方式对电网没有特殊要求，只要能够满足照明要求的供电质量，就能够使用。由于在家中充电通常是晚上或者是在电低谷期，有利于电能的有效利用，所以电力部门一般会给予电动汽车用户一些优惠，例如电低谷期充电打折。

小型充电站是电动汽车的一种最重要的充电方式，充电机设置在街边、超市、办公楼、停车场等处。采用常规充电电流充电。

电动汽车驾驶人只需将车停靠在充电站指定的位置上，接上电线即可开始充电。计费方式是投币或刷卡，充电功率一般在 5~10kW，采用三相四线制 380V 供电或单相 220V 供电。其典型的充电时间是，补电 1~2h，充满 5~8h（SOC 达到 95% 以上）。

2. 快速充电方式

快速充电方式是指在短时间内使蓄电池达到或接近充满状态的一种方法。该充电方式以 $1C$~$3C$ 的大充电电流在短时间内为蓄电池充电。充电功率很大，能达到上百千瓦。该充电方式以 150～400A 的高充电电流在短时间内为蓄电池充电，与前者相比安装成本相对较高。快速充电也可称为迅速充电或应急充电，其目的是在短时间内给电动汽车充满电，充电时间应该与燃油车的加油时间接近。大型充电站（机）多采用这种充电方式。

电动汽车充电设备主要包括充电站及其附属设施，如充电机、充电站监护系统、充电桩、配电室以及安全防护设施等。图 6-1 所示为充电站控制示意图。

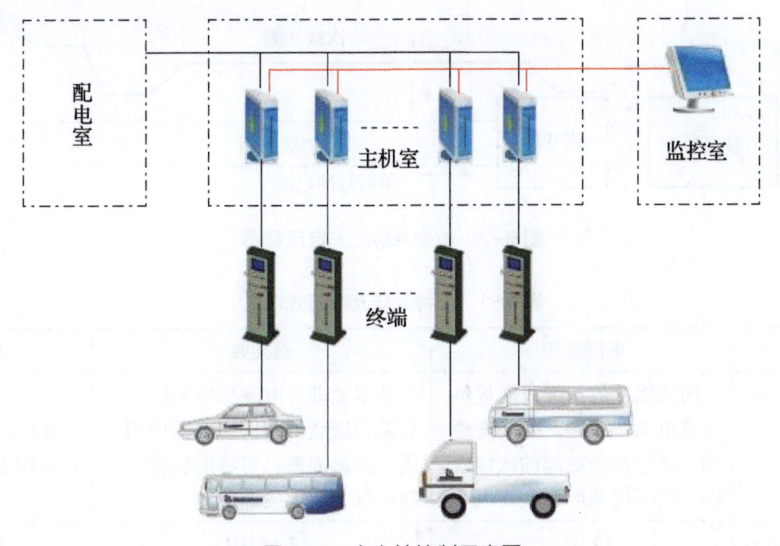

图 6-1　充电站控制示意图

大型充电站（机）的快速充电方式主要针对长距离旅行或需要进行快速补充电能的情况进行充电，充电机功率很大，一般都大于 30kW，采用三相四线制 380V 供电。其典型的充电时间是，10～30min。这种充电方式对电池寿命有一定的影响，特别是普通蓄电池不能进行快速充电，因为在短时间内接收大量的电量会导致蓄电池过热，对于锂离子电池可能发生着火或爆炸。

快速充电站只能采用非车载快速充电组件，也称为直流充电桩，它能够输出35kW甚至更高的功率。由于功率和电流的额定值都很高，所以这种充电方式对电网有较高的要求，一般应靠近10kW变电站附近或在监测站和服务中心中使用。此外，该充电方式会对附近的电网产生一定的谐波污染，还需采取较为复杂的谐波抑制措施，与慢充的交流充电桩相比安装成本相对较高，只适合大型充电站使用。

3. 无线充电方式

无线充电方式包括电磁感应式（图6-2）、磁场共振式、无线电波式三种。三种充电方式对比见表6-1。电动汽车非接触充电方式的研究目前主要集中在感应式充电方式，不需要接触即可实现充电，目前日产和三菱都有相关产品推出，其原理是采用了可在供电线圈和受电线圈之间提供电力的电磁感应方式，即将一个受电线圈装置安装在汽车的底盘上，将另一个供电线圈装置安装在地面，当电动汽车行驶到供电线圈装置上，受电线圈即可接收到供电线圈的电流，从而对电池进行充电。目前，这种方式的成本较高，还处于实验室研发阶段，其功能还有待时间验证。此外，非接触式充电方式的原理还包括磁共振和微波等技术，都被日本厂商所垄断。

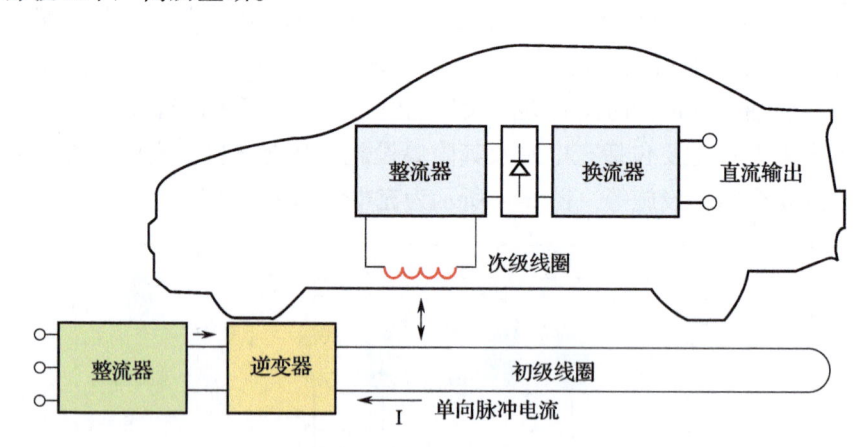

图6-2 电磁感应式充电示意图

表6-1 三种无线充电方式对比

方式	电磁感应	磁共振	无线电波
充电原理	向地面下的初级线圈提供交流电流，线圈产生交变磁场，感应在车底部的次级线圈，次级线圈产生交流电	基本原理与电磁感应相同，只是初级线圈和次级线圈使用同一共振周波，可将阻抗控制在最低，增大发送距离	充电部分和接收部分均采用2.45GHz的微波
使用频率范围	22kHz	13.56MHz	2.45GHz
输出功率	30kW	1kW	1kW
传送距离	100 mm	400 mm	1 000 mm
充电效率	92%	95%	38%
研发企业	昭和飞行机工业	长野日本无线	三菱重工业

电动汽车无线充电方式是近几年国外的研究成果，其原理就像在车里使用的移动电话，将电能转换成一种符合现行技术标准要求的特殊的激光或微波束，在汽车顶上安装一根专用天线接收即可。有了无线充电技术，公路上行驶的电动汽车或双能源汽车可通过安装在电线杆或其他高层建筑上的发射器快速补充电能。电费将从汽车上安装的预付卡中扣除。

沃尔沃（Volvo）C30电动车进行感应式充电。电动汽车充电不再需要电源插座或充电电缆，利用感应充电法，电能通过埋在路面内的充电板无线传送给汽车的动力电池，实现从路面直接给汽车充电。这一技术将极大地缩短充电时间，以沃尔沃C30电动车为例，在动力电池完全放电的情况下，给24kW·h大小的动力电池组完全充电，预计仅用80min。

微波充电方式也叫做移动式充电。对电动汽车动力电池而言，最理想的情况是汽车在路上巡航时充电，即所谓的移动式充电（MAC）。这样，电动汽车用户就没有必要去寻找充电站、停放车辆并花费时间去充电了。MAC系统埋设在一段路面之下，即充电区，不需要额外的空间。

接触式和感应式的MAC系统都可实施。对接触式的MAC系统而言，需要在车体的底部装一个接触拱，通过与嵌在路面上的充电元件相接触，接触拱便可获得瞬时高电流。当电动汽车巡航通过MAC池组的方式，其充电过程为脉冲充电。对于感应式的MAC系统，车载式接触拱由感应线圈所取代，嵌在路面上的充电元件由可产生强磁场的高电流绕组所取代。很明显，由于机械损耗和接触拱的安装位置等因素的影响，接触式的MAC对人们的吸引力不大。

电磁感应式非接触充电系统存在以下3方面的问题：送电距离比较短，如果两个线圈的横向偏差较大，那么传输效率就会明显下降。目前来看只能实现传输距离为10cm左右，而底盘的距离明显与这个距离有着非常大的距离，因此这是一个很大的问题。需要考虑很多的散热问题，比如线圈之间的发热。还有一个问题就是耦合的辐射问题，电磁波的耦合会不会存在大的磁场泄漏。电磁感应在线圈之间传输电力，如同我们的磁铁一样，在外圈有一定的泄漏，人如何免受影响是个很大的问题。线圈之间也是有可能有杂物进入的，还有某些动物（猫狗）进入里面，一旦产生电涡流，就如同电磁炉一样，安全性问题非常明显。一般来说，利用电磁感应原理的无线供电技术最具现实性，并且现在电动汽车上有实际应用。

磁场共振式供电，目前技术上的难点是，小型、高效率化比较难。现在的技术能力约是直径为0.5m的线圈，能在1m左右的距离提供60W的电力。磁场共振方式，则是现在最被看好、被认为是将来最有希望广泛应用于电动汽车的一种方式。

电磁波送电方式，现在则提出了利用这种技术的"太空太阳能发电技术"。这种技术能应用的话，可以从根本上解决电力问题。无线供电使得电动汽车可以提供这么一种可能：一辆电动汽车从出厂到它报废为止，终生不用担忧电力补充问题。电动汽车，在太阳能电池技术、无线供电技术以及自动驾驶技术的支持下，完全可以颠覆现在的交通概念。多年以后，在高速公路上，车在自动行驶，而汽车、计算机、手机需要的所有电能都来自从路面下铺装的供电系统，或者来自汽车上的接收装置接收的电磁波。随着电动汽车的发展，无线充电技术必定有着广阔的利用空间。

综上所述，电动汽车的充电还是采用普通充电为主、快速补充充电为辅的充电方式。对于电动公交车而言，充电站设在公交车总站内。在晚间下班后利用低谷充电，时间为5~6h。全天运行的车辆，续驶里程不够时，可利用中间休息待班时间进行补充充电。充电器的数量和容量根据车队的规模而定，充电站由车队管理。1C~3C 的快速充电模式已经在探讨应用，但应确保在电池的安全和使用寿命的前提下进行。

4. V to X

（1）V2G

V2G 是 Vehicle-to-Grid 的简称，其功能是在电动车辆的动力电池和电力网之间交换电力。通常被这样使用，即当出现地震等自然灾害时，电动汽车开到医院或灾区现场利用车载的动力电池为其场地的动力机械设备供电，通常可实现交流电单相输出，当然成本允许也可以实现三相输出。

（2）V2H

V2H 是 Vehicle-to-Home 的简称，其功能是主要为家庭充电提供便捷、实用的服务。由于大部分车辆 95% 的时间是处于停驶状态，所以车载动力电池可以作为一个分布式储能单元。这种双向电力融合，一方面可以提高电网的运行效率；另一方面，用户也可以借助峰谷电价从中获益。

V2G 和 V2H 有相同的功能，都是在电动车辆的动力电池和电力网之间交换电力。不过根据使用交流电的对象分为 V2G 和 V2H 两种。据说一台家用电动轿车采用 V2G/V2H 模式，在一般家庭正常使用的情况下，每月的电费非但不用支出，甚至还可以得到盈余。因此，V2G/V2H 模式被称为推广 PHEV 和 EV 最好的助推剂。

（3）V2V

V2V 是 Vehicle-to-Vehicle 的简称，它描述了这样的一个系统：当有一台电动汽车出现无电无法运行的情况时，电能充足的电动汽车可以开过来通过充电口对接线为无电的电动汽车充电，从而恢复行驶能力。

二 充电机功能简介

1. 充电桩

随着我国新能源汽车，特别是纯电动汽车的迅速发展，电动汽车充电站及其配套充电设备必将处于新能源交通领域的前沿位置。

电动汽车充电机是一种专为电动汽车的车用电池充电的设备，按安装方式的不同可分为车载式和非车载式两种，分别采用相应的充电方式完成对车载动力电池充电的功能。

车载充电机是指安装在电动汽车内部的充电机。非车载充电机是指安装在电动汽车外，与交流电网连接，并为电动汽车动力电池提供直流电能的充电机。充电站安装的非车载充电机还需具备计量计费功能。

一般情况下，充电机应至少能为以下 3 种类型动力电池中的一种充电：磷酸铁锂电池、铅酸电池、镍氢电池。

根据电流种类的不同，充电桩可分为交流充电桩和直流充电桩两种。交流充电桩是安装在电动汽车外，与交流电网连接，为电动汽车车载充电机提供交流电源的供电装置，同时具备计量计费功能。直流充电桩是固定安装在电动汽车外，与交流电网连接，为电动汽车动力电池提供小功率直流电源的供电装置，具有充电机功能，可以实时监视并控制被充电电池状态，同时还可以对充电电量进行计量。

2. 充电机功能

充电设定方式可分为自动设定方式和手动设定方式两种。

（1）自动设定方式

自动设定方式是指在充电过程中，充电机依据电池管理系统提供的数据动态调整充电参数、执行相应的动作，从而完成充电过程。

（2）手动设定方式

手动设定方式是指由操作人员设置充电机的充电方式、充电电压、充电电流等参数，在电动汽车与充电机连接正常且充电参数不应超过电动汽车电池管理单元最大许可范围时，充电机根据设定参数执行相应的操作，从而完成充电过程。充电机采用手动设定方式时，应具有明确的操作指示信息。

充电机采用高频开关电源模块，其主要功能是将交流电源变换为高品质的直流电源，应采用脉冲宽度调制方式的原理。模块应由全波整流及滤波器、高频变换及高频变压器、高频整流滤波器等组成。

每个高频开关电源模块内部应具有监控功能，显示输出电压/电流值，当监控单元故障或退出工作时，高频开关电源模块应停止输出电压。正常工作时，模块应与直流充电机监控单元通信，接收监控单元的指令。

高频开关电源模块应具有交流输入过电压保护、交流输入欠电压报警、交流输入缺相报警、直流输出过电压保护、直流输出过电流保护、限流及短路保护、模块过热保护及模块故障报警功能。模块应具有报警和运行指示灯。任何异常信号应上送到监控单元。

充电机不同相位的两路或多路交流输入进线应均匀地接入充电机高频开关电源模块上，以实现脉波整流。高频开关电源模块应具有带电插拔更换功能，包含软起动功能，软起动时间为3~8s，以防开机电压冲击。充电机应具有限压、限流特性：限压特性是指充电机在恒流充电状态运行时，当输出直流电压超过限压整定值时，应能自动限制其输出电压增加；限流特性是指充电机在稳压状态下运行时，当对蓄电池的充电电流超过电池的限流整定值或输出直流电流超过充电机总限流整定值时，应能立即进入限流状态，自动限制其输出电流增加。全自动充电机可适用的电池类型有镍铬电池、镍氢电池、铅酸电池、锂离子电池等。

充电机充电特性：采用智能充电技术，充电过程无须人工干预。严格按照蓄电池充电特性曲线进行充电，采用"恒流→恒压限流→涓流浮充"智能三阶段充电模式，使每节电池都能够较快地、充分地充满电，避免过充电，完全做到全自动切换功能。

3. 充电功能

（1）充电模式智能三阶段充电模式

充电初期采用恒流技术，使充电电流恒定，避免损坏电池，加速电池的老化；充电电压达到上限电压时自动转换为恒压限流充电，有效地提高了蓄电池的容量转换效率；涓流浮充使各单体电池均衡受电，保证电池容量得以最大限度的恢复，有效解决了单体电压不均衡现象，避免了市电电压的变化和蓄电池充电末期造成的蓄电池过压充电的危险，大大延长了蓄电池的使用寿命。

适用电池范围广：充电电流可在 10% 至额定值内任意设定，且不受输入交流电压变化的影响，在恒流充电期间电流维持不变，无须人为再作调整。

（2）特殊功能数据转存和处理

充电结束后，采集的数据可经 U 盘转存或经 RS232 接口直接上传计算机，经配套的数据处理软件后台处理后，可自动生成各种图表，为判别整组电池的优劣提供了科学的依据。

注意：充电机起动、停电后恢复充电应需人工确认，充电机应具有急停开关。

4. 监控功能

直流充电机监控单元应具有完善的监控功能，至少应具有以下监控功能。

（1）模拟量测量显示功能

测量显示充电机交流输入电压、充电机输出电压/电流、各个高频电源模块输出电流等。监控单元电流测量精度在（20%~100%）额定电流范围内，其误差应不超过 ±1%；电压测量精度在（90%~120%）额定电压范围内，其误差应不超过 ±0.5%。

（2）控制功能

监控单元应能适应充电机的各种运行方式，能够控制充电机自动进行恒流限压充电→恒压充电→停止充电运行状态。

（3）报警功能

充电机交流输入异常、电源模块报警/故障、直流输出过/欠电压、直流输出过电流、充电机直流侧开关跳闸/熔断器熔断、充电机故障、充电机监控单元与充电站监控系统通信中断、监控单元故障时，监控单元应能发出声光报警，并应以硬接点形式和通信口输出到监控系统。

（4）事件记录功能

监控单元应能存储不少于 100 条事件。充电机报警、充电开始/结束时间等均应有事件记录，应能保存至少 20 次充电过程曲线，事件记录和曲线具有掉电保持功能。

（5）参数整定和操作权限管理

监控单元应具有充电机参数整定和操作权限密码管理功能，任何改变运行方式和运行参数的操作均需要权限确认。

（6）对时功能

监控单元至少应满足 PPS（秒脉冲）、PPM（分脉冲）对时要求，宜能接收 IRIG-B（DC）码来满足对时要求，且 GPS 标准时钟的对时误差应不大于 1ms。

5. 显示功能

显示输出功能应包含显示下列信息。

1）电池类型、充电电压、充电电流、充电功率、充电时间、电能量计量和计费信息。
2）在手动设定过程中应显示人工输入信息。
3）在出现故障时应有相应的提示信息。
4）可根据需要显示电池的最高温度和最低温度。

6. 通信功能

通信内容包括：蓄电池的蓄电池组标志、蓄电池组类型、蓄电池组容量、蓄电池组状态、蓄电池组故障码、蓄电池组电压、蓄电池组充电电流、蓄电池组充电功率、蓄电池组充电时间、蓄电池组充电电能、单体蓄电池电压、单体蓄电池荷电、蓄电池温度等；充电机的充电机状态、充电机故障码、充电机交流侧开关状态、充电机直流输出电压、充电机直流输出电流、充电机直流侧开关状态、充电机直流侧开关跳闸；监控单元输出监控单元故障、充电机与监控系统通信中断等；后台监控系统输出充电机开/关机、充电机紧急停机、充电机参数设置等。

7. 电动汽车智能充电及管理

电动汽车智能充电及管理系统能够实现对电池的检测、维护、保养，续驶里程估算，内阻检测估算，电能计费，联网监控，人机交互显示等功能。直流充电桩显示界面如图 6-3 所示。

采用多种充电模式：充电电流大，充电热量少，充电速度快，还原效率高，超时充电无过充危险。较一般的充电方式提高 50%~60%。

（1）采用均衡充电

针对锂电池、磷酸铁锂电池抗过充能力差的问题，实现了动态均衡充电功能。避免不平衡趋势恶化，提高电池组的充电电压，并对电池进行活化充电，有效地延长了电池的使用寿命。具有快速充电功能：充电 10~15min，充足额定电量的 80% 以上，续驶里程可达 200~300km。

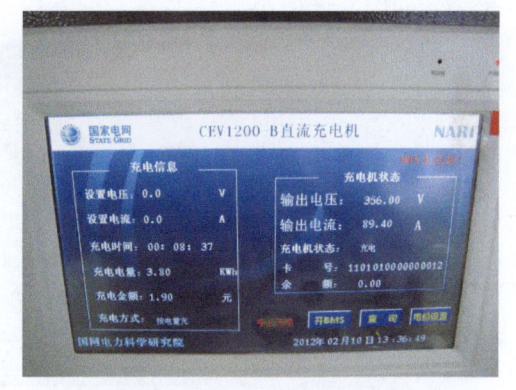

图 6-3 直流充电桩显示界面

（2）内阻检测功能

智能电池单体检测、内阻检测技术，在线巡回检测每节单体电池的状况，预测各节电池的供电性能，及时发现劣化电池并立即报警，为电池组的"精细"维护提供测量依据。

（3）除硫养护功能

抑制硫化产生，减小硫化速度，可使电池组的容量恢复到标称容量的 95% 以上，达到长期在线对电池进行除硫和修复的作用。

（4）电量计费功能

充电站输入电量、充电主机输入电量、输出电能总体计量；用户充电消费已充电量、计费单价、消费金额等的存储、显示和统计。

（5）联网监控

通过 GPS 定位系统、CAN 总线装置、载波通信，监控中心对充电主机、终端、充电桩进行远程控制，实时记录充电、配电、电池维护等监控数据，异常现象进行声控报警，并通过通信口输出到监控系统。

（6）续驶里程估算

对电动汽车车载电池的电压、内阻检测及电量容量估算，实时评估电量信息，同时估算续航里程，避免车主遭遇电量用完的尴尬，更大程度地方便用户出行。

（7）抗磁干扰

双绞屏蔽网络通信线，并置于金属管中；超强滤波电路设计，严格执行通信协议，多重正确条件校验设置，全面差错校正。

（8）人机交互

触控数字液晶屏显示，语音提示，友好人机界面，显示 RFID 卡（选配）、IC 卡卡号、计费单价、充电模式、充电电压、充电电流、已充电量、所剩余额、消费金额等，并打印单据，如图 6-4 所示。

图 6-4　充电桩的插卡端口和打印端口

三　传导式充电接口

1. 充电接口形式

电动汽车传导式充电接口（Electric Vehicle Conductive Charge Coupler），标准适用于交流额定电压最大值为 380V 和直流额定电压最大值为 600V 的电动汽车用传导式充电接口。

国标规定了两种充电接口：一种是将交流供电电网连接到车载充电机上进行充电的

"交流充电"接口；另一种是利用非车载充电机（充电桩）对电动汽车进行"直流充电"的接口。

充电插头的电动汽车国家标准对插头和充电接口的材质、接触电阻、工作时的额定电流和额定电压、插拔力、电气性能、防水等级、断开状态、充电状态、防松设置、及时断开等都做了规定。

2. 充电模式和插头颜色

电动汽车充电模式有充电模式1、充电模式2、充电模式3共3种，其中模式1和2使用的电源为交流电，模式3使用的电源为直流电。

（1）充电模式1

在充电模式1下，充电枪为蓝色，使用车载充电机对电动汽车进行充电时，充电电缆通过符合GB 2099.1要求的额定电流为16A的插头插座与交流电网进行连接。其额定电压和额定电流应符合要求，采用单相220V交流，电流为16A，作为家用使用GB/T 2099.1—2021中额定电流为16A的标准插座连接交流电网。交流充电接口端子的连接方式为L1+N+PE+CC+CP。

（2）充电模式2

充电模式2适用于商场、停车场等场合。充电模式2包括3种模式，使用特定的供电设备为电动汽车提供交流电源。根据额定电压和额定电流的不同等级，将充电模式2具体分为如下几种模式。

模式2.1：充电枪为黄色，采用单相220V交流，电流为32A，交流充电接口端子的连接方式为L1+N+PE+CC+CP。

模式2.2：充电枪为橙色，采用三相380V交流，电流为32A，交流充电接口端子的连接方式为L1+L2+L3+N+PE+CC+CP。

模式2.3：充电枪为红色，采用三相380V交流，电流为63A，交流充电接口端子的连接方式为L1+L2+L3+N+PE+CC+CP。

（3）充电模式3

在充电模式3下，充电枪为红色，使用非车载充电机对电动汽车进行直流充电，其额定电压600V DC、额定电流300A，适用于高速公路服务区、充电站等场合，通过非车载充电机对电动汽车进行直流充电，交流充电接口端子的连接方式为L1+L2+L3+N+PE+CC+CP。

在充电插头的明显区域（如锁紧装置的控制按钮表面）应有不同的颜色来表示不同的充电模式。

在供电装置一侧须安装漏电流保护装置，建议在供电装置一侧安装手动或自动断路器。出于安全的考虑，在充电接口连接过程中，首先连接保护搭铁PE端子，最后连接控制确认CC端子。在脱开的过程中，首先断开控制确认端子CP，最后断开保护搭铁PE端子。

3. 符号标志

Hz	赫[兹]
~ 或 a.c	交流电
⎓ 或 d.c	直流电
L1、L2、L3	交流电源
N	中线
⏚ 或 ⏚ 或 PE	保护搭铁
DC+	直流电源正或电池正极
DC-	直流电源负或电池负极
CP	控制确认 1
CC	控制确认 2
S+	充电通信 CAN-H
S-	充电通信 CAN-L
▽	充电通信 CAN 屏蔽
A+	低压辅助电源正（如：12/24V+）
A-	低压辅助电源负（如：12/24V-）
IP XX（有关数字）	IP 代码（GB/T 4208—2017 规定的防护等级）
CM31	充电模式 3-1
CM32	充电模式 3-2

4. 交流充电接口

交流充电接口包含 7 个端子，交流充电接口插头和插座的端子布置方式如图 6-5 所示。

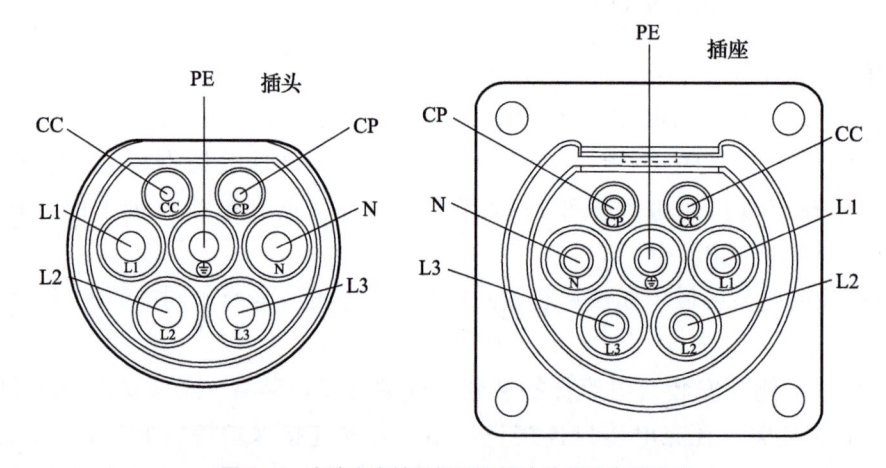

图 6-5 交流充电接口插头和插座的端子布置方式

交流充电接口界面示意图（注意箭头方向）如图 6-6 所示。

交流充电接口端子功能定义：L1、L2、L3 为三相交流电；N 为中线；PE 为保护搭铁；CC 为充电枪连接唤醒汽车端充电控制单元，可以是 BMS，也可以是辅助充电模块（ACM），CP 是由充电机流入汽车端充电控制单元的导引脉冲信号，汽车端的充电控制单元通过此线可实现对交流充电桩的控制。

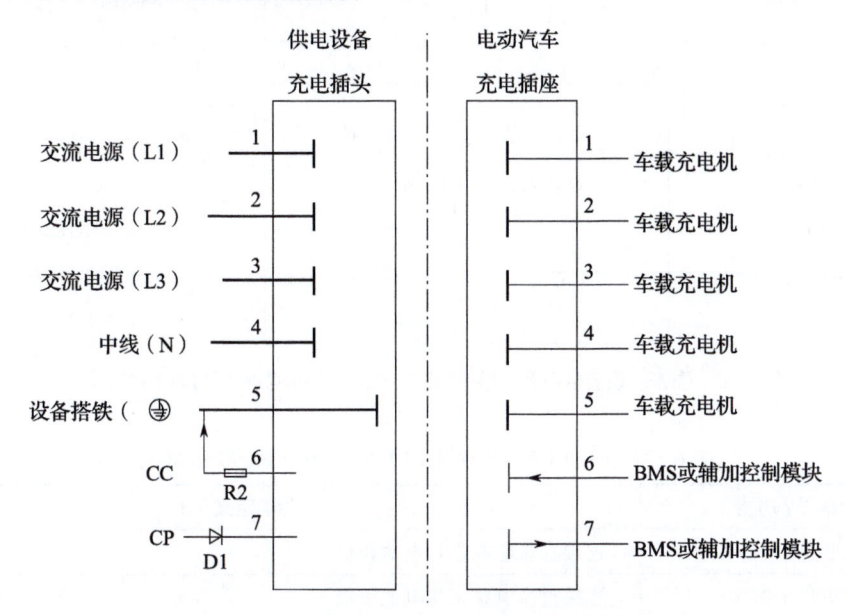

图 6-6 交流充电接口界面示意图（注意箭头方向）

5. 直流充电接口功能

CM31（充电模式 3.1）直流充电接口包含 8 个端子，各个端子的布置方式如图 6-7、图 6-8 所示，其端子功能定义见表 6-2。

CM32（充电模式 3.2）直流充电接口各个端子的布置方式和端子功能定义与 CM31 相同。

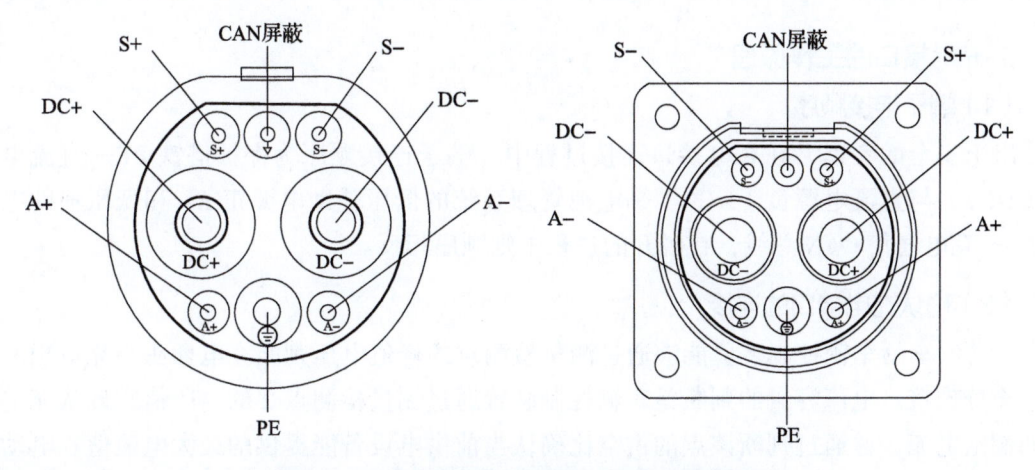

图 6-7 CM31 直流接口充电插头和充电插座布置图

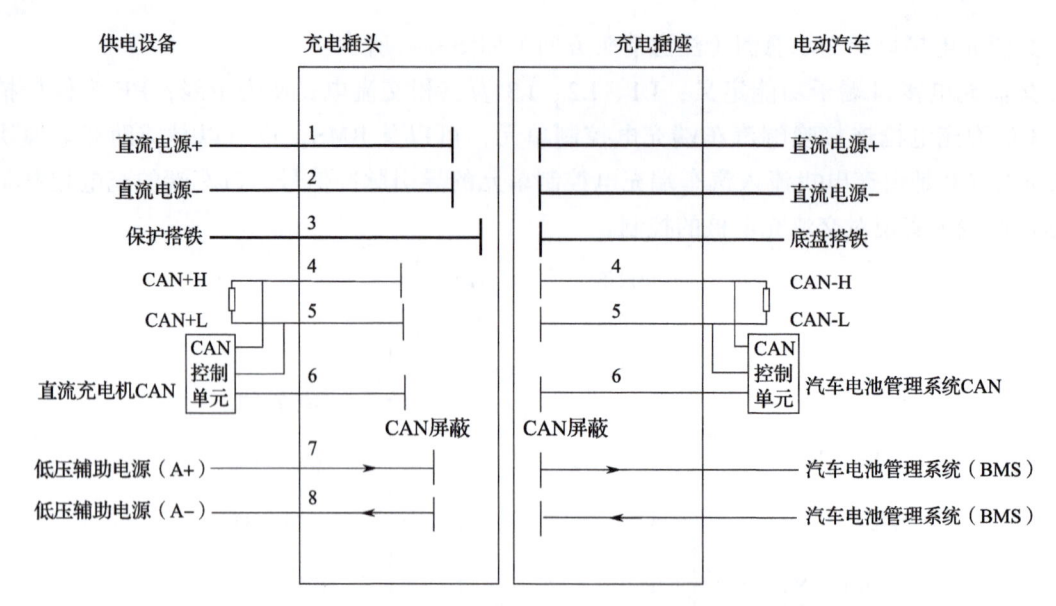

图 6-8　CM31 直流接口充电插头和充电插座界面示意图（注意箭头方向）

表 6-2　CM31（充电模式 3.1）直流充电接口端子功能定义

触点编号 / 功能	功能定义
1—直流电源正（DC+）	连接直流电源正与电池正极
2—直流电源负（DC−）	连接直流电源正与电池负极
3—保护搭铁（PE）	在供电设备搭铁线和车辆底盘搭铁线之间设置的触点。在充电接口连接和断开时，该触点相对于其他触点首先完成连接并最后完成断开
4—充电通信 CAN+H（S+）	非车载充电机与电动汽车相关的控制系统进行通信
5—充电通信 CAN−L（S−）	非车载充电机与电动汽车相关的控制系统进行通信
6—CAN 屏蔽（▽）	CAN 通信用屏蔽线
7—低压辅助电源（A+）	非车载充电机为电动汽车提供低压辅助电源正
8—低压辅助电源（A−）	非车载充电机为电动汽车提供低压辅助电源负

6. 充电接口的工作原理

（1）端子连接顺序

出于安全的考虑，在充电接口连接过程中，端子连接顺序为保护搭铁 PE—直流电源正（DC+）与直流电源负（DC−）—电池管理系统的低压辅助电源正 A+ 和低压辅助电源负 A−—充电通信 CAN 总线，在脱开的过程中则顺序相反。

（2）确认充电接口的连接

电动汽车的车辆控制装置能够通过测量检测点的峰值电压判断充电插头与充电插座是否已充分连接。电流容量的判断是车辆控制装置通过测量检测点 2 的电压值来确认充电电缆的额定电流，并通过判断该点的占空比确认当前供电设备能提供的最大电流值。电动汽车的车辆控制装置对供电设备、充电电缆及车载充电机电流值进行比较后，按照其中的最小电流值对电动汽车进行充电。

(3) 输出功率的调整

输出功率的调整是指在充电过程中车辆控制装置应对检测点 2 信号的占空比进行不间断的监测，当接收的振荡信号占空比有变化时，车辆控制装置应实时地调整车载充电机的输出功率。

(4) 充电系统的停止

充电系统的停止是指在充电过程中，车辆控制装置不间断地测量检测点 2 的峰值电压或占空比，如果信号异常，那么车辆控制装置应立即关闭车载充电机的输出。供电设备在充电过程中不间断地测量检测点 1 的峰值电压，如果信号异常，则断开交流输出端的接触器或开关。

在供电设备无故障的情况下，其内部开关为常闭状态。当使用充电电缆将供电设备与电动汽车连接完毕后，供电设备通过测量检测点 1 的峰值电压判断充电电缆是否连接完毕。当供电设备接收到启动信号（如刷卡等）后，闭合其交流输出端的接触器或开关，为电动汽车的车载充电机进行供电。

(5) 充电系统的启动

在电动汽车和供电设备建立电气连接后，车辆控制装置通过测量检测点 2 的峰值电压确认充电电缆的额定电流。车辆控制装置通过判断该点的占空比确认供电设备当前能够提供的最大充电电流值。车辆控制装置对供电设备、充电电缆及车载充电机的额定电流值三者进行比较，将其中的最小值设定为当前最大允许供电电流。当判断充电接口已充分连接并设置完当前最大允许充电电流后，车载充电机开始对电动汽车进行充电。

(6) 充电系统的故障停止

在整个充电过程中，检测点 2 的信号（电压及占空比）出现异常时，车辆控制装置应立即关闭车载充电机输出，停止充电。供电设备在充电过程中不间断地测量检测点 1 的峰值电压，如果信号异常，则断开交流输出端的接触器或开关。

(7) 特殊模式充电

在充电模式 1 中，充电电缆上可配备占空比固定为 20% 的振荡电路装置来作为控制导引电路。如果供电设备没有配备振荡电路装置，那么电动汽车在判断充电电缆完全连接后，可以按照充电模式 1 规定的额定电流进行充电。

此过程交流供电装置一侧应安装手动或自动断路器，其判断步骤如下。

1) 用充电电缆将车载充电机连接到交流电网。

2) 车辆控制装置在初次上电后的一定时间内（如 5s）没有接收到振荡器的振荡信号，闭合特殊模式开关 S2 后判断充电接口是否已完全连接（检测点 2 的电压小于 2V/4V 为已连接，等于 12V/24V 为未连接）。

3) 车辆控制装置判断充电接口已完全连接后，可控制车载充电机按照充电模式 1 规定的额定电流对电动汽车进行充电。

4) 车辆控制装置应在充电过程中不间断地监测充电接口连接状态，一旦异常，应立即关闭车载充电机。

（8）直流充电接口带载插拔保护原理

在充电过程中，如果没有严格的保护控制措施，那么直流充电接口的带载插拔会对操作人员造成伤害。因此，需要电动汽车的电池管理系统与非车载充电设备相互协调并在充电逻辑上加以控制，从而保证充电接口在插拔过程中不带负载分断。

保护原理是指充电接口的插头分别设有相对应的通信端子、直流输出端子及低压辅助电源端子，拔开充电接口时，端子的断开顺序为通信端子—低压辅助电源端子—直流输出端子。

电池管理系统（BMS）与非车载充电设备（充电桩）在充电过程中的控制逻辑顺序如下。

1）充电设备通过低压辅助电源端子向电动汽车的电池管理系统供电。

2）电池管理系统与非车载充电设备进行通信。

3）在完成握手阶段、配置阶段后，非车载充电设备开始对电动汽车进行充电。

4）充电过程中，如果 100ms 内非车载充电设备没有收到电池管理系统周期性发送的充电级别需求报文，那么非车载充电设备立即关闭输出。

5）充电过程中，如果低压辅助电源端子断开，那么应有断路接触器切断直流充电回路。

任务二　交、直流充电工作原理

一　随车充电枪充电原理

1. 随车充电枪

随车充电枪有两种：一种仅是单相供电的充电枪，没有功能盒（图6-9）；另一种是带有功能盒的单相供电的充电枪（图6-10）。

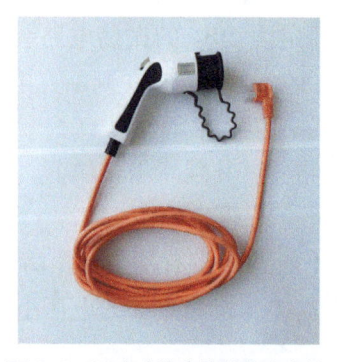

图 6-9　没有功能盒的随车充电枪 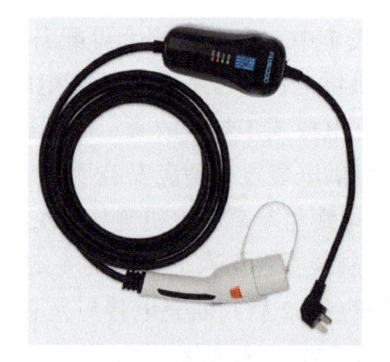　　　图 6-10　带有功能盒的单相供电的充电枪

2. 不带功能盒的随车供电枪充电原理

如图 6-11 所示，这种不带功能盒的随车供电枪没有自动断电功能，检测点 3 用于车

辆控制装置检测车辆外部是否插入了充电枪。

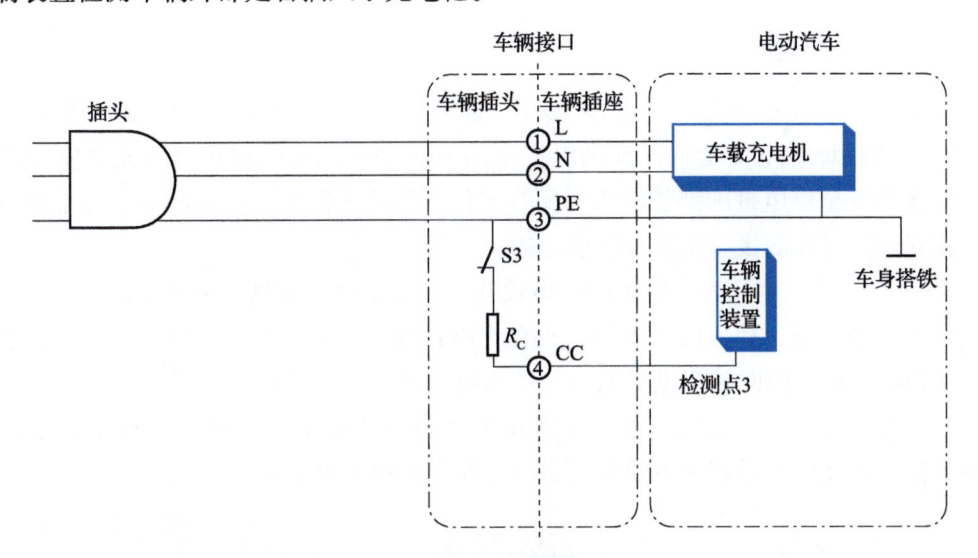

图 6-11　不带功能盒的随车供电枪

3. 带功能盒的随车供电枪充电原理

带功能盒的随车供电枪原理图如图 6-12 所示，CP 有自动断电功能。

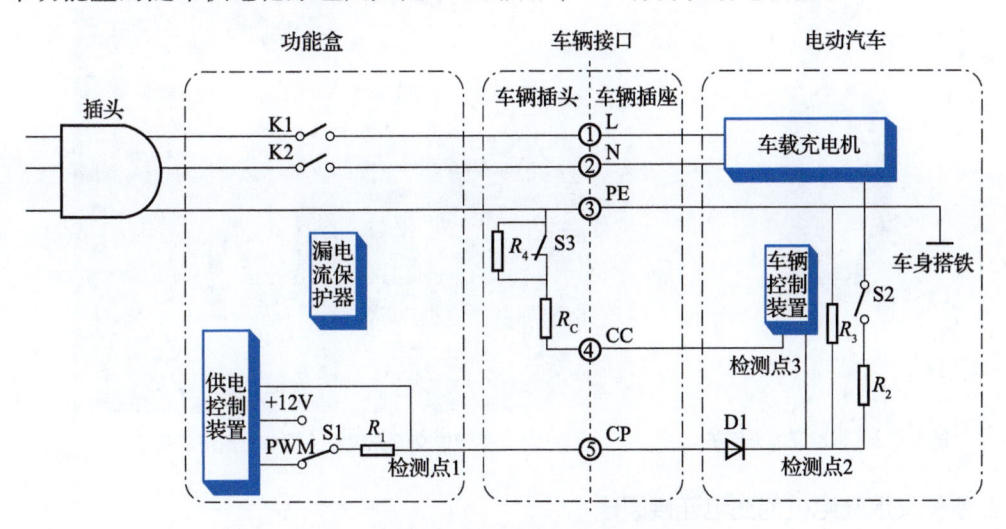

图 6-12　带功能盒的随车供电枪原理图

1）检测点 1 用于给功能盒内部的供电控制装置提供反馈信号，S1 为电子开关，是 CP 的电流流出端。

2）检测点 2 用于给车辆控制装置提供反馈信号，S2 为电子开关。正常充电时电子开关 S2 闭合，当电池管理系统发现充电异常时即将电子开关 S2 断开，检测点 1 信号发生变化，控制供电控制装置反应。

3）检测点 3 用于车辆控制装置检测车辆外部是否插入了充电枪，车辆控制装置从 CC 输出 12V，供电枪插入后，供电枪内部有按压开关 S3、电阻 R_4，可以检测线路的通断。

二 交流充电桩原理

1. 交流充电桩类型

交流充电安全桩布置在学校、停车场、商业圈广场等场合，由于在露天布置无人管理，所以必须保证供电安全。保证供电安全的方法是在充电线插到交流充电安全供电桩后，交流充电安全供电桩内部的继电器闭合工作，然后才向外输出交流电。即不插充电枪时，交流安全桩对外的接口是没有电输出的。

交流充电枪的平侧孔为充电用的机械锁孔，在充电时，车辆侧的充电座内有一个减速电机伸出一根金属杆，插入此孔即可阻止在充电过程中人为拔下充电枪，解锁时依靠驾驶人手中的钥匙开锁，同时减速电机缩回，从而解除充电枪的锁止。

交流充电桩分为带枪交流充电桩（图6-13）和不带枪交流充电桩（图6-14）两种类型，不带枪交流充电桩需要车主配有双头枪才能在充电桩上取电。

图6-13 带枪交流充电桩　　　图6-14 不带枪交流充电桩（需车主自带双头枪）

2. 带枪交流充电桩的充电连接原理

这种供电设备上自带随车供电枪，不用车主自带双头充电枪，CP有自动断电控制功能，其基本原理图如图6-15所示。

（1）检测点1

检测点1用于给供电控制装置提供反馈信号，S1为电子开关，是CP的电流流出端。

（2）检测点2

检测点2用于给车辆控制装置提供反馈信号，S2为电子开关。正常充电时电子开关S2闭合，当电池管理系统发现充电异常时即将电子开关S2断开，检测点1信号发生变化，控制供电控制装置反应。

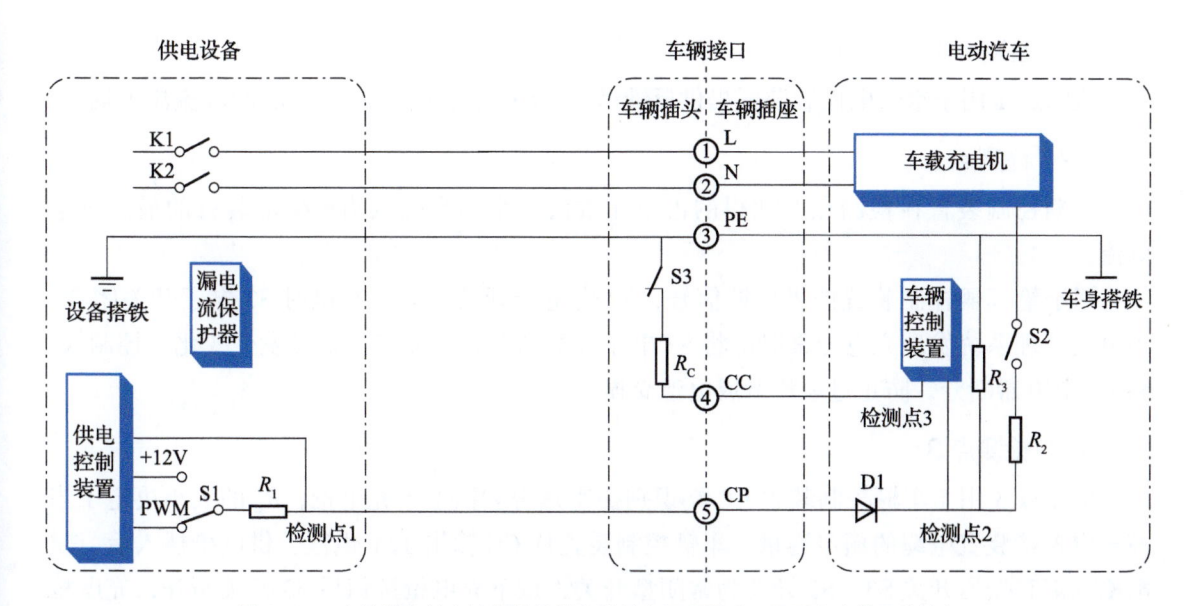

图 6-15 交流供电桩直接带枪的供电桩基本原理图（不需要车主带双头枪）

（3）检测点 3

检测点 3 用于车辆控制装置 CC 端识别插座是否被插上了充电枪，车辆控制装置从 CC 输出 12V 电压，供电枪插入后，供电枪内部有按压开关 S3，S3 开关为常闭型开关，按下充电枪按钮后 S3 开关断开，充电枪插牢固后释放此开关，再检测 CC 线路的通断，从而确定充电枪连接正常。

3. 不带枪交流充电桩的充电连接原理

这种供电设备上不带随车供电枪，需要车主自带双头枪，CP 有自动断电控制功能，其基本原理图如图 6-16 所示。

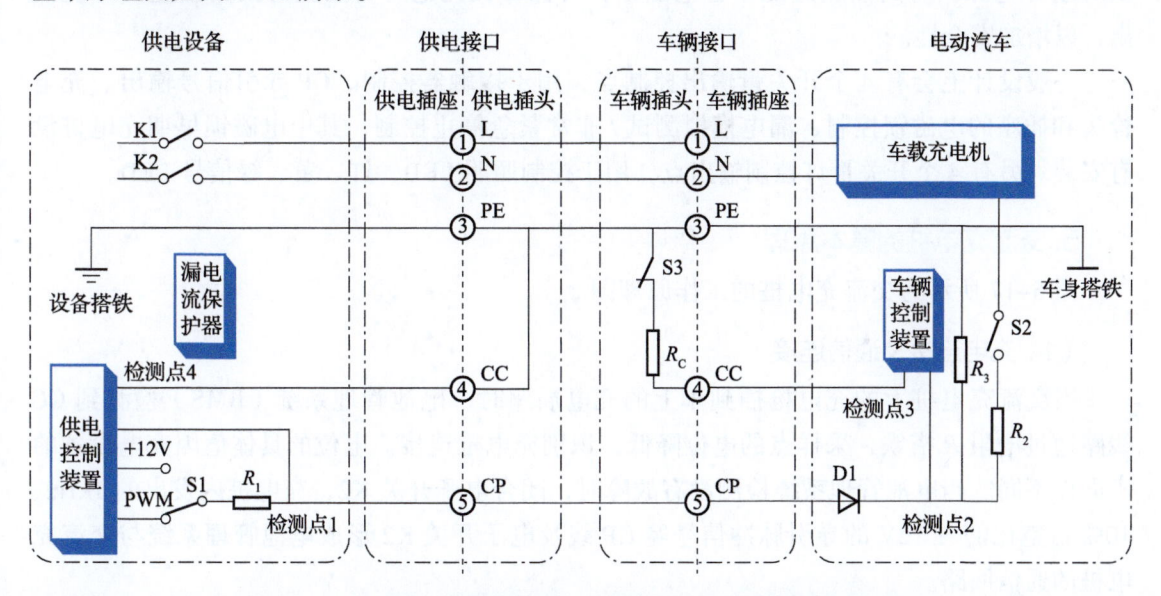

图 6-16 交流供电桩不带枪的供电桩基本原理图（需要车主带双头枪）

(1) 检测点 1

检测点 1 用于给供电控制装置提供反馈信号，S1 为电子开关，是 CP 的电流流出端。

(2) 检测点 2

车辆控制装置在检测点 2 测得的占空比数值大小用来确认当前供电装置的最大供电电流。

用于给车辆控制装置提供反馈信号，S2 为电子开关。正常充电时 S3 电子开关闭合，当电池管理系统发现充电异常时即将 S3 电子开关断开，检测点 1 信号发生变化，控制 K1 和 K2 继电器断开，防止过电流造成电池受损。

(3) 检测点 3

检测点 3 用于车辆控制装置 CC 端识别插座是否被插上了充电枪，R_c 的大小决定了当前充电连接装置电缆的额定容量。车辆控制装置从 CC 输出 12V 电压，供电枪插入后，供电枪内部有按压开关 S3，S3 开关为常闭型开关，按下充电枪按钮后 S3 开关断开，充电枪插牢固后释放此开关，再检测 CC 线路的通断，从而确定充电枪连接正常。

(4) 检测点 4

检测点 4 用于供电设备 CC 检测车辆外部是否插入了充电枪。

4. 交流充电桩的功能

交流充电桩的功能有漏电断电、过电流断电、急停按钮、柜门状态打开停充、接触器状态监测、导引信号 CP 连接状态、柜体倾斜或进水状态、电磁锁状态。其中，柜体倾斜、柜体进水状态、电磁锁状态早期可能不安装。

符合国际标准的连接导引可控制在桩与车没有完全连接好、接触不良、意外脱离时能及时断开电源。有的插座选配一套电磁锁，可保证在充电时将插座与插头锁止而不能拔出，以增加安全性。

一般设计上会有 4 个开关量输出控制点，用于接触器控制、CP 导引信号输出、充电枪头和插座的电磁锁控制、漏电模拟测试 / 非常紧急停止控制，其中电磁锁早期充电桩没有安装。另有 4 个开关量灯控制输出点，用于控制照明 LED，红、黄、绿信号 LED。

5. 交流充电桩的基本原理

图 6-17 所示为交流充电桩的工作原理图。

(1) 充电连接及通信连接

当交流充电桩上的充电枪插到车上的充电插座时，电池管理系统（BMS）检测到 CC 线路通过电阻 R 搭铁，采样点的电位降低，识别充电枪连接。电位的具体值因充电设备的不同而不同。当电池管理系统检测没有故障时，闭合电子开关 K2，充电桩内发出的 1kHz、40% 占空比的 ±12V 的导引脉冲信号经 CP 线及电子开关 K2 形成电池管理系统与交流充电桩的通信回路。

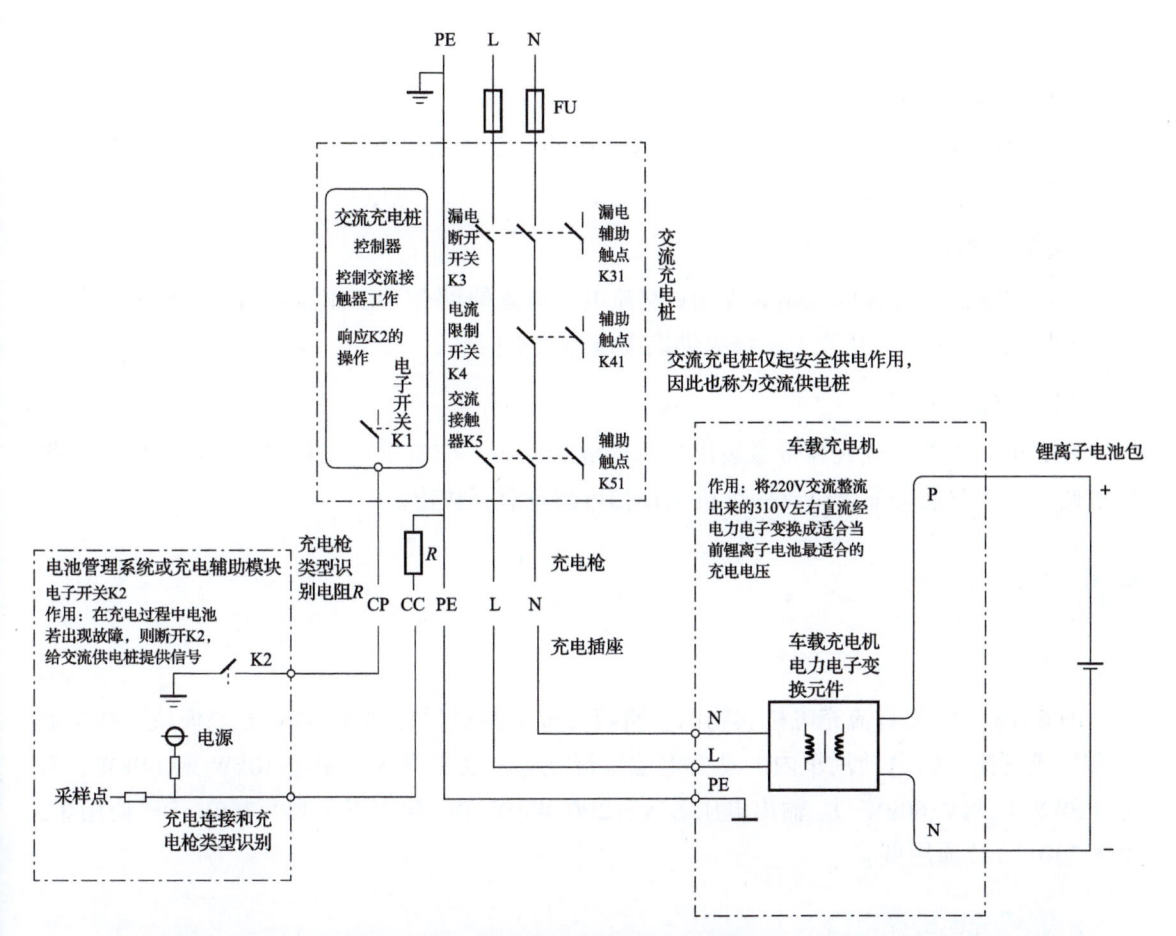

图 6-17 交流充电桩的工作原理图

（2）交流供电

交流充电桩检查自身是否有故障，如果没有故障，则接通交流接触器 K5。交流供电电路由 L、N 两条导线，经漏电断开开关 K3—电流限制开关 K4—交流接触器 K5 给车载充电机供电。PE 保护搭铁线使车身与车外交流供电桩的壳体等电位。

6. 其他说明

（1）漏电自动断开开关 K3

此开关断开有两个条件：一是过大的电流，一般碰到过电流故障此开关并不会断开，故选择额定电流 150% 的电流（50A 左右）；二是漏电检测电流大于限值，碰到在 30mA 以下的漏电电流此开关就能断开。辅助开关 K31 提供该开关动作的报警信息。

（2）电流限制开关 K4

该开关主要应对故障性浪涌或短路，在回路中出现小于 125% 过电流时，由弱电系统读取电能表的电流值发出过电流报警或断开接触器（由于通信、判断、执行会有一定的延时，故只限制在回路允许的范围内使用），当回路出现大于 125% 过电流（40A 左右）或短路的大电流过载时，该开关可以实时分断故障，并由辅助接点 K41 提供该故障的报警信息。

（3）交流接触器 K5

K5 是作为控制充电/停止的可控开关使用的，它由弱电系统控制，并由 SM 辅助开关对其动作状态进行检测。

（4）急停按钮

急停按钮的电磁线圈通电是 220V 交流电，电磁线圈介入工作需要弱电继电器进行控制。急停按钮 ES 上侧开关为系统提供该按钮的状态信息。

（5）充电插座

为防止充电进行时人为带载拔出插头的危险动作，交流供电桩和双头充电枪的交流供电桩侧的插座和插头配合时有一个机械锁扣可防止意外拔出。

三 直流充电桩

1. 直流充电桩简介

图 6-18 所示为直流充电桩实物图。直流充电桩是通过内部 AC-DC 充电模块，将交流电转换成直流，给电动汽车内的动力电池进行充电。功率等级：单枪 30kW 或 60kW，双枪 120kW（两个 60kW）。输出电压等级：200~450V DC 乘用车，300~750V DC 商用车，200~750V DC 通用型。

2. 直流充电桩充电口

如图 6-19 所示，直流充电枪接口由 9 根线组成，具体如下。

图 6-18　直流充电桩实物图　　　　图 6-19　直流充电枪接口图

（1）直流电源线路

直流电源线路包括 DC+、DC−，DC 即 Direct Current 的缩写，直流充电桩通过这 2 根线给电动汽车进行充电。

（2）设备搭铁线 PE

PE 即 Protect Earth 的缩称，设备搭铁线 PE 用于实现汽车车身和直流充电桩等电位。

（3）充电通信线路

充电通信线路包括 S+、S-，是 CAN 总线的一种写法，用于实现汽车 BMS 控制器与充电桩控制器通信。

（4）充电连接确认线路

充电连接确认线路包括 CC1、CC2，CC 即 Connector Conformation 的缩称，意为连接确认，用于实现充电插头插入插座连接完好。

（5）低压辅助电源线路

低压辅助电源线路包括 A+、A-，A 即 Accumulator 的缩称（译为蓄电池），用于在汽车 12V 蓄电池不能工作时保证给汽车上的控制器供电（例如 BMS 等控制器和继电器等供电）。

3. 充电控制流程

图 6-20 所示为充电控制流程框图。

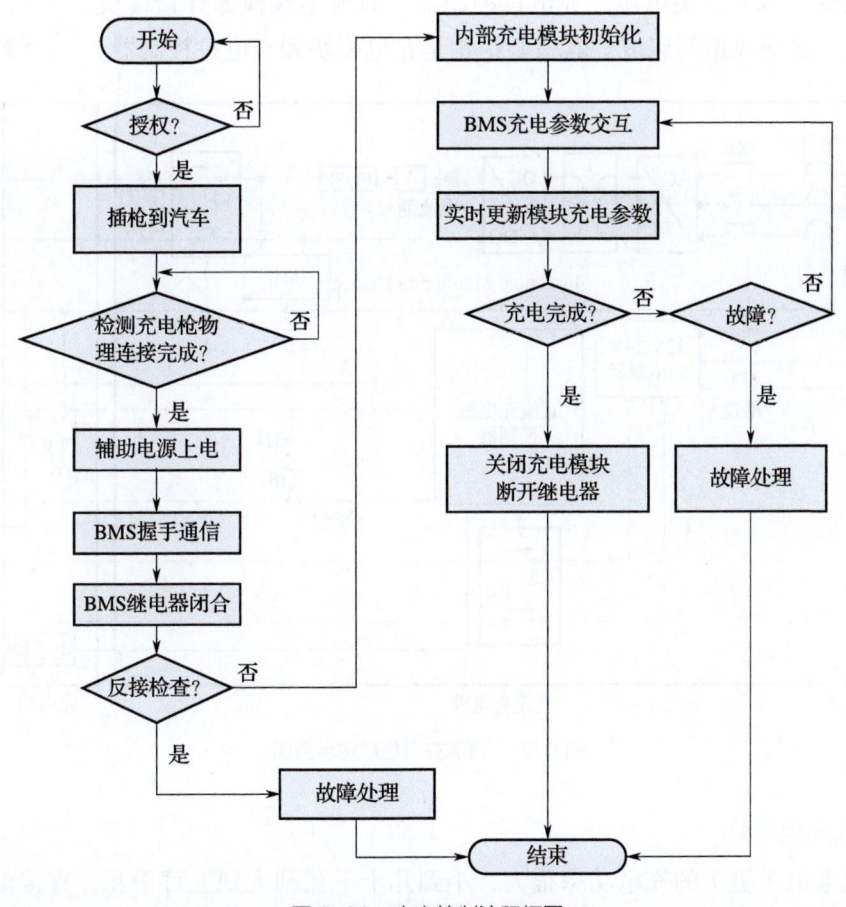

图 6-20　充电控制流程框图

电池没有故障时，其充电流程如下：由充电桩管理部门发卡给要充电的用户，用户在充电机界面扫描授权，管理中心识别出卡的类型、用户是谁等；授权通过后，用户插充电枪到电动汽车的充电插座上，进行充电枪的连接确认。确认连接后，充电桩内部的辅助电源给汽车上的电池供电，防止汽车上的蓄电池电量不足或充电过程中出现电量不足。电池管理系统（BMS）被上电后，电池管理系统（BMS）先与充电机控制器通信，控制直流充电隔离继电器闭合。充电机控制器初始化后，这时电池管理系统将汽车电池的类型、电压、温度以及是否有故障等传递给充电机控制器，充电机控制器通过充电控制模块输出适合当前电池类型和状态的充电模式。

> **技师指导** 直流充电隔离继电器在比亚迪 E6 高压配电箱内的 DC+ 有一个，DC- 与负极主继电器共用；在北汽 EV160 电子分配单元内 DC+、DC- 各有一个，与负极主继电器不共用；在吉利 EV300 中，这个继电器在电池箱内 BMS 控制单元下部的高压配电箱内 DC+ 有两个，其中一个带快充预充功能，DC- 有与负极主继电器共用。

4. 直流充电桩的结构

图 6-21 所示为直流充电桩结构示意图。直流充电桩由充电模块、12V 开关电源、24V 开关电源、充电桩控制器、直流绝缘检测计量模块、智能电能表、散热风扇等组成。其核心结构是充电模块和充电桩控制器。

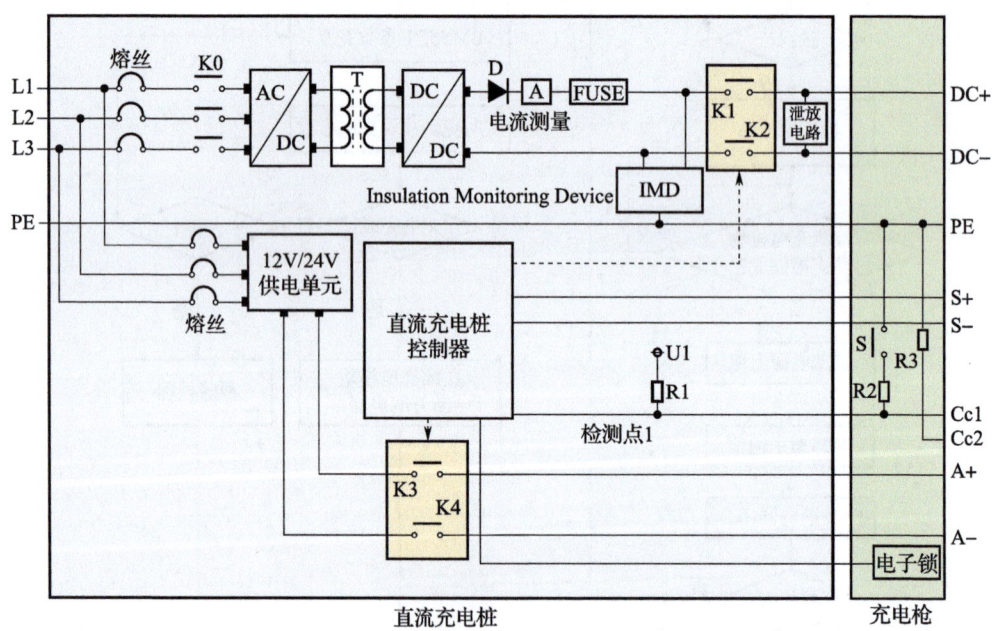

图 6-21 直流充电桩结构示意图

5. 直流充电模块

直流充电机（桩）的充电功率很大，小到几十千瓦到大到上百千瓦，直接由一个充电模块来完成这么大的充电功率是不可能的，因此充电桩内有多个直流充电模块并联。如何研发体积小、重量轻、效率高的充电桩也是摆在电动汽车发展面前的一项亟待攻坚的课题，未来发展能减少充电机模块数目的技术将是直流充电桩技术进步的一种象征。

直流充电机模块由 APFC（功率因数模块）、DC-AC 逆变模块、高频变压器、AC-DC 整流模块、控制模块、CAN 通信控制模块、保护电路几部分组成。

其内部功能结构图如图 6-22 所示，这里以一个充电模块为例作简单介绍。三相电 L1、L2、L3 经过有源功率因数校正（Active Power Factor Correction，简称 APFC）后输出直流电，DC-AC 将直流电变换为交流电后通过 AC-DC 升压或降压（升压或降压取决于汽车中电池的电压是低于 380V，还是高于 380V），图中是一个直流充电模块的输出，直流充电桩要多个这样的模块并联输出到如图 6-23 中的 K1、K2 开关上。

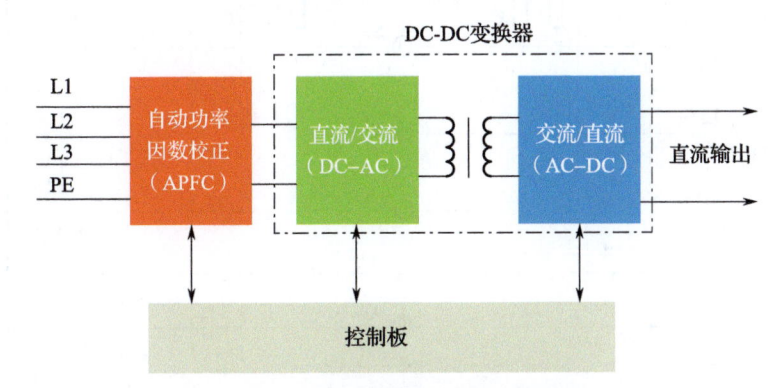

图 6-22 直流充电模块内部功能结构图

6. 直流充电桩工作原理

左侧是非车载充电机（即直流充电桩），右侧是电动汽车，二者通过充电桩上的充电枪与车辆插座相连。图 6-23 中的 S（Swith）开关是充电枪上的一个常闭开关，与直流充电枪头上的按键（即机械锁）相关联，当按下充电枪头上的按键时，S 开关即打开。而图中的 U_1、U_2 是一个 12V 上拉电压，$R_1 \sim R_5$ 是阻值都是标称为 $1k\Omega$ 的电阻，R_1、R_2、R_3 在充电枪上，R_4、R_5 在车辆插座上。车辆控制装置在汽车上是指电池管理系统（BMS），非车载充电机控制装置是指直流充电机的控制器。K3、K4 左侧是 12V 直流电源，用于给汽车上的 12V 用电器的电池管理系统（BMS）、直流隔离继电器（图中 K5、K6）等供电，防止在汽车 12V 蓄电池电量不足或在充电过程中出现电量不足而不能充电。

（1）车辆接口连接确认阶段

如图 6-24 所示，当按下枪头按键，插入车辆插座，再放开枪头按键时，充电桩内部的非车载充电机控制装置可检测到检测点 1 的电平变化。检测点 1 的电平会发生 12V—6V—4V 的连续变化，即充电枪未插入汽车上充电插座时 CC1 未搭铁，R_4 无电流流过，同时充电枪的 S 开关断开，R_2 无电流流过，这时检测点 1 的电平为 12V。当枪插入充电插座，CC1 接通 R_4 有电流流过时，检测点 1 的电平为 6V。当放开枪头按键时，R_2 和 R_4 并联为 $0.5k\Omega$，R_1 为 $1k\Omega$，因此检测点的电压为 4V。充电桩的非车载控制装置一旦检测到 4V 电压，充电桩即判断充电枪插入成功，车辆接口完全连接，并将充电枪中的电子锁（若配有此装置）进行锁定，防止枪头脱落。

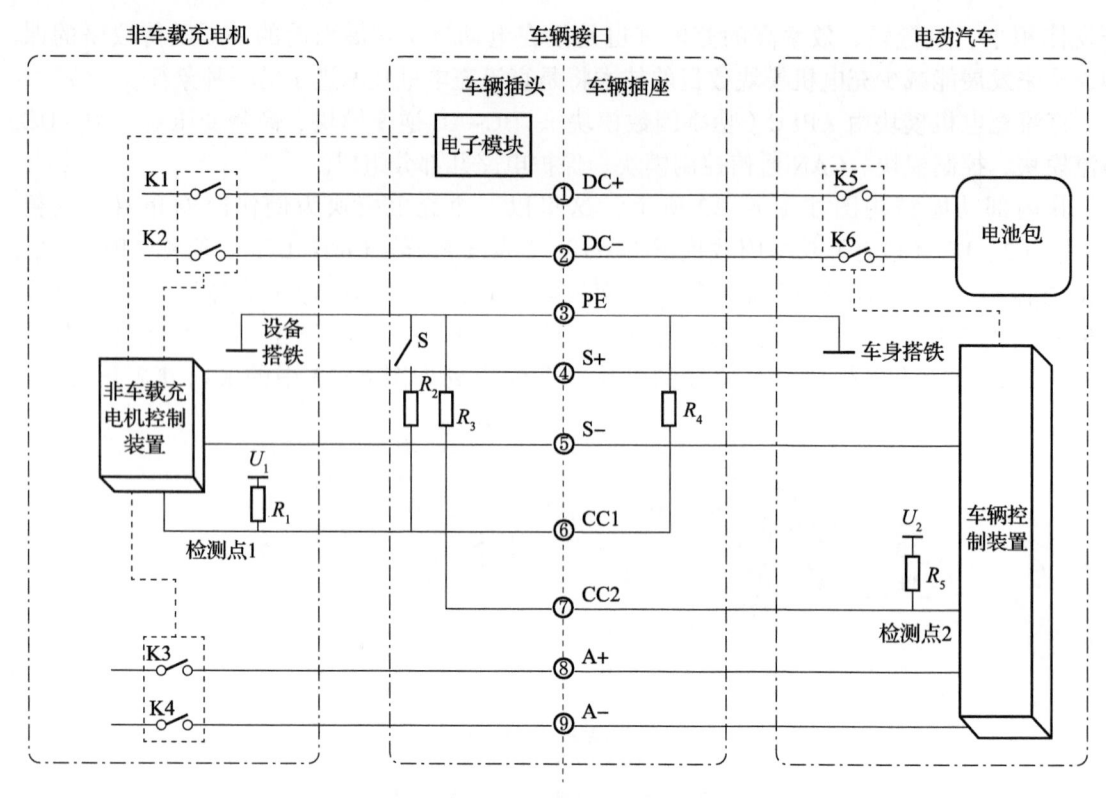

图 6-23 直流充电机模型

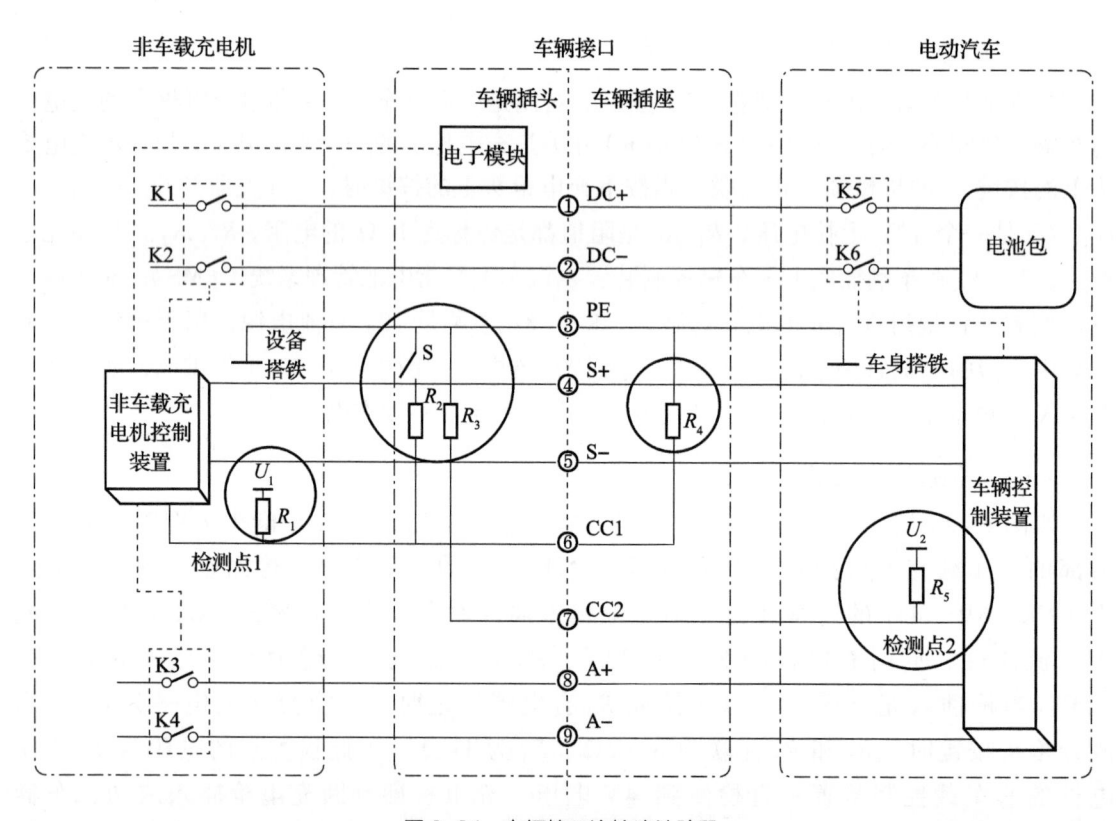

图 6-24 车辆接口连接确认阶段

同时，CC2 接通 R_3 和 R_5 串联分 12V 电压，检测点 2 的电压为 6V，电池管理系统（BMS）判断充电枪插入充电插座中。

（2）直流充电桩自检阶段

如图 6-25 所示，在车辆接口完全连接后，充电桩将闭合 K3、K4 继电器开关，使 12V 低压辅助供电回路导通，为电动汽车控制装置电池管理系统（BMS）供电。车辆电池管理系统（BMS）得到供电后，将根据检测点 2 的电压判断车辆接口是否连接，若电压值为 6V，则汽车电池管理系统（BMS）开始周期性地发送通信握手报文，接着闭合 K1、K2 继电器，进行绝缘检测。所谓绝缘检测，即检测 DC+、DC-、PE 之间线路的绝缘性能，保证后续充电过程的安全性。绝缘检测结束后，将投入泄放回路泄放能量，并断开 K1、K2，同时开始周期性地发送通信握手报文。

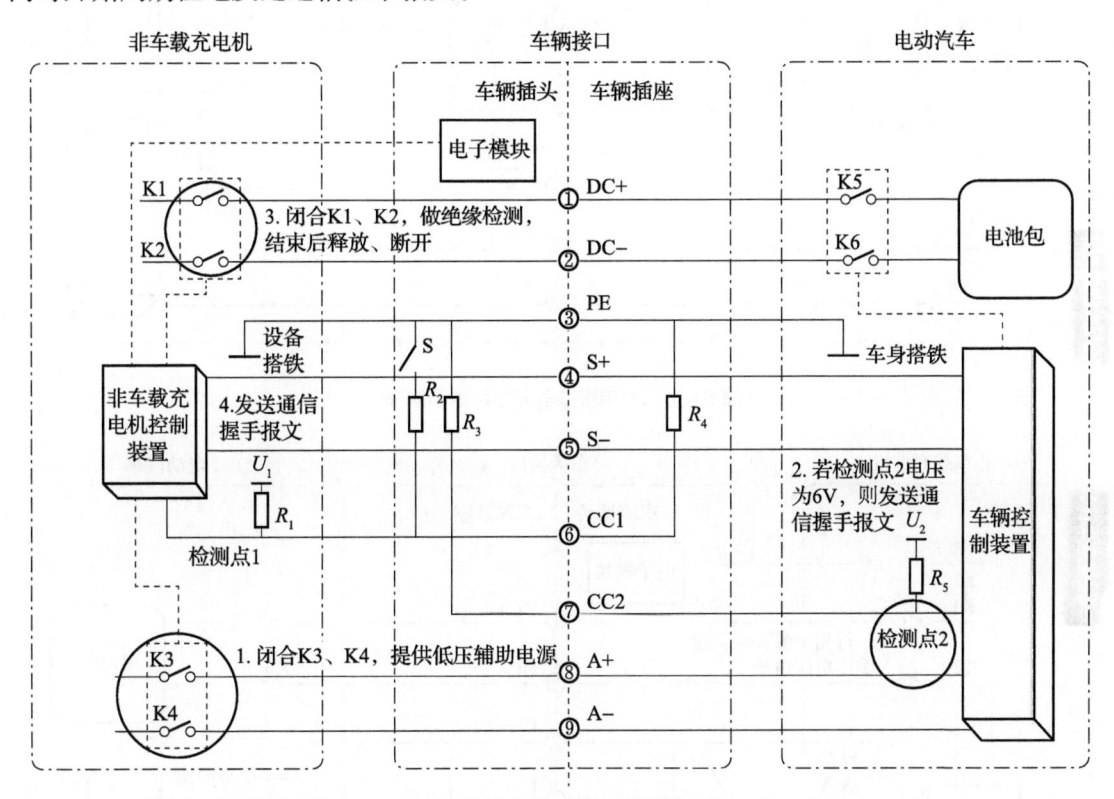

图 6-25 直流充电桩自检阶段

（3）充电准备就绪阶段

如图 6-26 所示，接下来就是电动汽车与直流充电桩相互配置的阶段，车辆控制 K5、K6 闭合，使充电回路导通，充电桩检测到车辆端电池向左侧流出的电压正常（电压与通信报文描述的电池电压误差 ≤ ±5%，且在充电桩输出最大与最小电压的范围内）后闭合 K1、K2 继电器开关，直流充电线路导通，电动汽车开始充电。

（4）充电阶段

如图 6-27 所示，在充电阶段，车辆电池管理系统（BMS）向充电桩充电控制装置实时发送电池充电需求的参数，充电桩会根据该参数实时调整充电电压和电流，并相互发送各自的状态信息，比如充电桩输出电压和电流等，车辆电池的电压、电流和 SOC 等。

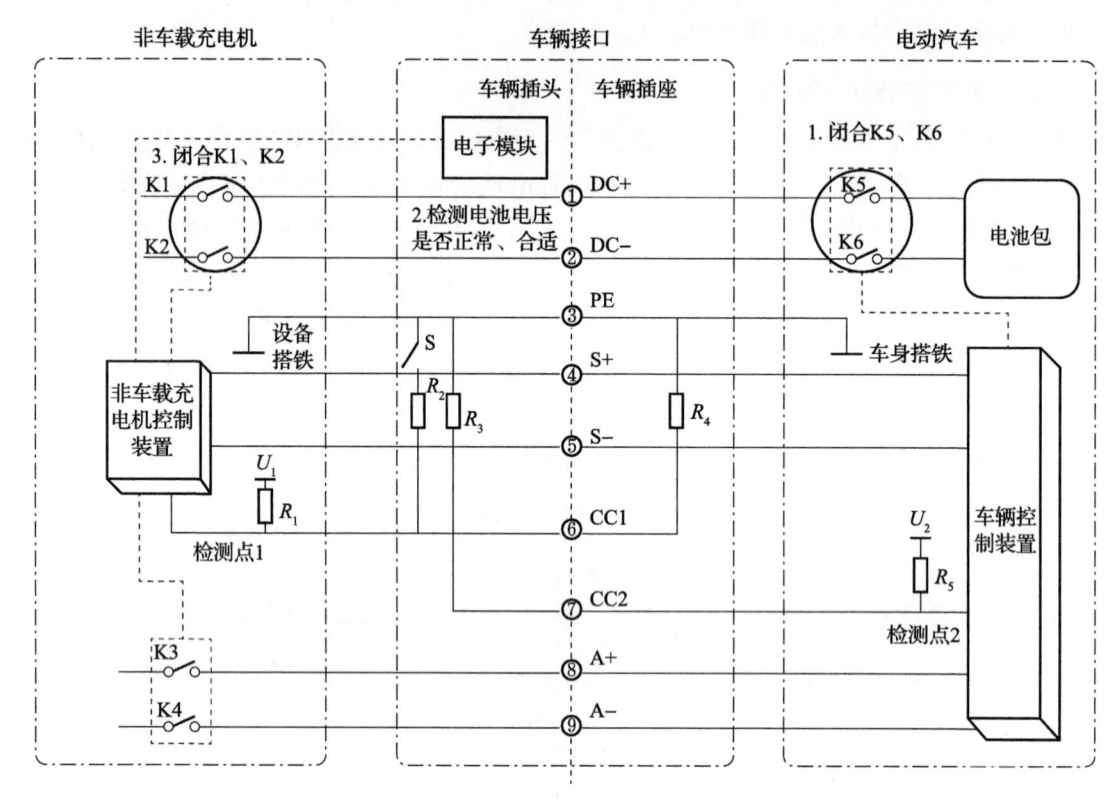

图 6-26 充电桩准备就绪阶段示意图

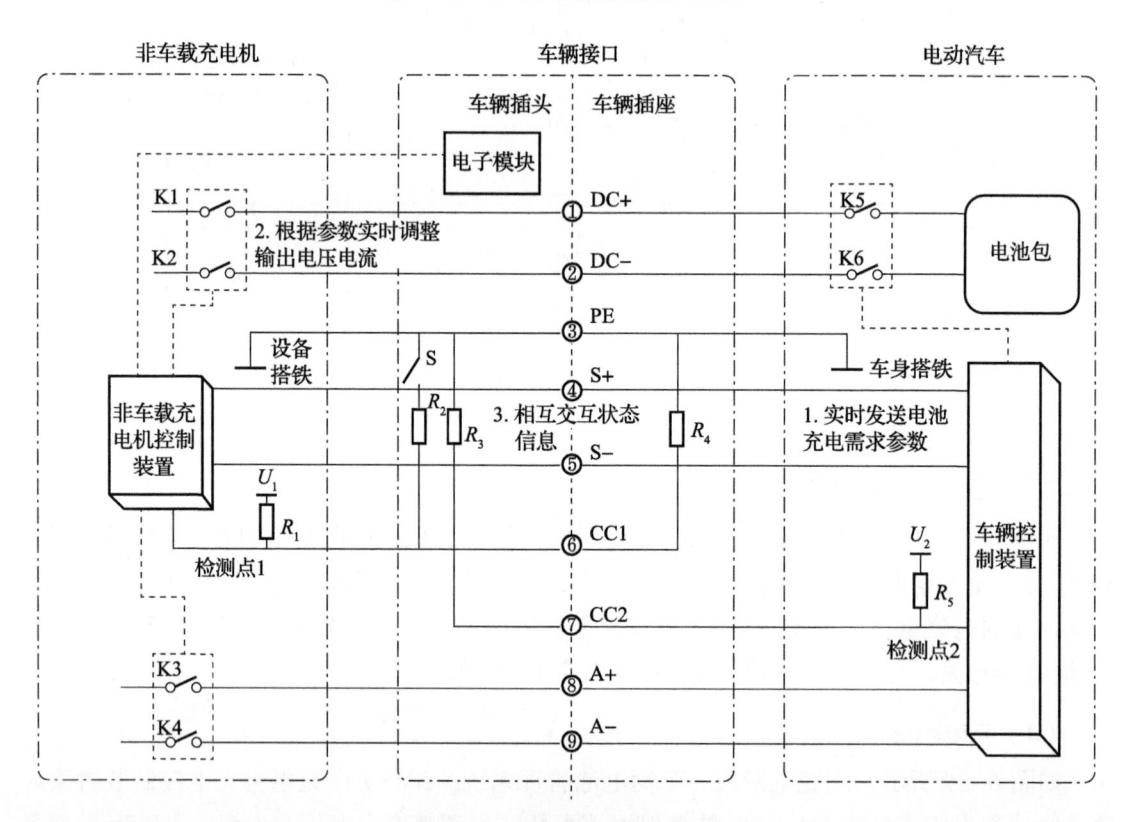

图 6-27 充电桩充电阶段示意图

（5）充电结束阶段

如图 6-28 所示，车辆会根据汽车电池管理系统（BMS）是否达到充满状态或是收到充电桩发来的"充电桩中止充电报文"来判断是否结束充电。满足以上充电结束条件，车辆会发送"车辆中止充电报文"，在确认充电电流小于 5A 后，电池管理系统断开 K5、K6 继电器开关。充电桩在达到操作人员设定的充电结束条件，或者收到汽车发来的"车辆中止充电报文"，会发送"充电桩中止充电报文"，并控制充电桩停止充电，在确认充电电流小于 5A 后断开 K1、K2，并再次投入泄放电路，然后充电桩控制装置再断开 K3、K4 继电器开关，停止向汽车供给 12V 电压。

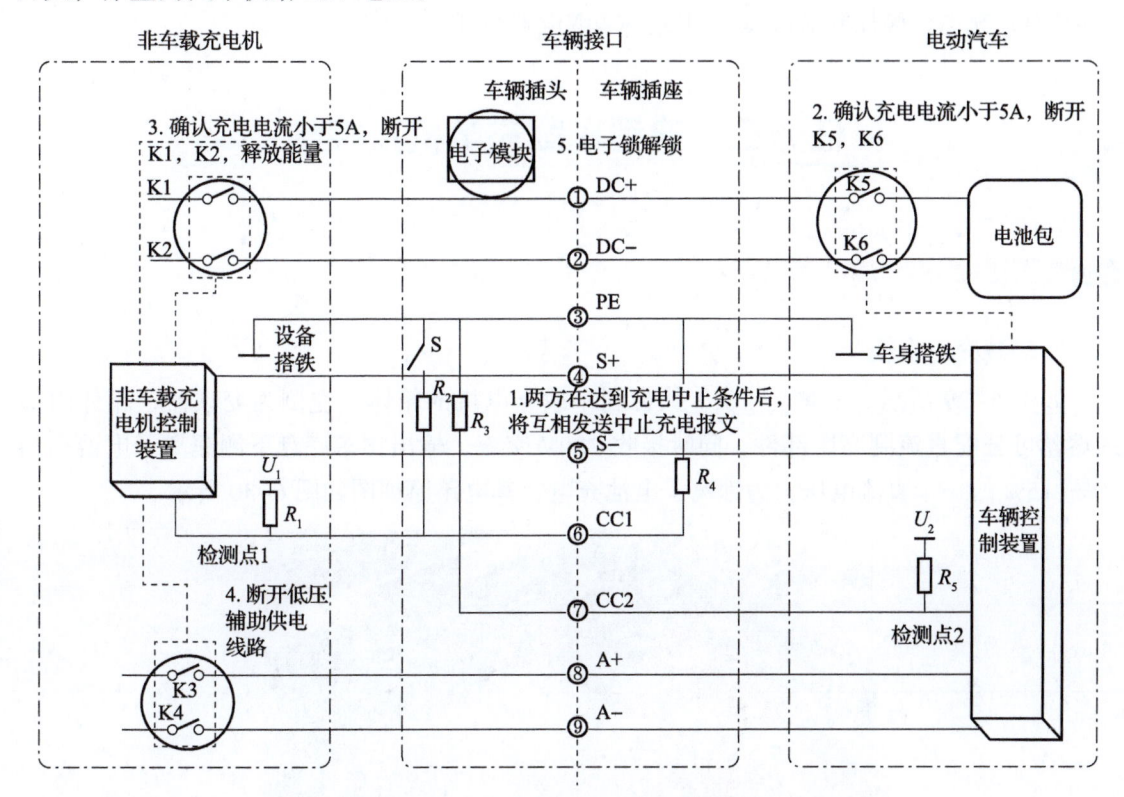

图 6-28 充电桩充电结束阶段示意图

7. 直流充电桩不充电的故障诊断

（1）充电机中止充电报文

开始能充电，后来中断充电，读取汽车电池管理系统由充电机发过来的停止充电报文时，说明充电机已将 K1、K2、K3、K4 四个继电器断开了，当然不能充电，这时应在充电桩上找出充电中断的原因。

（2）充电桩和池车电池管理系统（BMS）通信超时

当出现通信超时，电池管理系统（BMS）不能将汽车电池实时信息整理出来的应充电电压和电流发送给充电桩的控制单元时，则在 10s 内将 K1、K2、K5、K6 继电器断开，临时停止充电，并等待通信成功。若连续 3 次通信中断，则在 10s 内将 K1、K2、K3、K4、K5、K6 继电器断开，彻底停止充电。

(3) 充电电压超过车辆最高允许电压

其原因是充电桩直流充电模块的限压功能失效，充电桩 1s 内断开 K1、K2、K3、K4。

(4) 充电枪开关 S 由闭合变为断开

在充电过程中，若充电枪开关 S 由闭合变为断开时，充电桩检测检测点 1 的电压为 6V，不会下降到 4V，这时充电桩的直流充电模块在 50ms 内将输出电流降至 5A 或以下。

(5) 充电枪意外断开

在车辆意外移动或充电枪脱出插座时，充电桩内的检测点 1 检测到为 6V 或 12V，不是 4V 时，充电桩侧控制 K1、K2、K3、K4 继电器断开。

任务三　典型车载充电机及控制

一　吉利汽车车载充电机

1. 车载充电机箱

如图 6-29 所示，右侧为 2017 款吉利车载充电机的箱体，左侧为变频器，箱体内部的熔丝可分配直流到高压部件，同时接收 220V 交流，输出比车底盘下侧锂离子电池高约 10%~15% 的一个直流电压，为锂离子电池充电，其电路原理图如图 6-30 所示。

图 6-29　2017 年款吉利车载充电机

2. 2017 款吉利车载充电机

在变频器的相关内部里，我们提到吉利车型的变频器模块小型化做得很好，但是在车载充电机及其高压熔断器（图 6-31）箱里仍存在体积大、线束混乱、线色单一、不是红线就是黑线、树脂在线头处和印制电路板上到处都是等问题，这明显是连接、固定和抗振信心不足的表现。

从国外进口到国内的电动汽车部件，则体积偏小，线束有序，线色多样，没有树脂到处都是的这种情况。

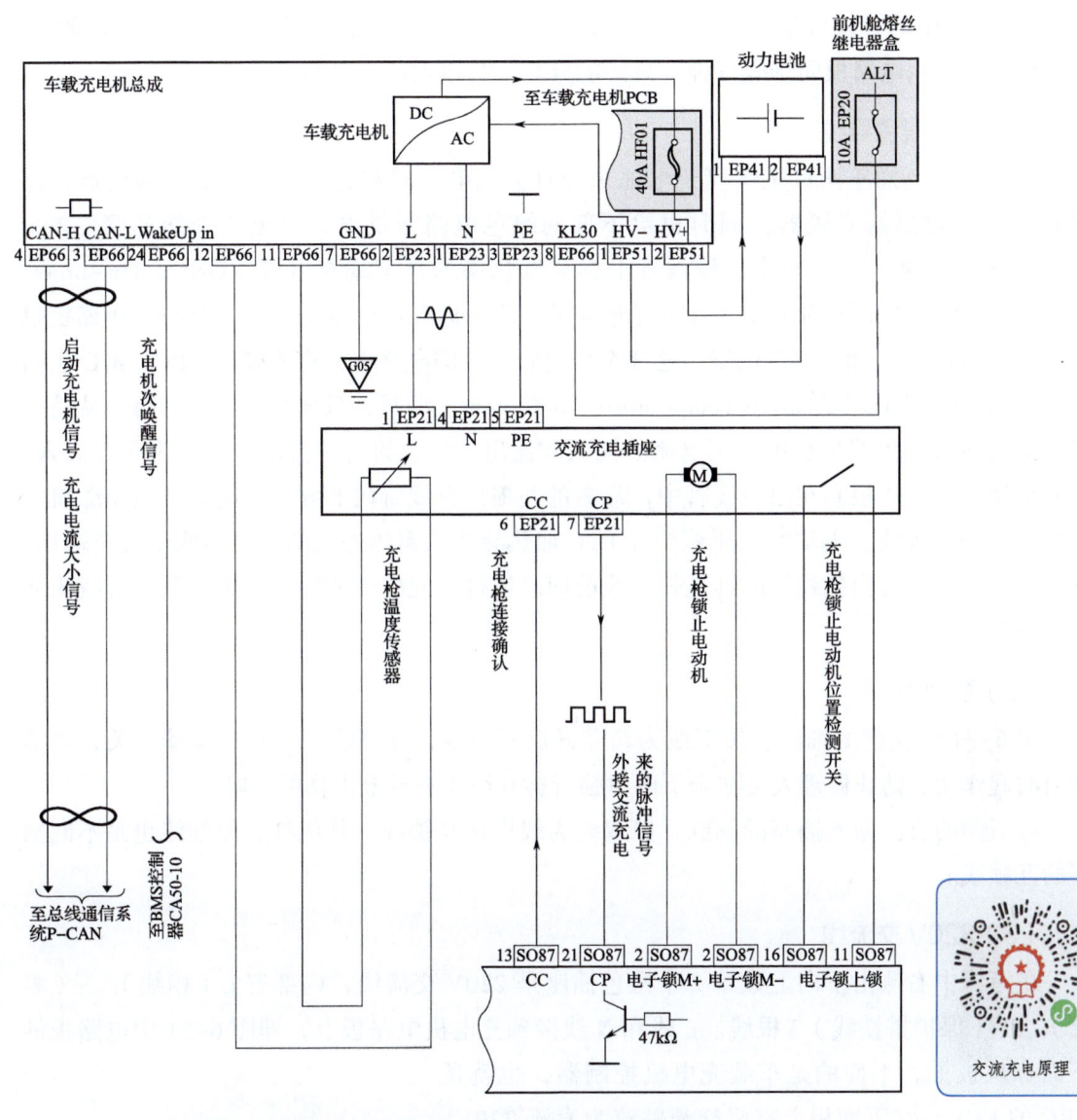

图 6-30 吉利车载充电机（2017 年款）电路原理图

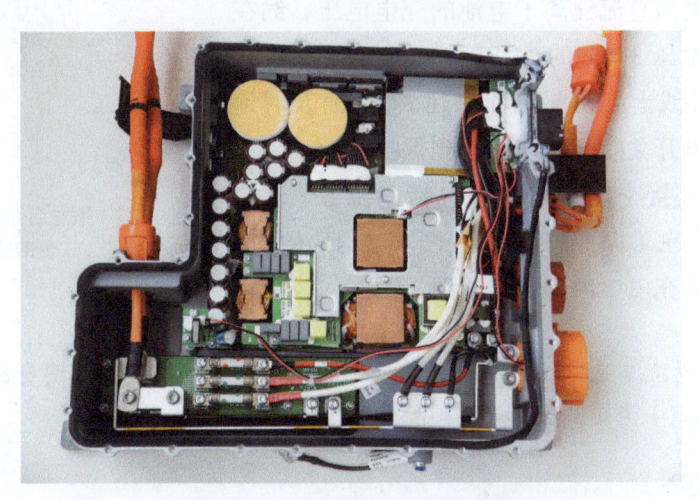

图 6-31 车载充电机和高压熔断器

图 6-31 中的导线可基本分为外接直流高压橙色电缆线、内部互锁线、220V 交流线、控制线束、印制电路板间排线五种,只要能分开,其原理还是很简单的。

(1) 高压橙色导线

右下角橙色插座两针是锂离子电池来的直流供电,向左进入箱内导线变为扁形,左端直接向上输出给变频器,同时也给下部的绿色电路板供电,可见 3 个熔丝管。3 个熔丝管两个外流,一个回流。熔丝管上标有红色漆的是车载充电机(OBC,On-board Charging)直流电输出的正极,为回流充电线。两个标有绿色漆的,上部是空调压缩机供电线,下部是 PTC 加热器供电线。这 3 个熔丝管下部的电路板上有明确的 OBC、A/C(Air Conditioning)、PTC(Positive Temperature Coefficient)缩写,只要细心注意即可。从熔丝管右侧的线束红黑线标也可识别电流的流入和流出。红色为向右流出,黑色为向左流入。在 6 根线中,有 4 根套在白色线管中,靠右的两根白色线管内的导线是电动空调压缩机和 PTC 加热的负极线。电动空调压缩机和 PTC 加热导线从箱体外壳的右上侧两个插座输出,再流回。而没有套白色线管的红色长导线前面已说过为充电机的输出正极,黑色短线为充电机的负极线。

(2) 互锁线

图 6-31 中左侧的细红、黑双线为箱盖开启互锁线,互锁线下是互锁微动开关,箱盖开启时起作用,防止修理人员在未下电时强行拆开箱盖造成电击伤的危险。

右下侧的直流输入插座的细红、黑双线为线束端互锁线。其他红、黑细线也是不同插座的互锁线。

(3) 220V 交流线

在箱体中右侧由下向上数第 2 个橙色插座是 220V 交流线,内部有 L(相线)、N(零线)、PE(保护搭铁线)3 根线。L 线和 N 线接到充电机电路板上,即图 6-31 中电路板的下面那块板上,上面的是车载充电机控制器,也就是 OBC 的 ECU。在下面板上有将交流整流为直流 220V,再经电力电子变换为直流锂离子电池的充电电压,约在标称锂离子电池电压 346V 的 110%~115%。PE 线接充电机电路板的 PE 线上,在 L 线漏电到 PE 线时及时地触发墙壁上的漏电开关断开,从而起到保护作用。

车载充电机外接交流充电口,包括电源 L(电源线)、N(零线)、PE(保护搭铁线)。图 6-32 所示为取左后侧轮胎上部的充电口内侧的接线图。

图 6-32 取左后侧轮胎上部的充电口内侧的接线图

> **故障诊断** 给电动汽车充电过程中,若墙壁上的漏电开关跳闸,则说明有漏电,这时就应检查是否是电源线 L 与 PE 保护搭铁接触连通了。

（4）控制线束

控制线束包括车载充电机控制板的电源线、搭铁线、唤醒线、CAN 通信线等，位于箱壳体的最上侧，是黑色。

（5）印制电路板间排线

印制电路板间排线从车载充电机的控制板通向下板，通过排线车载充电机的上板下行可以控制下板开关元件的通断、控制充电机功率因数、起动保护、与外界通信、驱动点亮仪表充电指示灯等。下板上行反馈可实现监测控制后的电压和电流反馈，将数值反馈给车载充电机的上部控制板。注意：下板不是控制板，因此没有下行功能，只有执行和上行反馈功能。

二 一汽奔腾车载充电机

1. 车载充电机功能

车载充电机的功能是将单相 220V、50Hz 交流电变成直流电，如图 6-33 所示，再进行直流 – 交流变换，交流电再升压到车载动力电池的电压水平，再整流、滤波输出给动力电池充电。

车载充电机的类型有独立式和非独立式两种。

独立式是指充电机完成充电机的功能，典型的是一汽 B50 电动汽车车载充电机。其特点是水冷，3 个端口（图 6-34）从左到右依次是控制端口（电源、CAN 线、搭铁、屏蔽线）、给动力电池充电端口（正和负）、外接充电口端口（单相交流电的 L、N 和搭铁）。

图 6-33 车载充电机位置

图 6-34 端口和冷却水通道

非独立式是指元件的主功能不是充电机功能，比如主功能是变频器功能，通过在停车充电时重复利用驱动电机的功率元件达到充电机的功能，典型的是比亚迪 E6 的车载充电机。它的特点是变频器体积较大、水冷，变频器上多出一根流向高压配电箱的高压电缆线。

2. 独立式车载充电机

（1）充电口上 CP 和 PP 的作用

因为在使用车载充电机对电动汽车进行充电时，充电电缆通过符合 GB 2099.1 要求的额定电流为 16A 的插头插座与交流电网进行连接。其额定电压和额定电流应符合要求，单相 220V 交流，电流为 16A，作为家用使用 GB/T 2099.1—2021 中额定电流为 16A 的标准插座连接交流电网。交流充电接口端子连接方式为 L1+N+PE+CC+CP。

CP 和 PP 是用来告诉充电机充电口有一把充电枪插入，证明充电枪和充电口充分连接，这个信号也作为充电机充电开始的启动信号，这时在看到动力电池被充电的信息，有的车通过闪烁的充电指示灯来提示，有的车会通过仪表来显示信息。

（2）交流充电机的外接充电口不需要和 BMS 通信的原因

因为车载充电机电源端口（电源、CAN 线、搭铁、屏蔽线）与车上的 BMS 通信，所以外接充电口只要向车载充电机提供电能源即可。

（3）车载充电机上的电源供应属于 TN-S 网络的原因

因为充电机通过控制端口为 L1+N+PE+CC+CP，其中的 L1、N、PE 3 根线和家用电器的保护接法相同，即采用保护接零，若保护线 PE 和零线 N 不相连，则一旦电源线 L 漏电到充电机壳体上，交流电会延伸到车身，整个车身都会有交流电，这时触摸车身是危险的，所以一定要保证车辆的 PE 线和车身连接可靠。

（4）车载充电机充电前要完成的任务

车载充电机先要与电池管理系统联系，电池管理系统会根据当前电池是绝缘故障还是电池故障等信息确定是否启动充电程序。若没有绝缘故障、电池故障等信息，则车载充电机会根据电池当前的电压、电量、温度、电压一致性、温度一致性、内阻一致性等参数确定采取何种充电方式，即以多高的电压和电流对电池进行充电。

（5）车载充电机充电过程中要完成的任务

车载充电机在充电过程中，要不断地根据电池管理系统发来的信息确定充电电压和电流，以达到更好的充电效果。如果电池管理系统检测到故障，那么会通知车载充电机停止充电程序。

3. 车载充电机的组成

（1）车载充电机 ECU

车载充电机 ECU，简称 CCU（Charging Control Unit），如图 6-35 所示，其作用是接收充电口 CC+CP 的充电枪插上的信号，从而启动充电程序。充电程序一旦启动，车载充电机控制单元（CCU）会与蓄电池管理控制单元（BMS）进行通信。在没有绝缘故障、电池故障等时，根据电池当前的状态选择最适宜的充电电压。

在车载充电机 ECU 控制板上有功率因数校正功能、接收下执行板的信号（包括输入电压采集、输出电压采集、充电机过温采集等）、向执行板发出控制信号（包括开关管驱动、继电器断开）、接收电池管理系统从 CAN 发过来的电池状态信息和故障状态。

在车载充电机 ECU 控制板的背板上有光耦实现 CAN 通信光电隔离，如图 6-36 所示。

在背板上会有和执行板连接的排线座，实现信号输出和输出。

图 6-35　车载充电机 ECU 的正面 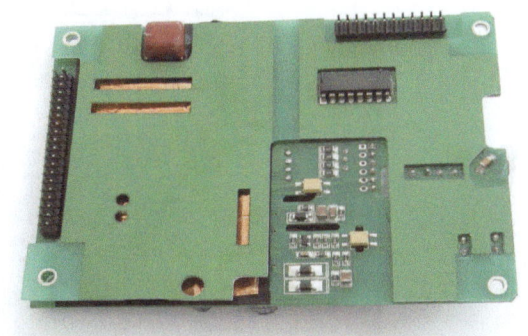　　　　　图 6-36　车载充电机 ECU 的背面

（2）车载充电机执行板

车载充电机执行板如图 6-37 所示，其功能是在车载充电机 ECU 的控制下实现对蓄电池充电电压的控制，在电池出现故障时停止充电，在车载充电机自身出现故障时及时切断交流的输入，起到保护作用。

具体说，可分成以下几个阶段。

1）交流变直流：交流电由左下侧两线输入，经交流熔丝管—高频交流抑制元件—交流继电器—整流桥—滤波电容滤波形成稳定的直流电。

2）直流升压：直流电正经过变压器初级线圈和开关管到达直流负，开关管导通和截止时，在初级线圈形成交流电，经次级线圈形成升压后的交流电。

3）整流过程：升压后的交流电经输出整流和滤波给动力电池充电。

4）整流过程：在给动力电池充电时，如果冷却水泵不运转或缺少冷却液，那么会导致下板的两个整流和 7 个开关管过热，如图 6-38 所示。为防止过热，通常在散热器上装有热机械开关，通常在 83℃时这个开关会闭合，这个信号会传给车载 ECU，由车载 ECU 控制向外发送这个信息，同时控制交流继电器断开。

图 6-37　车载充电机执行板 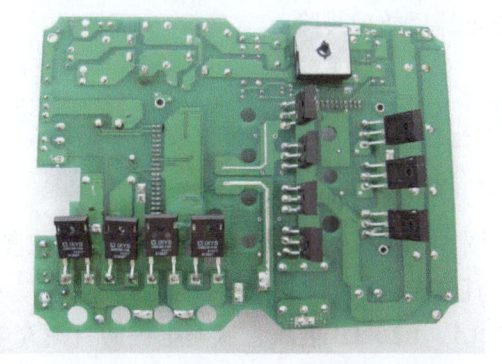　　　　　图 6-38　一汽 B50 车载充电机执行电路背板

（3）变压器和滤波电感

变压器和滤波电感被固定在车载充电机上部，如图 6-39 所示，利用上部的散热器来自然散热。

图 6-39　一汽 B50 车载充电机上部的变压器和电感

4. 充电故障

充电时间长

1）故障现象。

显示充电电流一直在 1~2A，很小，而正常的充电电流应在 10A 以上。

2）故障原因。

①冷却液中的气体未排净。

②水泵不运转。

③橡胶软管中的冷却液不畅。

④车载充电机故障。

3）故障排除。

案例 1：触摸橡胶软管，感觉有一定的脉动，打开散热器盖，发现散热器盖时不时地会溢出点冷却液，怀疑是冷却系统排气不净，经排气后故障排除。

案例 2：摸充电机下侧发烫，上盖散热片也发烫，摸橡胶软管没有脉动，说明水泵未工作，作执行元件诊断发现水泵也不工作，而将水泵继电器的开关端短接时水泵转动，更换继电器后故障排除。

三　典型直流充电过程控制

1. 直流充电原理图

图 6-40 所示为 2017 年款吉利 EV300 直流充电原理图。

直流充电枪插入车上的直流充电座中，CC2 经 K2 搭铁，电池管理系统唤醒。三相交流电 L1、L2、L3 进入直流充电桩的直流充电模块准备向外输出直流，三相交流电经 AC-DC-DC 转换为直流 12V 等级，通过 A+ 和 A- 为电池箱内的电池管理系统供电，设计目的是防止车上 12V 蓄电池在充电过程中的电压下降。如果车上动力电池管理系统检查没有电池故障，那么电池管理系统输出一个最适合当前的充电控制目标电流值经 CAN 总线送至直流充电桩控制单元，K1 双继电器工作闭合，DC+ 和 DC- 给动力电池供电，直流充电桩控制单元控制直流充电模块输出一个电压，这个电压形成的电流是控制目标电流数值。

直流充电原理

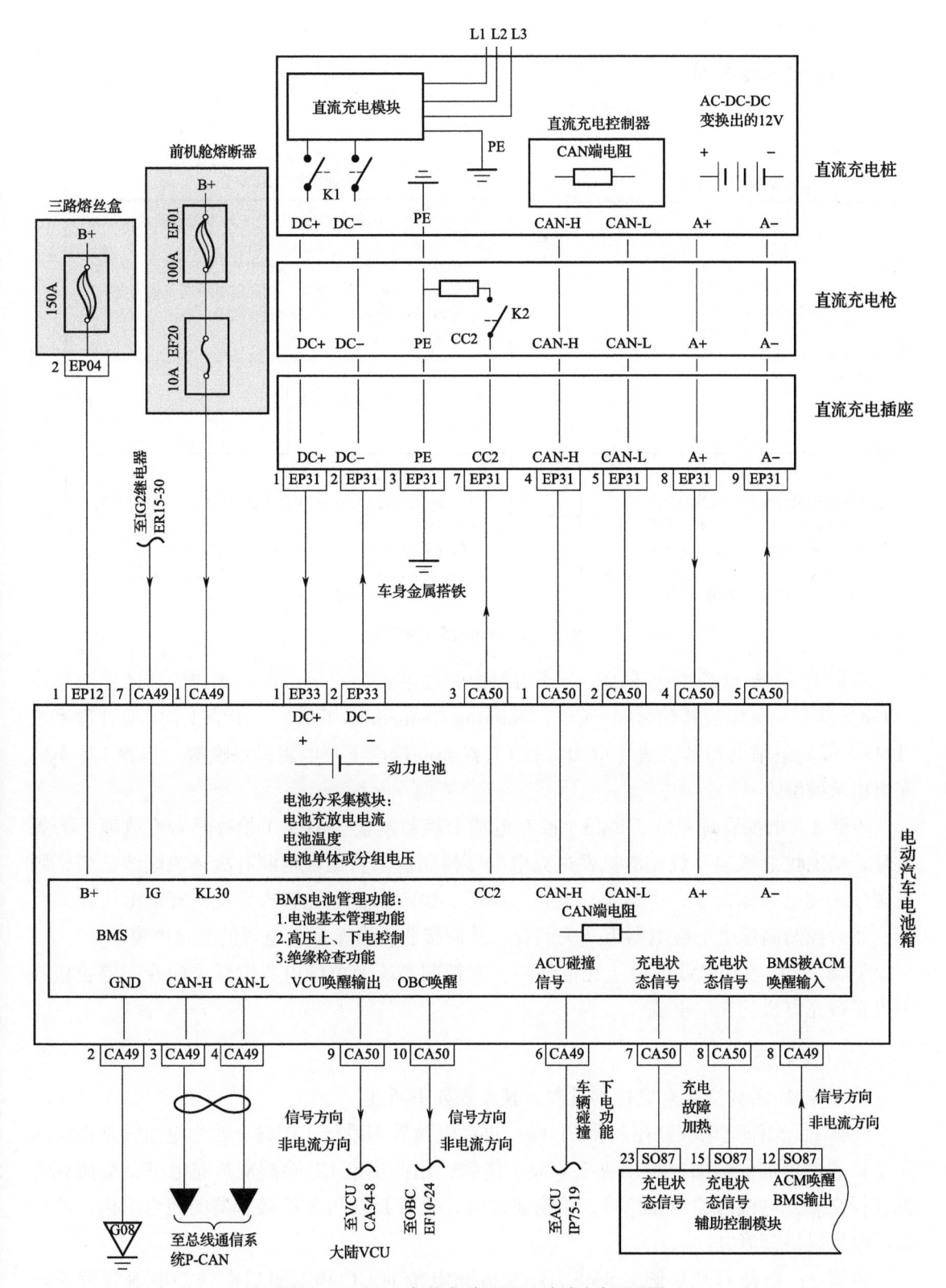

图 6-40　2017 年款吉利 EV300 直流充电原理图

安全措施：直流充电桩时刻监测交流的电源线电缆和直流的正、负电缆对 PE 的绝缘情况，绝缘下降，K1 断开停止充电。

2. 交流充电过程

(1) 充电唤醒控制

图 6-41 所示为充电唤醒控制过程,其原理如下所述。

```
充电启动控制条件                        电池管理系统(BMS)或充电辅助
                                        控制模块(ACM)
┌─────────────────────────┐            ┌─────────────────────────────────┐
│ 1. 电池管理系统(BMS)或为电池管理 │  唤醒信号线 │ 1.1 电池管理系统(BMS)或充电辅助控制模块(ACM)│
│ 系统与充电口通信增加的辅助控制模块 │ ────→ │ 被CC经充电枪内下拉电阻搭铁唤醒        │
│ (ACM)信号的充电连接信号——CC │            │ 2. 电池管理系统(BMS)或充电辅助控制模块(ACM)│
│ (Charging Connection)信号     │            │ 检查是否有故障。若无故障,则通过总线向车载充电机发│
│                                │            │ 送充电电压控制值。若循环检测有故障或电池已满,则发│
│                                │            │ 送停止充电控制命令                    │
└─────────────────────────┘            └─────────────────────────────────┘
                                            唤醒信号线 ↓      ↑ P总线
┌─────────────────────────┐            ┌─────────────────────────────────┐
│ 2.2 控制高压上电继电器组开关闭合, │ ←───── │ 1.2 车载充电机被唤醒                │
│ 接收来自车载充电机的充电电流    │            │ 2.1 车载充电机(OBC)接收来自电池管理系统的充电│
│ 3.1 控制高压上电继电器组开关断开, │            │ 电压控制目标                        │
│ 停止接收来自车载充电机的充电电流  │            │ 3. 接收到总线的停止充电信号,执行3.1    │
└─────────────────────────┘            └─────────────────────────────────┘
    电池箱系统主继电组(SMR)                   车载充电机(OBC)
```

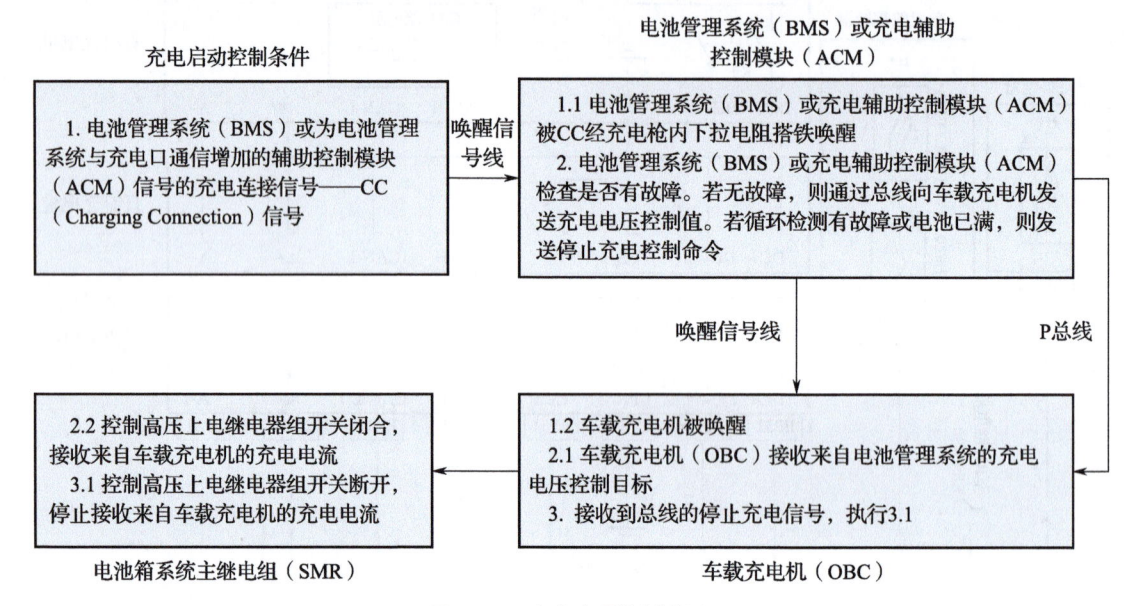

图 6-41 充电唤醒控制过程

步骤 1:电池管理系统(BMS)或为电池管理系统与充电口通信增加的辅助控制模块(ACM)信号的充电连接信号——CC(Charging Connection)信号。步骤 1.1 电池管理系统(BMS)或充电辅助控制模块(ACM)被 CC 经充电枪内下拉电阻搭铁唤醒;步骤 1.2 车载充电机被唤醒。

步骤 2:电池管理系统(BMS)或充电辅助控制模块(ACM)检查是否有故障。若无故障,则通过总线向车载充电机发送充电电压控制值。若循环检测有故障或电池已满,则发送停止充电控制命令,由车载充电机(OBC)接收来自电池管理系统的充电电压控制目标,然后控制高压上电继电器组开关闭合,从而接收来自车载充电机的充电电流。

步骤 3:接收到总线的停止充电信号,则控制高压上电继电器组开关断开,停止接收来自车载充电机的充电电流。

(2) 交流充电控制

图 6-42 所示为交流充电控制过程,其原理如下所述。

步骤 1:交流充电桩经控制器 CP 端子再经电池管理系统(BMS)或为电池管理系统与充电口通信增加的辅助控制模块(ACM)搭铁,由此实现 CP 唤醒交流充电桩;交流充电桩进行交流充电桩内的绝缘检测,检测通过后,执行 L 线和 N 线接触器的闭合工作,给车载充电机提供交流电。

步骤 2:电池管理系统(BMS)经交流充电枪的 CC 和电阻后搭铁,电池管理系统(BMS)被充电枪上的 CC 端唤醒,车载充电机(OBC)被电池管理系统(BMS)唤醒。若电池管理系统自诊断没有故障,则控制高压上电继电器组开关闭合,接收来自车载充电机的充电电流，再执行步骤3；若电池管理系统有故障或电池已满，则控制高压上电继电器组开关断开，停止接收来自车载充电机的充电电流（注意：利用变频器逆变桥续流二极管作单相或三相整流再升压的具有车载充电机功能的变频器还有交流充电隔离继电器控制，在交流充电时此继电器实现输出的直流段闭合，在不充电时断开，防止电池的直流和变频器形成相互影响）。

步骤3：车载充电机（OBC）接收来自电池管理系统的充电电压控制目标值，控制车载充电机（OBC）内的充电控制模块形成这个充电电压值。

交流充电桩

1.1 交流充电桩经控制器CP端子再经电池管理系统（BMS）或辅助控制模块（ACM）搭铁，实现CP唤醒交流充电桩；交流充电桩进行交流充电桩内的绝缘检测，检测通过后，执行L线和N线接触器的闭合工作，给车载充电机提供交流电

唤醒信号线

交流充电枪插入车辆充电插座

1. 交流充电桩CP端子经电池管理系统（BMS）或为电池管理系统与充电口通信增加的辅助控制模块（ACM）搭铁
2. 电池管理系统（BMS）经交流充电枪的CC和电阻后搭铁

电池管理系统（BMS）　唤醒信号线

电池箱系统主继电组（SMR）

2.2 控制高压上电继电器组开关闭合，接收来自车载充电机的充电电流
2.3 控制高压上电继电器组开关断开，停止接收来自车载充电机的充电电流

2.1 电池管理系统（BMS）被充电枪上的CC端唤醒，车载充电机（OBC）被电池管理系统（BMS）唤醒。若电池管理系统自诊断没有故障，则执行2.2步，再执行3步；若电池管理系统有故障或电池已满，则执行2.3步
（注意：利用变频器逆变桥续流二极管作为单相或三相整流再升压的具有车载充电机功能的变频器还有交流充电隔离继电器控制，在交流充电时此继电器实现输出的直流段闭合，在不充电时断开，防止电池的直流和变频器相互影响）

车载充电机（OBC）　P总线

3. 车载充电机（OBC）接收来自电池管理系统的充电电压控制目标值，控制车载充电机（OBC）内的充电控制模块形成这个充电电压值

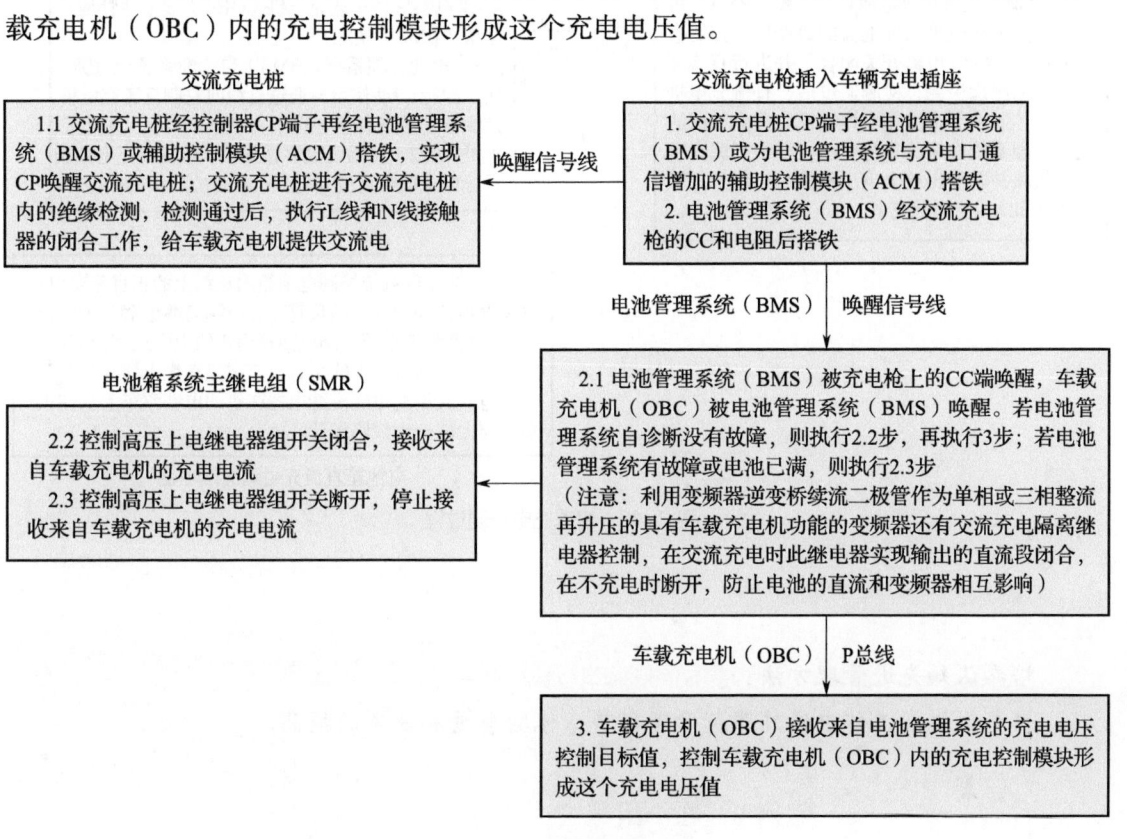

图6-42　交流充电控制过程

（3）直流充电控制

图6-43所示为直流充电控制过程，其原理如下所述。

步骤1：直流充电桩给充电枪A+和A−供电去唤醒电池管理系统（BMS），继而唤醒车载充电机（OBC）。电池管理系统（BMS）自诊系统无故障后，电池管理系统控制电池箱内正线上的正直流充电隔离继电器和负线上的负直流充电隔离继电器开关闭合，通过总线向左侧直流充电桩控制器发送直流继电器开关闭合的命令，直流充电桩执行步骤2，然后由电池管理系统再发送充电控制目标电压值给直流充电桩；若有故障，则电池管理系统控制电池箱内正线上的正直流充电隔离继电器和负线上的负直流充电隔离继电器开关断开（注意：直流充电隔离继电器在有的电动汽车上只在正、负线路上取一个线路设计）。

步骤2：直流充电桩接收电池管理系统（BMS）可以闭合直流充电桩内继电器的命令后，控制直流充电桩内的继电器开关闭合，并进行直流充电桩内的绝缘检测，检测通过

后，直流充电桩控制器控制多个直流充电控制模块产生相同的电池管理系统发来的目标电压，多个直流充电控制模块并联输出这个电压形成的电流，并通过DC+和DC-给电池充电。

直流充电桩控制器及正、负直流充电继电器

1. 直流充电桩给充电枪A+和A-供电去唤醒BMS
2. 直流充电桩接收电池管理系统（BMS）可以闭合直流充电桩内继电器的命令后，控制直流充电桩内的继电器开关闭合，并进行直流充电桩内的绝缘检测，检测通过后，直流充电桩控制器控制多个直流充电控制模块产生相同的电池管理系统发来的目标电压，多个直流充电控制模块并联输出这个电压形成的电流，并通过DC+和DC-给电池充电

充电枪内CAN总线S+和S-

电池管理系统（BMS）

1.1 电池管理系统（BMS）被充电枪上的A+和A-供电唤醒，车载充电机（OBC）被电池管理系统（BMS）唤醒
1.2 电池管理系统（BMS）自诊断系统无故障后，执行1.3动作后，通过总线向左侧直流充电桩控制器发送直流继电器开关闭合的命令，直流充电桩执行2，然后由电池管理系统再发送充电控制目标电压值给直流充电桩；若有故障，则执行1.4

电池箱直流充电隔离继电器

1.3 电池管理系统控制电池箱内正线上的正直流充电隔离继电器和负线上的负直流充电隔离继电器开关闭合
1.4 电池管理系统控制电池箱内正线上的正直流充电隔离继电器和负线上的负直流充电隔离继电器开关断开
（注意：直流充电隔离继电器在有的电动汽车上只在正、负线路上取一个线路设计）

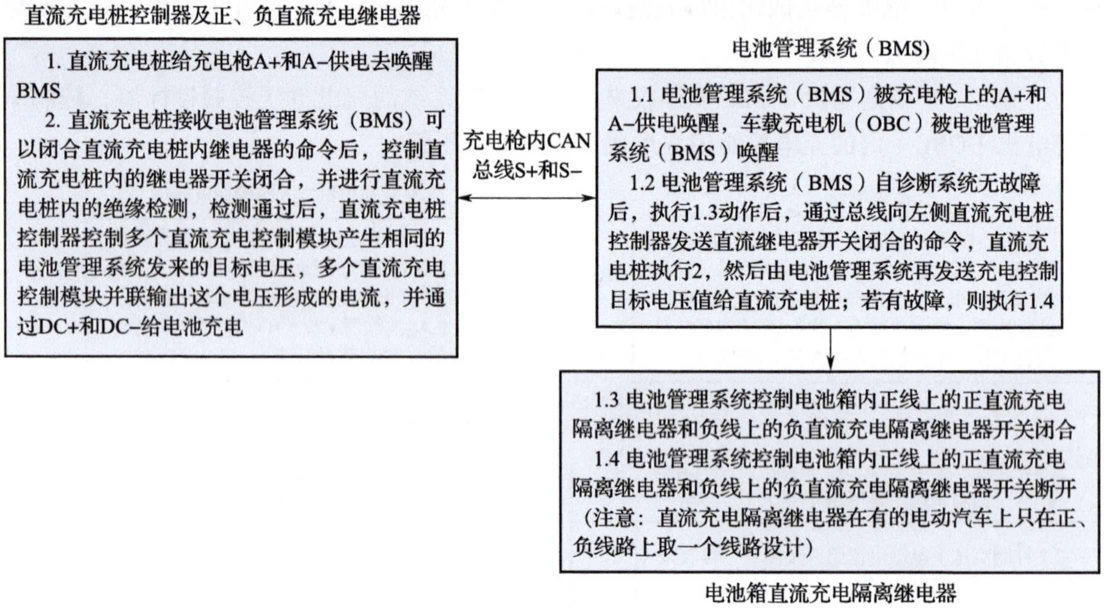

图6-43　直流充电控制过程

思考与讨论

培养认知先进管理方法；
培养小组在工作中通过践行管理环节，体验质量和效率的提高。

案例6　在小组分工中执行PDCA四个环节

PDCA是英语单词Plan（计划）、Do（执行）、Check（检查）和Act（处理）的第一个字母，PDCA循环就是按照这样的顺序进行质量管理，并且循环不止地进行下去的科学程序。

小组组长在团队的每次任务分工中要反复实践计划、执行、检查与处理四个环节，进行能力提升，四个环节的具体解释为：

（1）P（Plan）计划，包括确定方针和目标，以及制定活动规划。

（2）D（Do）执行，根据已知的信息，设计具体的方法、方案和计划布局；再根据设计和布局，进行具体运作，实现计划中的内容。

（3）C（Check）检查，总结执行计划的结果，分析哪些对了，哪些错了，明确效果，找出问题。

（4）A（Act）处理，对检查的结果进行处理，对成功的经验加以肯定，并予以标准化；对于失败的教训也要总结，引起重视。对于没有解决的问题，应提交给下一个

PDCA 循环中去解决。

　　以上四个过程不是运行一次就结束，而是周而复始的进行，一个循环完了，解决一些问题，未解决的问题进入下一个循环，以实现阶梯式上升的目的。

课后题

1. 判断题

1）220V 交流的 3.3kW 车载充电机的充电电流不超过 16A。（　　）
2）220V 交流的 6.6kW 车载充电机的充电电流不超过 32A。（　　）
3）交流车载充电桩输出的是直流电，直接给车辆充电。（　　）
4）车载充电机的 CC 端子是用来实现电池管理系统和充电机唤醒的。（　　）
5）车载充电机的 CP 端子是用来实现电池管理系统和交流供电桩通信的。（　　）

2. 简述题

1）写出交流充电机的控制过程。
2）写出直流充电机的控制过程。

项目七
电池管理系统故障诊断及电池更换

🔵 情境引入

一辆 2017 年 5 月出厂的吉利 EV300 纯电动汽车，踩下制动踏板，按一键起动开关时无法上电 READY，仪表中有一个红色的蓄电池符号，同时旁边带有一个感叹号。经诊断为电池电芯老化严重，如果你是修理人员，应如何制定修理方案？

🔵 学习目标

能画出仪表上有关电池管理系统触发的仪表故障警告灯或指示灯的符号。
能说出仪表上有关电池管理系统触发的仪表故障警告灯或指示灯的意义。

🔵 技能目标

能用诊断仪读取电池管理系统数据，判断是否需要拆开电池箱更换电池。
在拆开电池箱后，能保证电池、数据采集盒、电池管理系统、继电器、线束等元件的固定与原厂相同。
在拆开电池箱后，装合电池箱时能保证电池的密封。

任务一 电池管理系统故障诊断

一 故障现象

仪表上的电池管理系统故障警告灯（带有感叹号的蓄电池符号）点亮（图 7-1），有时会伴随有车辆管理控制单元故障警告灯点亮，起动后可以上电 READY，有时也会在上电一段时间后自动退回到点火档（ON）。

图 7-1 吉利纯电动汽车电池管理系统有故障时的故障现象

二 进入自诊断

电池管理系统故障警告灯点亮,说明电池管理系统控制单元内部存有故障码,有故障码时先按故障码指示的思路诊断。

1)使用诊断仪与车辆诊断接口相连接(图7-2)。

2)踩制动踏板,长按供电开关(SSB),此时无法实现READY上电就绪,操作只限于ON位。

图7-2 使用诊断仪与车辆诊断接口相连接

3)通过读取电池管理系统的故障码、动态数据及执行器的主动测试完成诊断。

三 诊断过程

> **技师指导** 分析是否是真实的电池箱内的电池有故障,还是电池管理系统传感器有故障,或者是继电器有故障,抑或是绝缘有故障。不要轻意打开电池箱,因为电池箱拆开之后有密封的工作问题。

1)电池箱内的电池有故障:若是电池电芯的电压不一致,超过允许范围,则一定要再次通过数据流确认故障;对于出厂几年就出现电芯老化故障码,有时是偶发的,可能会自动消除;若是真实的电芯故障,则通过故障车数据流与新车数据流对照,电池的电压、内阻会发现变化。

2)电池管理系统传感器有故障:根据故障码确认故障点,测量传感器供电和搭铁的电源正常后,采取更换即可。

> **技师指导** 有些技师想通过比较同款车型在同一工况下的电流值来判别电流传感器的好坏,实施后发现失败。甚至有的技师注意到为了测量准确,两辆车可用同一铅酸蓄电池,在两车上用同种类型的负载作测试,负载比如前照灯、空调鼓风机或PTC加热器等。想法是好的,但这是失败的测量,原因是在这种情况下,高压上电继电器是断开的,流经电流传感器的电流是不存在的,因此无法进行比较。

3）高压继电器故障：对有故障的高压继电器进行在线的供电测试检测，即给线圈通电，测量开关的电阻值阻应为 0Ω。

4）绝缘有故障：先确认绝缘故障是在电池箱内，还是电池箱外。若绝缘故障在电池箱内，则抬下并拆开电池箱进行详细检查。若绝缘故障在电池箱外，则按线路本身和高压元件本身进行绝缘检查。

任务二　更换电池的作业过程

一　拆装蓄电池电池箱要点

典型的电池箱拆开步骤如下。

关闭点火开关（图 7-3），车上的控制单元处于对执行器的断电状态，高压配电箱的继电器组线圈断电，继电器触点开关断开。但从安全角度，也从控制单元严禁带电插拔的角度看，都要断开 12V 铅酸蓄电池，当断开 12V 铅酸蓄电池（图 7-4）对全车供电后产生的另一个作用是全车的执行器全部断电，所以高压配电箱中的供电继电器组也断电，所以在这种情况下操作高压配电箱输出的高压网络是绝对安全的，特别是针对无检修塞的某些国产电动汽车。

图 7-3　关闭点火开关　　　　图 7-4　断开 12V 铅酸蓄电池

为了更安全起见，防止高压继电器组出现触点粘连，可在高压蓄电池中间串联有带有熔丝的检修塞，在通过关闭点火开关或断开蓄电池仍不能断开高压配电箱中的继电器组时，可人工取下检修塞断电（图 7-5），以上是为什么要设计检修塞的原因。

在实际高压检查中要带电检查，检修塞是不能取下的，此时要有手套、电工鞋和护目镜的高压防护。但在拆开高压部件或从高压网络上拆下某高压部件时则一定要拆下检修塞，等待变频器中的高压电容放电后方可进行高压作业，取下检修塞后的电池箱外部高压网络无高压，因此作业时不用高压防护。

放掉冷却系统的冷却液（图 7-6）。在放掉冷却系统的冷却液过程前，要确认冷却系统是否带有热交换器，对于如吉利 EV300 电动汽车的冷却系统有热交换器，放掉冷却液时要确认是否是流经电池的冷却液,不要把空调暖风的冷却液放掉,造成不必要的液体损失。

图 7-5　拆下检修塞

图 7-6　放掉冷却系统的冷却液

断开前后电池箱外部的水管、高压电缆和控制线束,如图 7-7、图 7-8 所示。通常这些连接是不会装错的,但要有一定的安放层次,安放层次可在断开前用手机照相作为恢复的依据。

图 7-7　断开前电池箱的水管、高压电缆和控制线束

图 7-8　断开后电池箱的水管、高压电缆和控制线束

拆下电池箱和车身的连接,用电池举升车拖住电池箱(图 7-9),小心降下举升车。要注意拆下电池的车身是否由于重心改变而发生移动(图 7-10),以避免车辆从举升机上翻倒、掉落。

图 7-9　放好动力电池举升车

图 7-10　拆下电池的车身

二 拆装过程

电池箱内部的拆装过程如图 7-11~ 图 7-16 所示。

图 7-11 装上检修塞防护罩盖（白色）

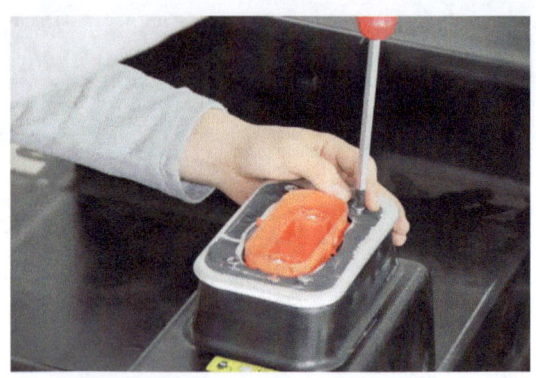

图 7-12 拆下上盖沉头螺栓

图 7-13 拆下上盖螺栓，抬起上盖后部向前推

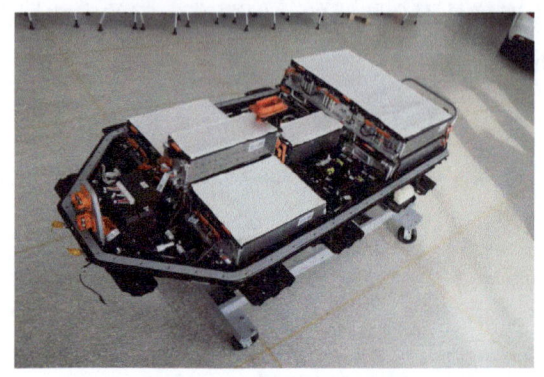

图 7-14 拆下上盖的电池箱

图 7-15 取下有故障的电池组

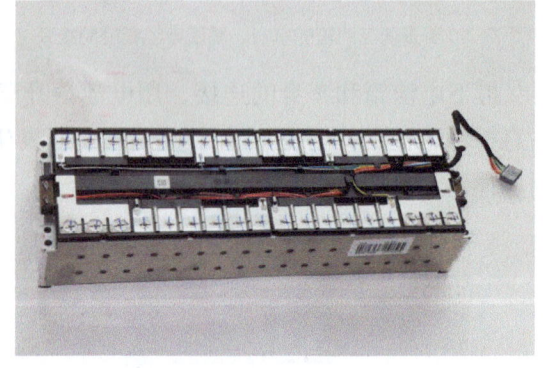

图 7-16 更换有故障的电池组

三 电池箱组装要点

电池箱内的电池组装有的是在电池箱装配间中完成的，由于电池箱处在振动、涉水、沙尘、泥水及冷热环境中，所以密封、力矩、原位捆绑、防接触隔离等是非常重要的关键点。

力矩：高压电缆经过的连接点必须按厂家要求力矩拧紧（图7-17），不得有丝毫松懈。高压电缆经过的连接点包括高压配电箱上的继电器与电缆之间、电池组与电池组之间、检修塞座与电缆之间等。

原位捆绑：电池与信号采集模块之间的线束连接必须牢固，每个采集模块的固定情况都要分别检查，即用手拉一拉模块是否能有很大的运动量，当运动量大时需重新固定。在电池周围于电池箱壳体可能发生碰触或磨损的地方，有专门的绝缘胶布来固定线束和防磨损，这些胶布的位置要用手机照相，在安装后按原图粘回胶布。对于固定线束的锁紧器，原车在哪里固定，就应在同样位置固定。

电池上盖的内衬布本应与上盖内表面贴合，实际有脱离（图7-18），在盖上盖时会与控制线束或高压电缆线束有碰触。上盖与电池下拖板间的密封条不能有损坏，一旦检查有损坏，则及时更换新件后再安装。

图7-17 关键点的拧紧力矩

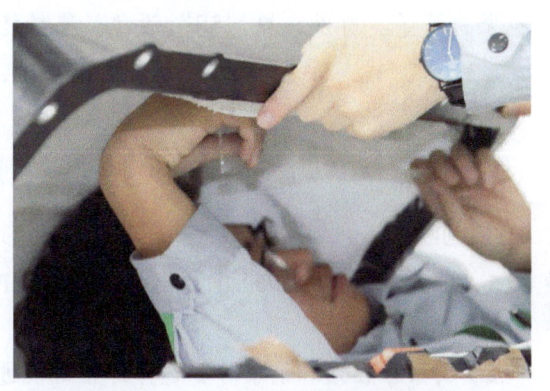

图7-18 上盖内衬布从上盖上剥离处理

> **思考与讨论**

培养认知先进管理方法；

培养小组在工作中通过践行5S管理环节，体验质量和效率的提高。

案例7 在小组活动中践行5S管理

小组组长在团队的每次任务分工中要反复实践整理、整顿、清扫、清洁和素养5个方面的内容。通过整理作业现场、重塑生产秩序、改善工作环境、保持整改成效、规范同学行为5个方面的努力，实现改变同学工作态度、提高生产效率的目标。

5S管理的实施一般分为三个阶段：规范阶段、激活阶段和习惯阶段。规范阶段的任务是制定相关标准和进行宣传教育，激活阶段的任务是落实改善工作和完善制度标准，习惯阶段的任务是规范管理措施和激励全员参与。

5S的具体解释：

（1）整理：把要与不要的人、事、物分开，再将不需要的人、事、物加以处理，这是开始改善生产现场的第一步。其要点是对生产现场的现实摆放和停滞的各种物品进行分类，区分什么是现场需要的，什么是现场不需要的。

（2）整顿：把需要的人、事、物加以定量、定位。通过前一步整理后，对生产现场需要留下的物品进行科学合理的布置和摆放，以便用最快的速度取得所需之物，在最有效的规章、制度和最简捷的流程下完成作业。

（3）清扫：把工作场所打扫干净，设备异常时马上修理，使之恢复正常。清理生产现场在生产过程中产生的灰尘、油污、铁屑、垃圾等，从而使现场干净整洁。

（4）清洁：整理、整顿、清扫之后要认真维护，使现场保持完美和最佳状态。清洁，是对前三项活动的坚持与深入，从而消除发生安全事故的根源。创造一个良好的工作环境，使职工能愉快地工作。

（5）素养：素养即努力提高人员的修身，养成严格遵守规章制度的习惯和作风，这是"5S"活动的核心。没有同学们素质的提高，各项活动就不能顺利开展，开展了也坚持不了。所以，抓"5S"活动，要始终着眼于提高同学们的素质。

课后题

1. 判断题

1）电池箱采用冷却液作为温控介质时，PTC实现电池加热，压缩机内的制冷剂实现降温操作。（   ）

2）锁紧器在捆绑线束时要选择好在哪段进行捆绑和是否捆需要捆扎至最紧。（   ）

3）电池箱内的插接器若连接不好就进行了电池箱合箱操作，造成的返工操作是非常麻烦的。（   ）

4）电池箱拆装后，处理防水和防尘密封很重要。（   ）

5）要严格保证电池箱内电池端子的力矩准确。（   ）

2. 简述题

1）从仪表上指出电池箱内电池有故障时故障警告灯的图形。

2）找出一款电动汽车的电路图，画出电池管理系统的系统原理图。

项目八
典型纯电动汽车电池管理系统

情境引入

一辆 2017 年 5 月出厂的吉利 EV300 纯电动汽车，踩下制动踏板，按一键起动开关时无法上电 READY，仪表中有一个红色的蓄电池符号，同时旁边带有一个感叹号。另外一个车的图案中间也有一个感叹号。

如果你是接车的修理技术人员，应如何找出上述故障的原因。修理方案应如何制定？

学习目标

能说出电池箱内的电池故障哪些可以进行监测。
能画出或在仪表上指出电池箱内电池有故障时故障警告灯的图形。
能画出电池管理系统的电路图。
能画出电池管理系统的系统原理图。

技能目标

能利用诊断仪读取电动汽车电池管理系统的输入数据。
能利用诊断仪读取电动汽车电池管理系统的输出数据。
能利用诊断仪驱动电动汽车电池管理系统的执行器。
能利用诊断仪排除电动汽车电池管理系统故障。

任务一　吉利 EV300 电池管理系统

一　电池管理系统功能

图 8-1 所示为吉利 EV300 电池箱，上侧写有 CATL 的黑盒为电池管理系统，下侧盒内为高压配电箱。

图 8-1 吉利 EV300 电池箱

1. 温度控制功能

通过对热的电池箱制冷或对冷的电池箱加热,以控制电池箱温度在一定的范围内,保持电池箱内电池具有良好的充电和放电能力。

在一定的时间内,若电池箱温度仍不能被控制到正常的温度范围,电池管理系统则通过变频器对电动机进行限流,并生成故障码存储在电池管理系统,同时点亮仪表故障警告灯。

2. 高压配电箱继电器控制和诊断功能

电池箱内通常设计有高压配电箱,配电箱内有控制电池直流输出的继电器、直流充电隔离继电器等,这些继电器要由电池管理系统控制,同时这些继电器的诊断也由电池管理系统完成。

其主要内部实物为电池管理系统 ECU(图 8-2),电池管理系统 ECU(CATL,由宁德时代公司供货)上的两端口为继电器开关监测端口。

电池管理系统对供电继电器组和充电继电器组进行控制和故障监测(图 8-3),继电器的结构可参见图 8-4 中的正极主继电器、正极预充继电器、负极主继电器、正极充电预充继电器、直流充电隔离继电器。

图 8-2 电池管理系统 ECU(也称为 BMS)    图 8-3 电池管理系统对继电器组进行控制和故障监测

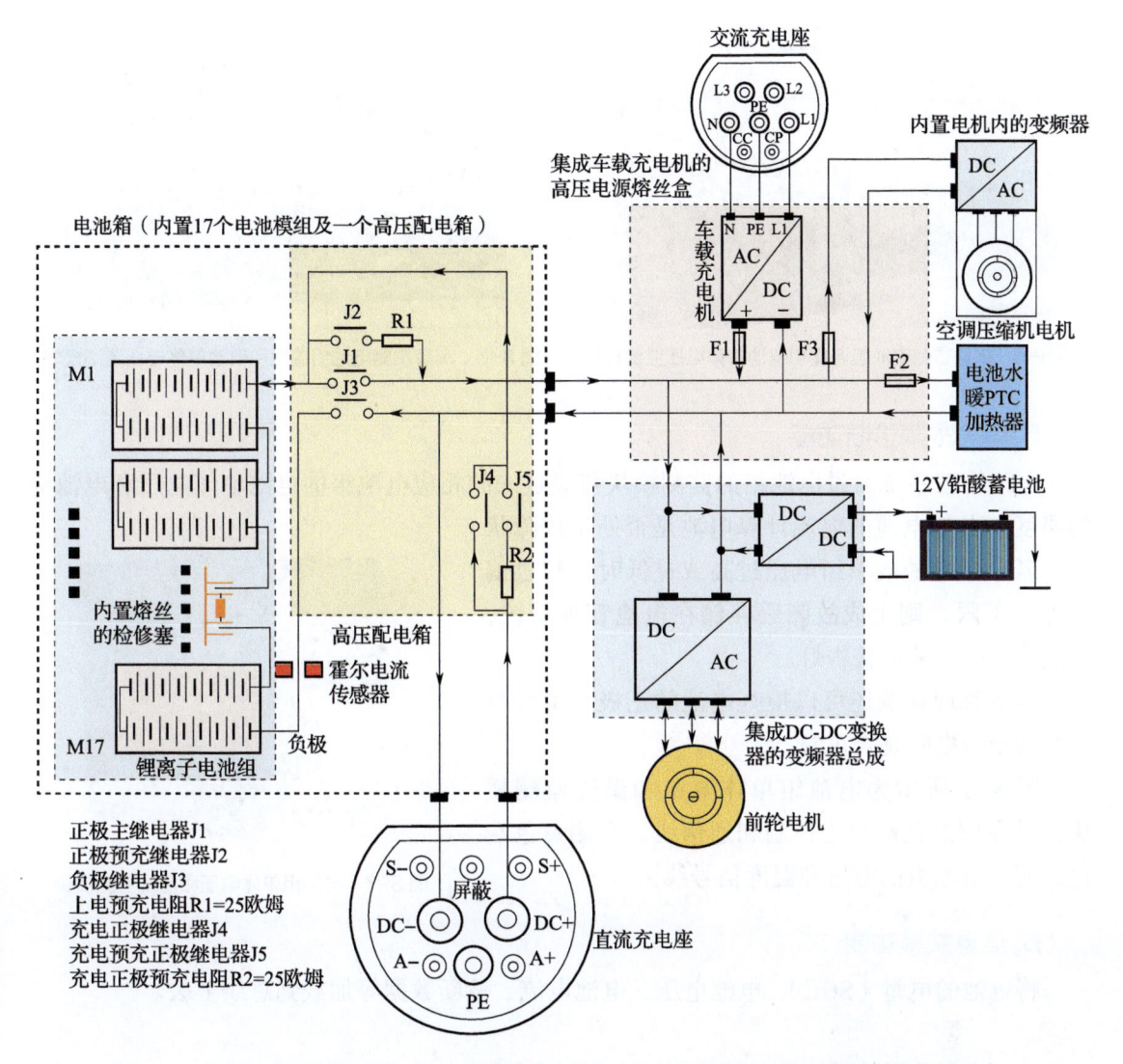

图 8-4　吉利 EV300 高压网络（右下侧虚线框内的 5 个开关为继电器开关，继电器线圈部分略）

3. 电池 SOC 计算

电池串联充电，各电池的电流相同；电池串联放电，各串联电池的放电电流也相同。电池管理系统通过电池总电压确定一个初始容量值，以后的容量根据充电和放电的电流积分来确定容量是下降了还是上升了，从而生成故障码存储在电池管理系统，并点亮仪表的故障警告灯。

4. 电池电压和温度测量功能

利用电池组的电压采集模块采集电池电压和电池温度。图 8-5 所示为车身右侧电池组温度和电池单体电压监测模块，共 CSC1、CSC5、CSC6、CSC9 四个模块。图 8-6 所示为车身左侧电池组温度和电池单体电压监测模块，共 CSC2、CSC3、CSC4、CSC7、CSC8 五个模块。

图 8-5　车身右侧电池组温度和电池单体电压监测模块 　　　图 8-6　车身左侧电池组温度和电池单体电压监测模块

5. 电池故障诊断功能

电池管理系统通过电池组的监测模块传递过来的相应电池组的电池单体电压和电池组的温度、电池电缆的电流计算电池是否处于故障状态。若单体电池或单组电压过高或过低时，超过偏差上、下限，则生成故障码存储在电池管理系统，并点亮仪表的故障警告灯。

电池管理系统还可以检查电池的正极和负极与车身的绝缘电阻是否正常。

图 8-7 所示为电池组单体电压和温度监测模块，其左侧黑色端口连控制和通信线、右侧黄色端口连两个电池组的电压和温度信号线。

图 8-7　电池组单体电压和温度监测模块

6. 信息共享功能

将电池的电量（SOC）、电池电压、电池电流、诊断数据等加载到总线上去。

二　电池箱温度管理系统

锂离子电池在低于零下 10℃或高于零上 60℃时较难工作，为此电动汽车有一套电池温度管理系统，以保证锂离子电池在充电和放电时能正常工作。

1. 锂离子电池冷却

图 8-8 所示为 2017 款吉利 EV300 纯电动汽车的水冷式温度控制系统，可见的两根硬塑管是热或冷的冷却液的进、出管。电池的制冷和制热通过如图 8-9 所示的两个热交换器来完成，左侧为电池加热，右侧为电池冷却。

图 8-10 所示为吉利 EV300 电池温度控制系统原理图。电池的加热过程：电池储液罐内装有冷却液，冷却液经车底下侧的电池温控水泵加压工作，冷却液经电池热交换器，由于 PTC 加热器没有向电池热交换器提供热的冷却液，所以冷却液温度不变。冷却液继续流动过程中经电池热交换器，自动空调的制冷剂流经电池热交换器，冷却液温度传递给制冷剂，冷却液温度降低，冷却液流经装有进水温度传感器的电池进管，经 M16、M17 电池组加热器进入，经 M1、M14、M13 电池组回流到电池温控水泵入口处，形成一个循环。M1

至 M17 为锂离子电池组，包括 3P5S 和 3P6S 两种。

图 8-8　2017 款吉利 EV300 纯电动汽车的水冷式温度控制系统

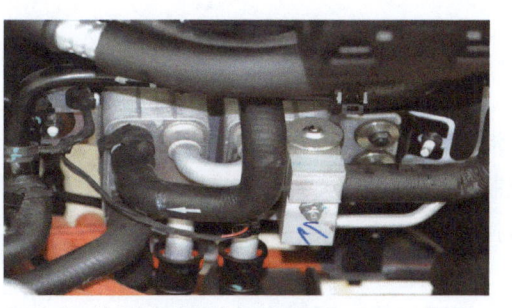

图 8-9　热交换器

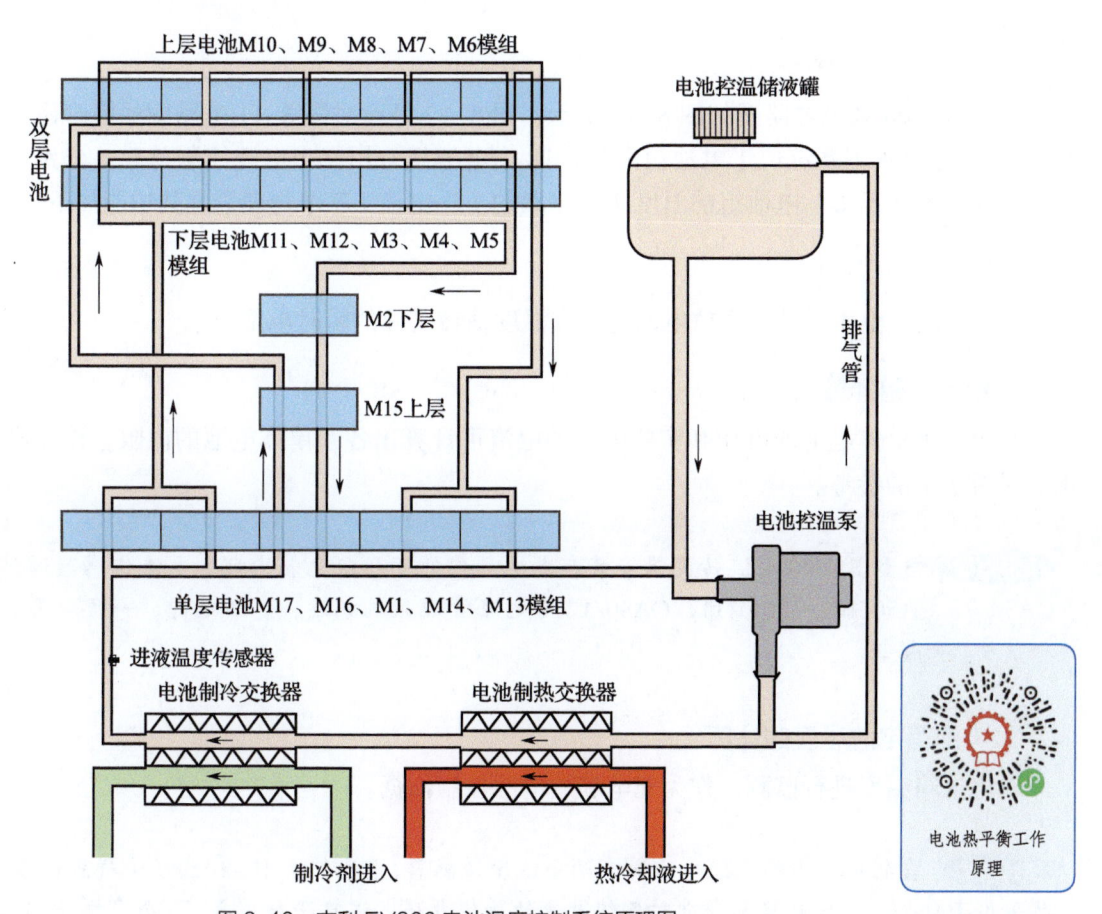

图 8-10　吉利 EV300 电池温度控制系统原理图

当冷却液中有气体时，气体从电池温控水泵的出口向上将气体导入电池储液罐上部。

2. 锂离子电池加热

电池的冷却过程：电池储液罐内装有冷却液，冷却液经车底下侧的电池温控水泵加压工作，冷却液经电池热交换器，PTC 加热器工作向电池热交换器提供热的冷却液，热交换后，升高温度的冷却液继续流动过程中经电池热交换器，自动空调的制冷剂不流经电池热交换器，没有冷热交换过程。热的冷却液流经装有进水温度传感器的电池进管，经 M16、M17 电池组加热器进入，经 M1、M14、M13 电池组回流到电池温控水泵入口处，形成一个循环。

当冷却液中有气体时，气体从电池温控水泵的出口向上将气体导入电池储液罐上部。

3. 电池温度管理系统诊断

电池管理系统根据电池箱电池组上安装的温度传感器、电池箱进口温度传感器识别出电池箱温度是否正常。不正常时通知起动制冷空调或制热 PTC 加热器工作，即电池的温度控制执行器有三类：一是制冷的空调压缩机和制冷剂切换阀，二是 PTC 加热器，三是电池温控水泵。

可通过诊断仪读取温度传感器数值，若不正常，比如温度过低，则检查 PTC 加热器是否启用了加热，同时电池温控水泵是否实现了循环。

三 系统电路图分析

吉利 EV300 系统电路图如图 8-11 所示，图 8-12 是针对图 8-11 电路图的原理图。吉利 EV300 电池管理系统位于电池箱内部，18 个电池组采用 9 个电池控制单元，分别用于采集单体电池电压 U、电池组的温度 T 和串联的工作电流 I 三个物理量，其功能如下。

1. 电池 SOC 计算

利用电池总电压、动态充放电的电流和温度估计实际的瞬时电量。

2. 电池内阻计算

利用单个单体电池的电压和串联电池的电流可计算出各个单体电池的内阻，作为电池电芯是否正常的参考。

> **技师指导** 吉利 EV300 电流传感器安装在电池箱内的高压配电箱内部，电流传感器通过 CA50/9、CA50/10、CA50/11、CA50/12 与电池管理系统相连，一正电源、一负电源、一信号、一搭铁。

3. 电池箱电池温度的计算

对电池箱温度进行监测，作为充电和放电的控制依据。

> **技师指导** 吉利 EV300 的每组电池装有两个温度传感器，电池组共 18 组，由于采样点过多，共采用了 9 个采样控制单元分别对各组电池的单体电压、温度进行采集。9 个采样控制单元通过电池管理系统的总线输出给电池管理系统。

> **特别注意** 厂家的电路图如图 8-11 所示没有提供 9 个采样控制单元通过 CAN 总线输出给电池管理系统的电路图，只给出了电池管理系统输出在电池箱外部的电路。

4. 高压配电控制

对高压配电箱的高压继电器组进行控制，实现电池箱电池对外的供电（上电）和断电（下电）的控制。

特别注意 如图 8-11 所示，厂家没有提供电池箱内高压配电箱的控制电路图，这部分原理见项目三。

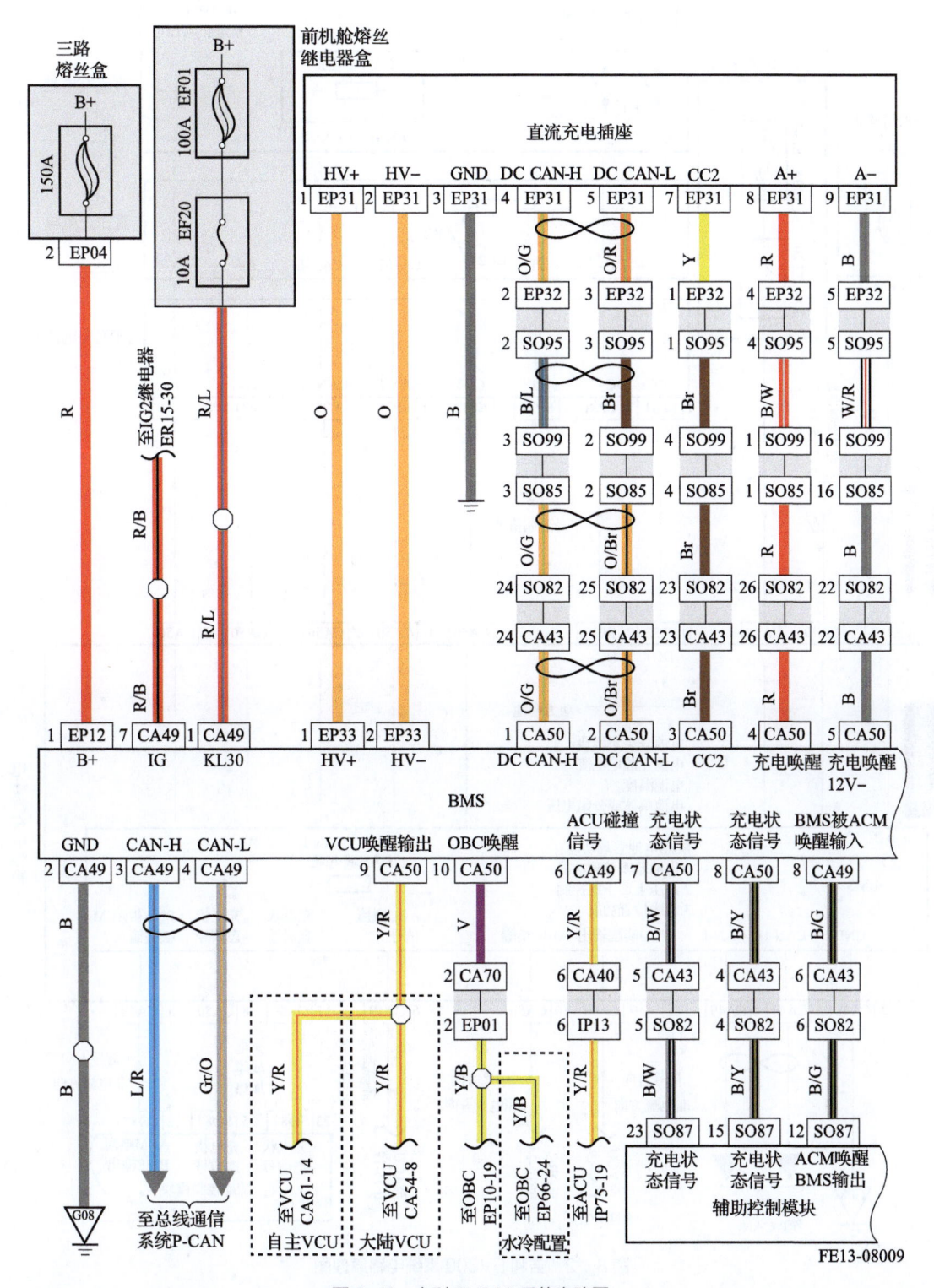

图 8-11 吉利 EV300 系统电路图

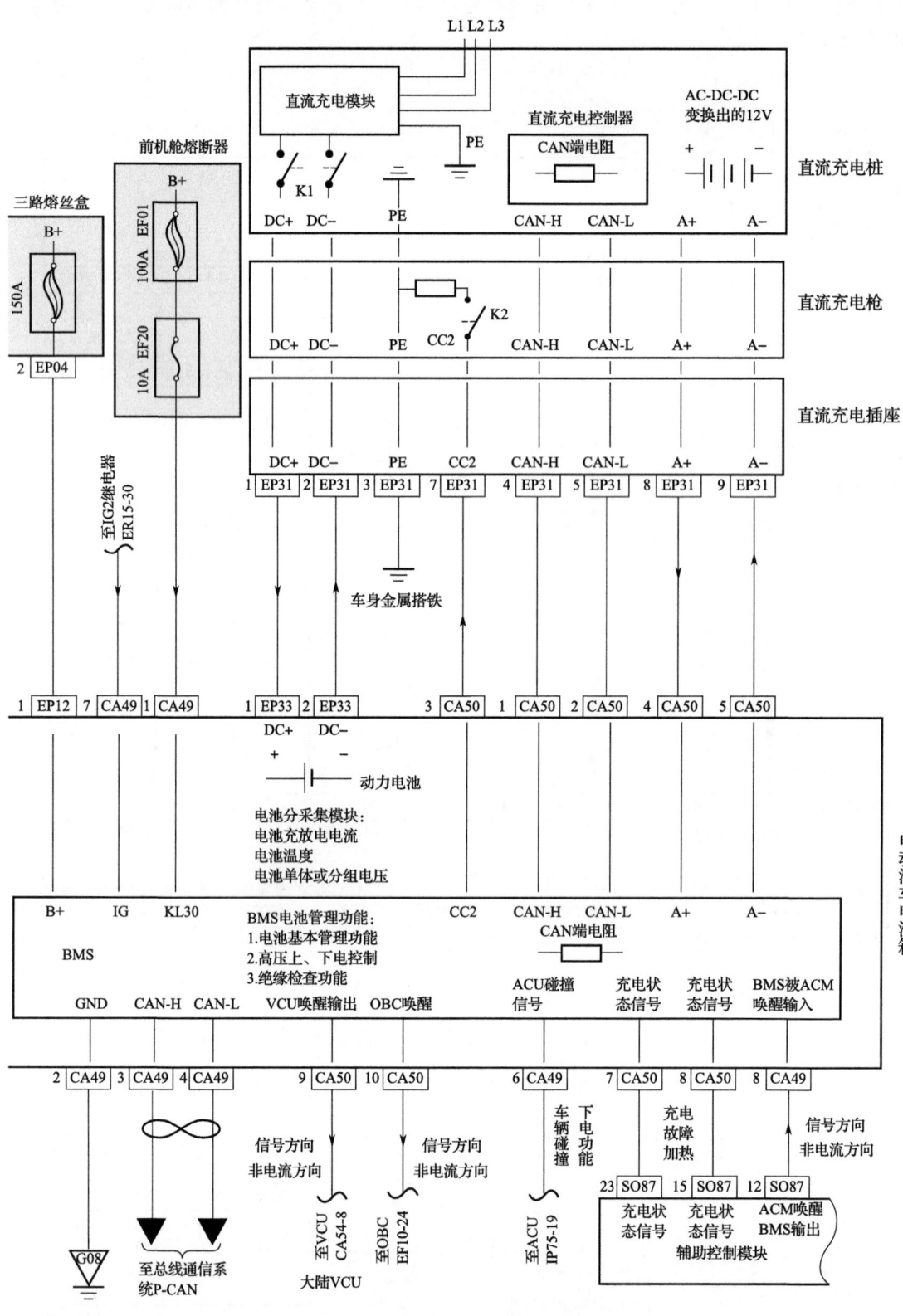

图 8-12 吉利 EV300 系统电路原理图

5. 自诊断功能

对电池管理系统的传感器和执行器进行自诊断，如果有故障，则存储故障码并点亮故障警告灯。

6. 充电控制

充电控制分为交流充电控制和直流充电控制。

（1）交流充电控制

交流充电桩充电枪插入到车辆的充电口后，由充电枪端的 CC（Charging Connection Conformation，充电连接确认）端唤醒充电辅助控制模块（ACM），辅助控制模块（ACM）唤醒电池管理系统（BMS），电池管理系统唤醒车载充电机（OBC）和车辆控制单元（VCU）。CP（Communication Pulse，通信脉冲确认）实现充电桩内交流接触器的闭合控制，当 CP 回路是通路时，充电桩内交流接触器闭合；当 CP 回路是断路时，充电桩内交流接触器断开。CP 回路是通路还是断路，取决于充电辅助控制模块（ACM）的控制。

（2）直流充电控制

直流充电口的 A+ 和 A– 唤醒电池管理系统（BMS），直流充电口 CC2（Charging Connection Conformation，充电连接确认）端确认充电连接，电池管理系统通过 CAN 总线与外界的直流充电桩进行通信，实现电池管理系统对直流充电桩的充电电压的控制。电池管理系统检测到系统有故障时，对直流充电桩发出停止充电的控制。

7. 绝缘检测

绝缘检测工作由电池管理系统完成，利用总高压蓄电池始端正极和末端负极接至电池管理系统的脉冲正极 TEST 构成高压回路，并与 GND 形成检测电路。

8. 交流充电口温度检测

充电辅助控制模块（ACM）通过在充电口处接一个热敏电阻来检测充电枪因接触电阻产生的升温，当温度过高时，充电辅助控制模块（ACM）通知电池管理系统（BMS），电池管理系统（BMS）通知车载充电机降电流充电或停止充电。关于这部分内容在充电第六章讲解过。

9. P-CAN 动力总线

P-CAN 动力总线是高速总线，通过车辆控制单元（VCU）与 B-CAN 总线（车身电器总线）相互交换信息。

10. 充电状态信号

它通过充电辅助控制模块（ACM）和电池管理系统（BMS）的专用通信线传送。

四 系统电路图分析

吉利 EV300 的数据分析见表 8-1，具体数据分析要根据实际数据并结合故障现象和故障码进行。

表 8-1 吉利 EV300 的数据分析

名称	当前值	单位
Pack 电流值	18006	A
Pack 电压值	370.2	V
模组平均温度	21	℃
模组最大温度	21	℃
模组最小温度	21	℃
电池包 SOH（电池包健康状态）	100	%
电池包 SOC（电池包荷电状态）	78	%
模组最大温度位置	1	
模组最小温度位置	1	
单体电芯最大电压位置	88	
单体电芯最小电压位置	80	
单体电芯最大电压	3924	mV
单体电芯最小电压	3846	mV

任务二　比亚迪 E6 电池管理系统

一　E6 电池管理系统功能

比亚迪 E6 的电池管理系统控制单元位于行李舱，电池管理系统的输入有单体电池电压和电池组总电压 U、工作电流 I、电池温度 T 三个物理量，其功能如下。

比亚迪 E6 的电池管理系统电路图如图 8-13 所示。

1. 电池 SOC 计算

利用电池总电压、动态充放电的电流和温度估计实际的瞬时电量。

2. 电池内阻计算

利用单个电池电压和串联电池的电流可计算出各个单体电池的内阻，作为电池电芯是否正常的参考。

3. 电池箱电池温度的计算

对电池箱温度进行监测，作为充电和放电的控制依据。

4. 高压配电控制

对高压配电箱的高压继电器组进行控制，实现电池箱电池对外的供电（上电）和断电（下电）的控制。

5. 自诊断功能

对电池管理系统的传感器和执行器进行自诊断，如果有故障，则存储故障码并点亮故障警告灯。

6. 充电控制

对充电指示灯进行控制。

7. 绝缘检测

绝缘检测工作由漏电传感器来完成，确定绝缘电阻的大小等级。

8. 交流充电口温度检测

检测充电枪因接触电阻产生的升温，当温度过高时，电池管理系统通知车载充电机降电流充电或停止充电。

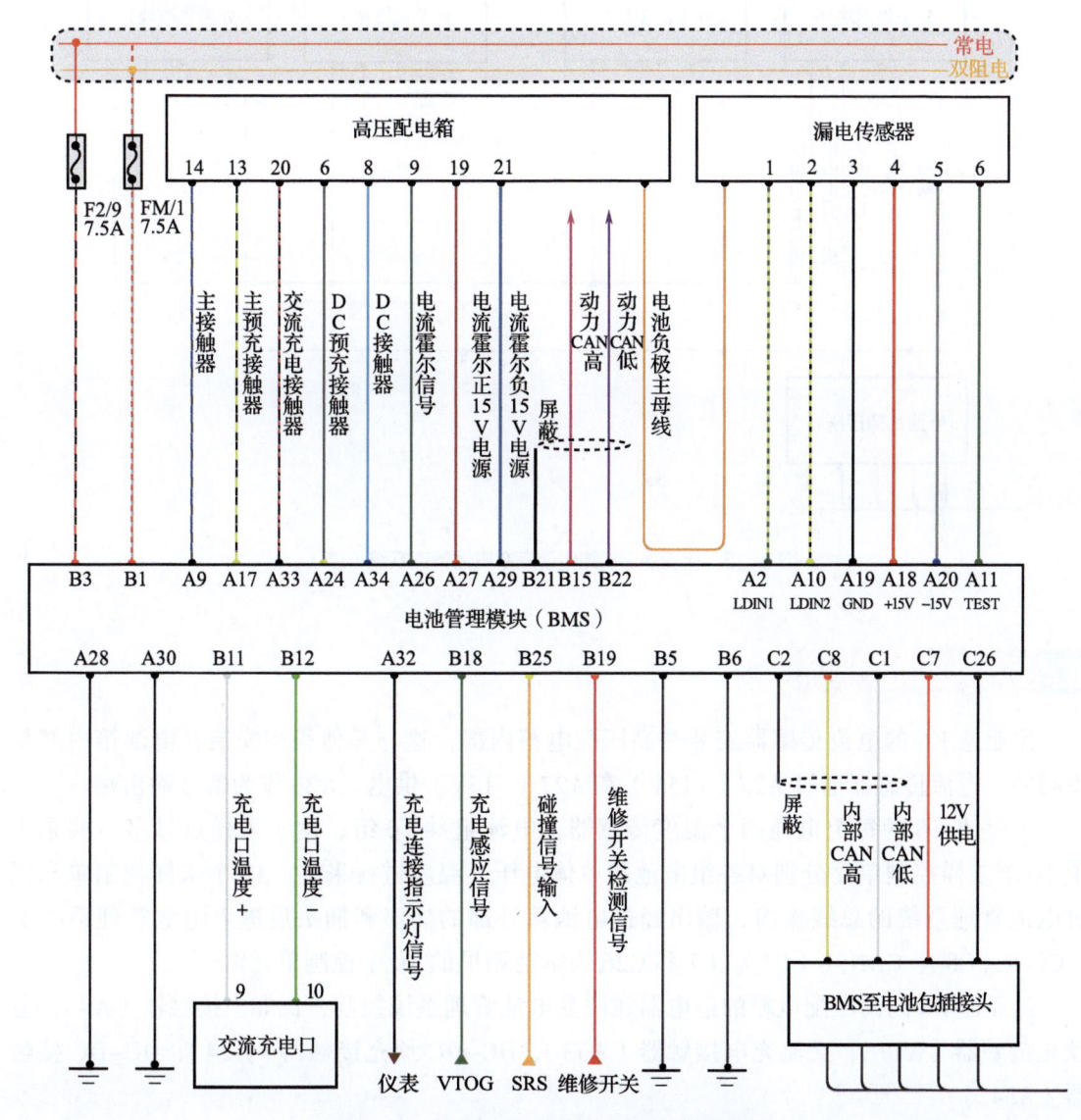

图 8-13 比亚迪 E6 纯电动汽车电池管理系统

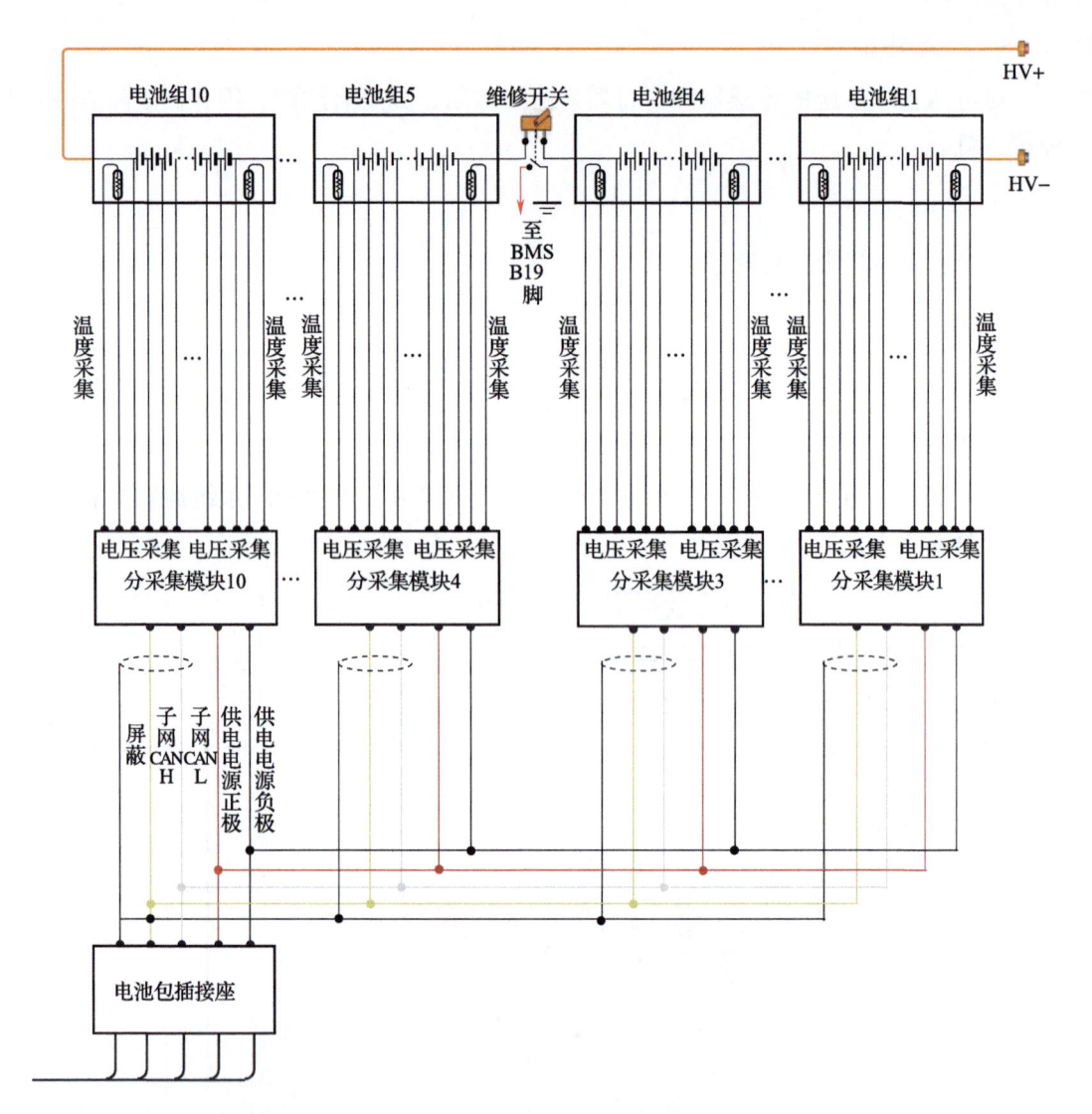

图 8-13 比亚迪 E6 纯电动汽车电池管理系统（续）

二 系统电路图分析

比亚迪 E6 的电流传感器安装在高压配电箱内部，这与其他很多安装在电池箱内部是不同的。电流传感器通过 A27（+15V）和 A27（-15V）供电，A26 作为信号输出端。

比亚迪 E6 的每组电池两个温度传感器，电池组共 10 组，由于采样点过多，共采用了 10 个采样控制单元分别对各组电池的单体电压、温度进行采集。10 个采样控制单元通过电池管理系统的总线输出，输出经过电池箱外部的插座和插头后进入电池管理系统的 CAN-H（C8）、CAN-L（C1）。C7 和 C26 为电池箱里的 10 个控制单元供电。

比亚迪 E6 的高压配电箱的继电器线圈受电池管理系统控制，比如主接触器（A9）、主预充接触器（A17）、交流充电接触器（A33）、DC-DC 预充接触器（A24）、DC-DC 接触器（A34）。

下电处理控制包括：绝缘检测检测到负极电缆对车身绝缘下降，通过 LDIN1、LDIN2 给电池管理系统信号进行下电处理；汽车发生碰撞，安全气囊弹出，安全气囊传过来的下电信号通过 B25 进行下电处理；在室内的检修塞被取下时，对高压进行互锁的电路 B19 起作用，进行互锁下电处理。

绝缘检测工作由漏电传感器来完成，高压蓄电池的负极接至漏电传感器，与电池管理系统的脉冲正极 TEST 构成高压回路，并与 GND 形成检测电路。LDIN1 和 LDIN2 确定绝缘电阻的大小等级。

通过 B11（+）和 B12（-）在充电口处接有一个热敏电阻来检测充电枪因接触电阻产生的升温，当温度过高时，电池管理系统通知车载充电机降电流充电或停止充电。

三 数据分析

1. 电池管理自诊断界面

以下步骤是电池管理系统的检查方法。
步骤 1：按图 8-14 选择进入电池管理系统。
步骤 2：可按图 8-15 读取总体电池报警数据及继电器（诊断仪中写为接触器）数据。
步骤 3：可按图 8-16 读取总体电池报警数据及继电器数据。

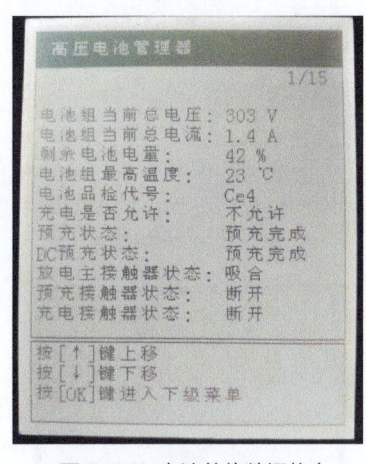

图 8-14　电池管理数据入口　　图 8-15　电池总体数据状态　　图 8-16　总体电池报警数据

步骤 4：可按图 8-17 读取总体电池报警数据。
步骤 5：可按图 8-18 读取 93 节电池均衡数据中的 1~12 节数据。
步骤 6：可按图 8-19 读取 93 节电池均衡数据中的 13~24 节数据。
步骤 7：可按图 8-20 读取 93 节电池均衡数据中的 25~36 节数据。
步骤 8：可按图 8-21 读取 93 节电池均衡数据中的 37~48 节数据。
步骤 9：可按图 8-22 读取 93 节电池均衡数据中的 49~60 节数据。
步骤 10：可按图 8-23 读取 93 节电池均衡数据中的 61~72 节数据。
步骤 11：可按图 8-24 读取 93 节电池均衡数据中的 73~84 节数据。
步骤 12：可按图 8-25 读取 93 节电池均衡数据中的 85~93 节数据。

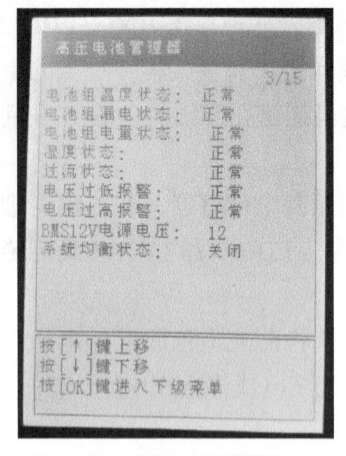

图 8-17 总体电池报警数据 　　图 8-18 93 节电池均衡数据（1~12） 　　图 8-19 93 节电池均衡数据（13~24）

图 8-20 93 节电池均衡数据（25~36） 　　图 8-21 93 节电池均衡数据（37~48） 　　图 8-22 93 节电池均衡数据（49~60）

图 8-23 93 节电池均衡数据（61~72） 　　图 8-24 93 节电池均衡数据（73~84） 　　图 8-25 93 节电池均衡数据（85~93）

步骤 13：可按图 8-26 读取 6 组电池温度数据（一）。

步骤 14：可按图 8-27 读取另 6 组电池温度数据（二）。

步骤 15：可按图 8-28 读取 6 组电池温度采样数据（三）。

步骤 16：可按图 8-29 读取 4 组电池温度采样数据。

图 8-26　6 组温度采样数据（一） 　　图 8-27　6 组温度采样数据（二）

图 8-28　6 组温度采样数据（三） 　　图 8-29　4 组温度采样数据

2. 电池容量标定程序

电池管理系统诊断出故障后，要整车更换电池，需要标定，步骤如下。

步骤 1：按图 8-30 所示的操作进入标定程序入口。

步骤 2：按图 8-31 所示的操作进入电池包容量标定程序入口。

步骤 3：按图 8-32 所示的操作确定是电池包的容量标定程序。

图 8-30　进入标定程序入口选择 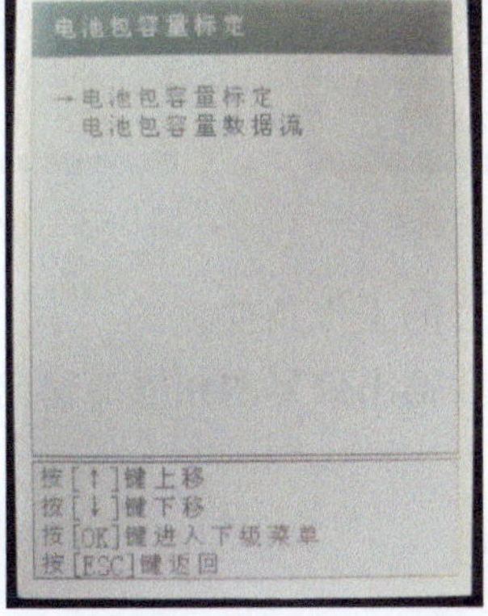　　图 8-31　换新电池包时选定容量标定 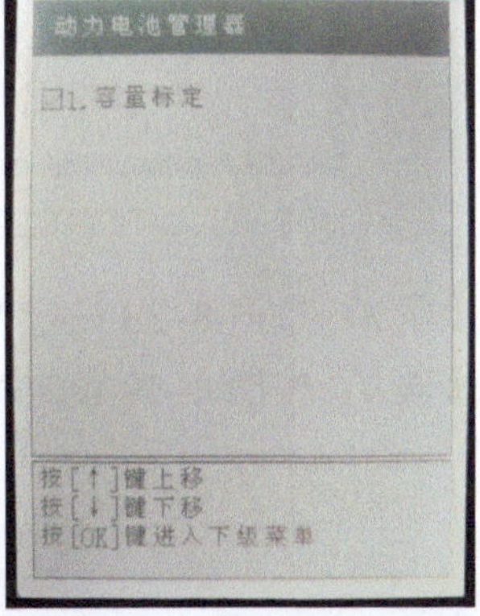　　图 8-32　选定容量标定程序

步骤 4：按图 8-33 所示找到两个要标定的数据。
步骤 5：按图 8-34 中界面提示，只有更换后的电池才进行这个操作。
步骤 6：按图 8-35 将更换后的电池 SOC 和电池标称容量写入电池管理。

图 8-33　需要按实际电池容量写入的数据

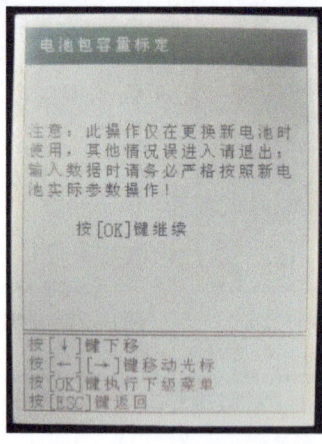

图 8-34　电池包容量标定提示

图 8-35　输入更换后的电池容量值和当前 SOC 值

3.VTOG 数据

VTOG 是 Vehicle to Grid 的缩写，译为汽车向电网供电，电网使用的是交流电，所以 VTOG 的功能是车上蓄电池的直流电变换为交流电为电网使用。

步骤 1：按图 8-36 设定 VTOG 的工作条件，比如这时电机不能是开启状态。
步骤 2：按图 8-37 设定 VTOG 的工作条件，比如不能是撞车状态。

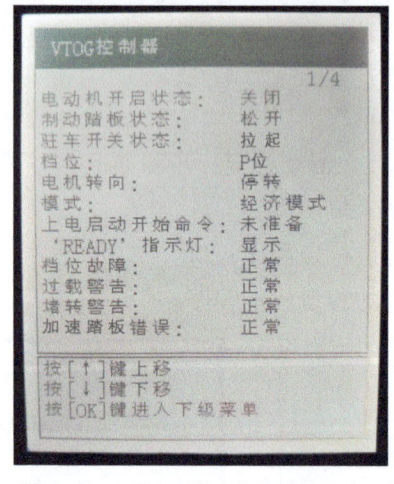

图 8-36　VTOG 的工作条件信号（一）

图 8-37　VTOG 的工作条件信号（二）

步骤 3：按图 8-38 设定 VTOG 的工作条件。
步骤 4：按图 8-39 设定 VTOG 输出信号的相电流输出信号。

图 8-38　VTOG 的工作条件信号（三）　图 8-39　VTOG 的相电流输出信号

> **思考与讨论**

培养终身学习思想；
培养通过网络学习的方法。

案例 8　如何通过网络养成终身学习的习惯

系统学习的最好办法是通过系统的教学资源学习。常见是自己学校或其他学校搭建的学习网站，并且这类学习网站还通常是免费的。

想要进行理论和实践相结合的深入学习，就向从事这项业务多年的前辈们请教。

利用 QQ、微信群，寻找和你同样爱好、同样想学习的同学们，相互交流是提升自己的好方法。

我们可以利用类似百度的搜索引擎，查找我们需要的资料和不懂的知识点。养成经常收藏互联网上汽车新技术网站的习惯。

总之，不放弃，坚持学习才是最可贵的。

课后题

1. 判断题

1）电池管理系统可以对上电继电器的触点进行监测。（　　）
2）电池管理系统可以实现高压绝缘的监测。（　　）
3）车载充电机虽是电控的元件，但只是电池管理系统的一个带 ECU 的执行器。（　　）
4）更换电池要进行电池包容量标定。（　　）
5）VTOG 是电动汽车电池向车外提供交流电的一种途径。（　　）

2. 简述题

1）吉利电池管理系统的数据种类有哪些？
2）比亚迪电池管理系统的数据种类有哪些？

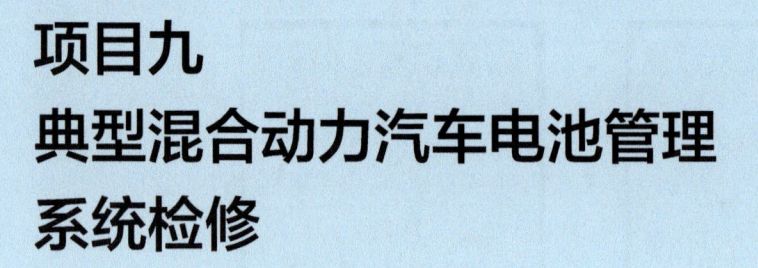

项目九
典型混合动力汽车电池管理系统检修

情境引入

一辆 2019 年出厂的丰田卡罗拉混合动力汽车报电池管理系统报第 4 组电池模块电压高。

如果你是接车的修理技术人员,应如何找出上述故障的原因?修理方案应如何制定?

学习目标

能说出电池箱内的电池故障哪些可以监测。

能画出或在仪表上指出电池箱内电池有故障时的故障警告灯的图形。

能画出电池管理系统的系统原理图。

能画出电池管理系统的电路图。

技能目标

能利用诊断仪读取电动汽车电池管理系统的输入数据。

能利用诊断仪读取电动汽车电池管理系统的输出数据。

能利用诊断仪驱动电动汽车电池管理系统的执行器。

能利用诊断仪排除电动汽车电池管理系统故障。

任务一 丰田普锐斯第二代电池管理系统检修

一 第二代电池管理系统简介

1. 系统主要部件

丰田普锐斯第二代电池管理系统的高压电池箱部件名称和位置如图 9-1 所示。

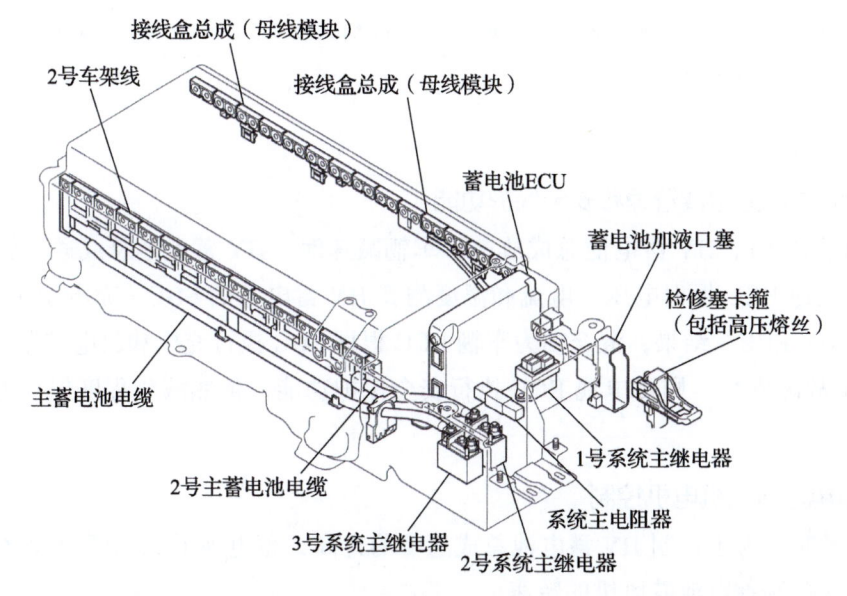

图 9-1　丰田普锐斯第二代电池管理系统的高压电池箱部件名称和位置

2. 电池管理系统网络结构

混合动力蓄电池系统的主要作用是通过使用蓄电池 ECU 监控 HV 蓄电池总成的状况，并将此信息传送给 HV ECU。此外，混合动力蓄电池系统控制蓄电池鼓风机电动机控制器，以使 HV 蓄电池总成的温度保持在适当的范围内。

蓄电池 ECU 使用 CAN（控制器区域网络）保持与混合动力车辆 ECU、ECM 和空调放大器之间的通信（图 9-2）。

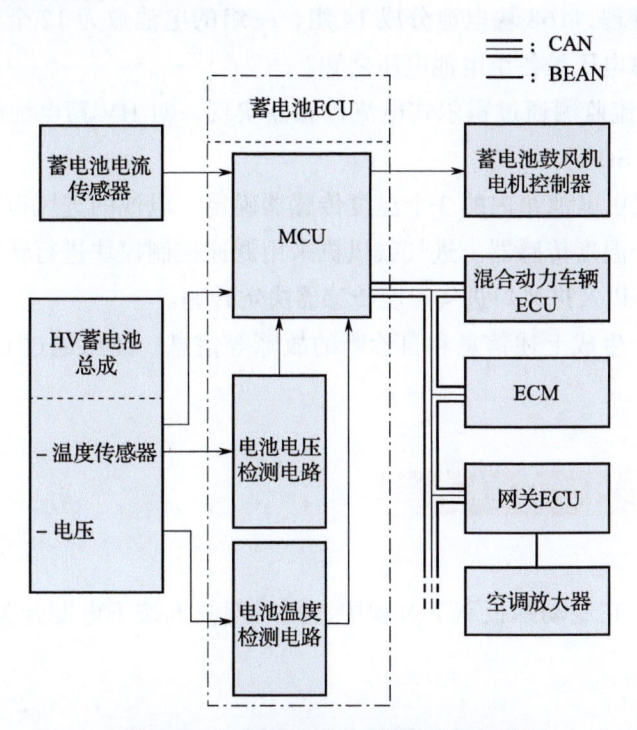

图 9-2　丰田普锐斯电池管理系统通信网络

提示： 因为蓄电池ECU连接到BEAN（Body Electrical Area Network，车身电气区域网络），所以数据通过网关ECU传送。

3. 系统控制

（1）HV蓄电池总成管理和安全保护功能

1）车辆加速时，HV蓄电池总成放电。车辆减速时，HV蓄电池总成通过转换制动能量充电。蓄电池ECU根据电压、电流和温度测算HV蓄电池的SOC（充电状态），然后将结果发送至HV ECU。结果，混合动力车辆ECU根据SOC执行充电和放电控制。

2）如果故障发生，则蓄电池ECU执行安全保护功能，依照故障程度保护HV蓄电池总成。

（2）蓄电池鼓风机电机控制

车辆行驶时，为了控制HV蓄电池总成温度的升高，蓄电池ECU根据HV蓄电池总成的温度决定并控制蓄电池鼓风机的转速。

（3）MIL（故障警告灯）控制

如果蓄电池ECU检测到影响排放的故障，那么它将把MIL（故障警告灯）点亮的请求输送给混合动力车辆ECU，由混合动力车辆ECU控制仪表故障警告灯（蓄电池ECU不直接点亮MIL）。

4. 系统工作原理

丰田普锐斯镍氢电池管理系统图如图9-3所示。由图可知，其电池管理系统对电池的管理采用了分组管理，168块电池分成14组，一组的电池数为12个单体，标称电压为14.4V，HV蓄电池总电压是各组电池电压之和。

HV蓄电池的电流监测通过霍尔式电流传感器实现，对HV蓄电池的电流进行数值积分可确定电池容量（SOC）。

镍氢电池的温度由电池箱内的3个温度传感器确定，电池的进风口采用1个温度传感器，出风口采用2个温度传感器。进气鼓风机采用调速控制模块进行转速控制，由进风口和出风口的温度差，以及进风口进气温度传感器决定转速。

电池管理系统产生成上述信息和自诊断的故障等信息，然后通过CAN总线实现网络共享。

二 电池管理系统相关电源和控制

1. 电源ECU供电

如图9-4所示，在制动踏板踩下过程中，同时驾驶人按下电源开关，电源ECU发送ST信号到HV ECU。

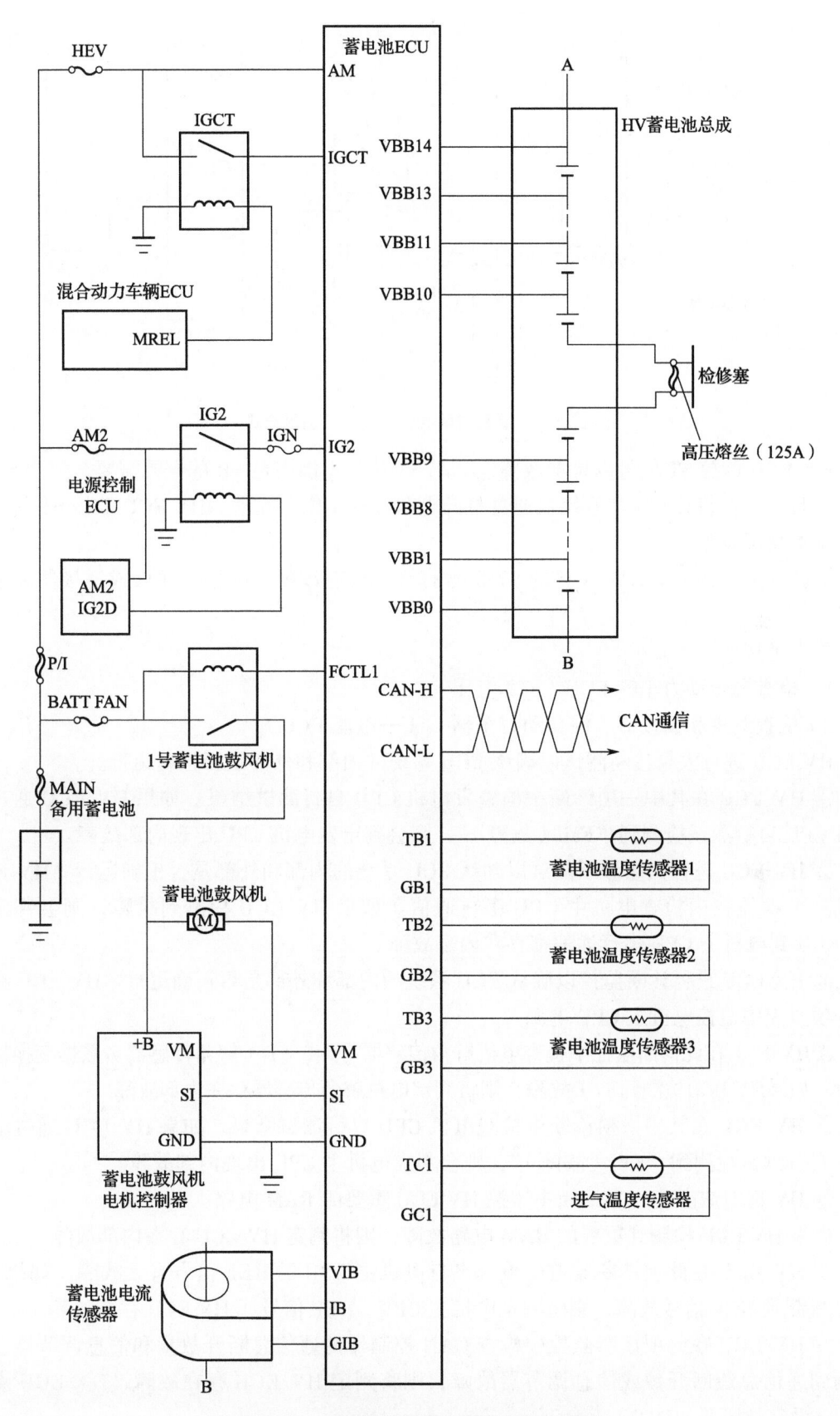

图 9-3 丰田普锐斯镍氢电池管理系统电路图

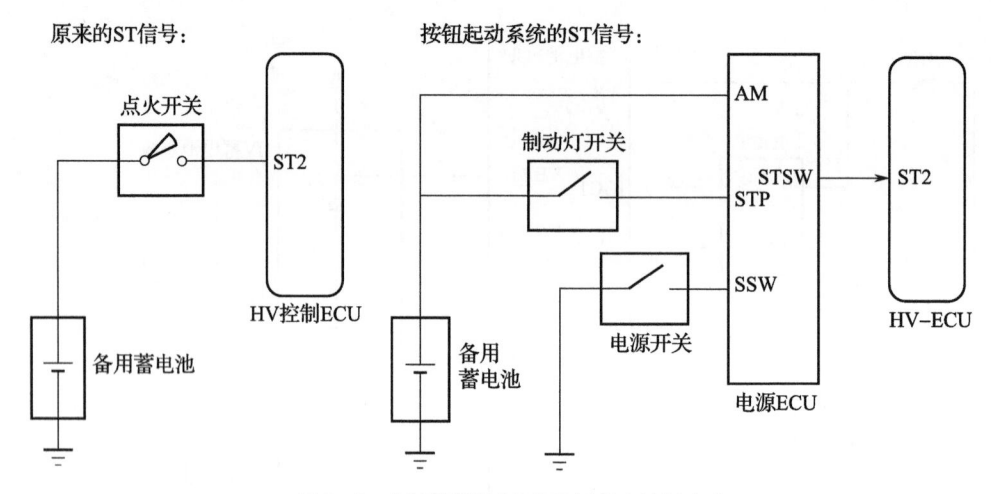

图 9-4　丰田普锐斯电源 ECU 供电控制方式

HV ECU 监控 ST 信号以检测故障。如果 ST 信号不能满足 +B 的电源需要，那么 ST 将会持续打开，这将导致 HV 系统仅通过打开电源开关（IG）起动。HV ECU 监控 ST 信号以防止此类情况发生。

电源开关关闭时，HV ECU 的 ST 信号打开，若有故障，则检查线束或插接器和电源 ECU。

检查步骤：

1）检查混合动力车辆 ECU（ST2 电压）。

2）检查线束和插接器（混合动力车辆 ECU—电源 ECU）。

HV ECU 进行大量诊断测试以确认 ECU 系统的内部和外部是否正确运行。

① HV ECU 在其中一项诊断中检查发电机 CPU 自行测试结果。如果 HV ECU 通过发电机 CPU 自行测试检测到"Fail（故障）"，则会判定发电机 CPU 出现内部故障。

② HV ECU 进行大量诊断测试以确认 ECU 系统的内部和外部是否正确运行。HV ECU 在其中一项监控中检查电机主 CPU 串行通信。如果 HV ECU 检测到故障，则会判定从 HV ECU 到电机主 CPU 串行通信都存在内部故障。

③ HV ECU 进行诊断监控以确认 ECU 系统的内部和外部是否正确运行。HV ECU 在其中一项监控中监控电机主 CPU 电源。

④ HV ECU 在此诊断监控中检查电机解角传感器有无 R/D（解角传感器/数据变换器）故障。如果 HV ECU 检测到 R/D 故障，则将判定电机解角传感器存在内部故障。

⑤ HV ECU 在其中一项诊断中检查电机 CPU 自行测试结果。如果 HV ECU 通过电机 CPU 自行测试检测到"Fail（故障）"，则会判定电机主 CPU 出现内部故障。

⑥ HV ECU 在其中一项诊断中监控 HV ECU 重要的 RAM 电路。

如果 HV ECU 检测到重要的 RAM 电路故障，则将判定 HV ECU 存在内部故障。

⑦ HV ECU 在此项诊断监控中检查来自电机主 CPU 的 REF 信号有无故障。如果 HV ECU 检测到 REF 信号故障，则将判定电机主 CPU、REF 信号或 HV ECU 存在故障。

⑧ HV ECU 在此项诊断监控中检查 CAN 控制器的通信总断开数量和信息调节器。如检测到通信总线断开数或信息调节器故障，则将判定 HV ECU 存在故障，HV ECU 点亮 MIL 并设定故障码（DTC）。

2. 电源系统控制

（1）简述

如图 9-5 所示，蓄电池 ECU 将蓄电池 ECU 的 IG2 电压信息通过 CAN 通信传送到 HV ECU。出现蓄电池 ECU 的 IG2 信号电路故障，线束或插接器和蓄电池 ECU。

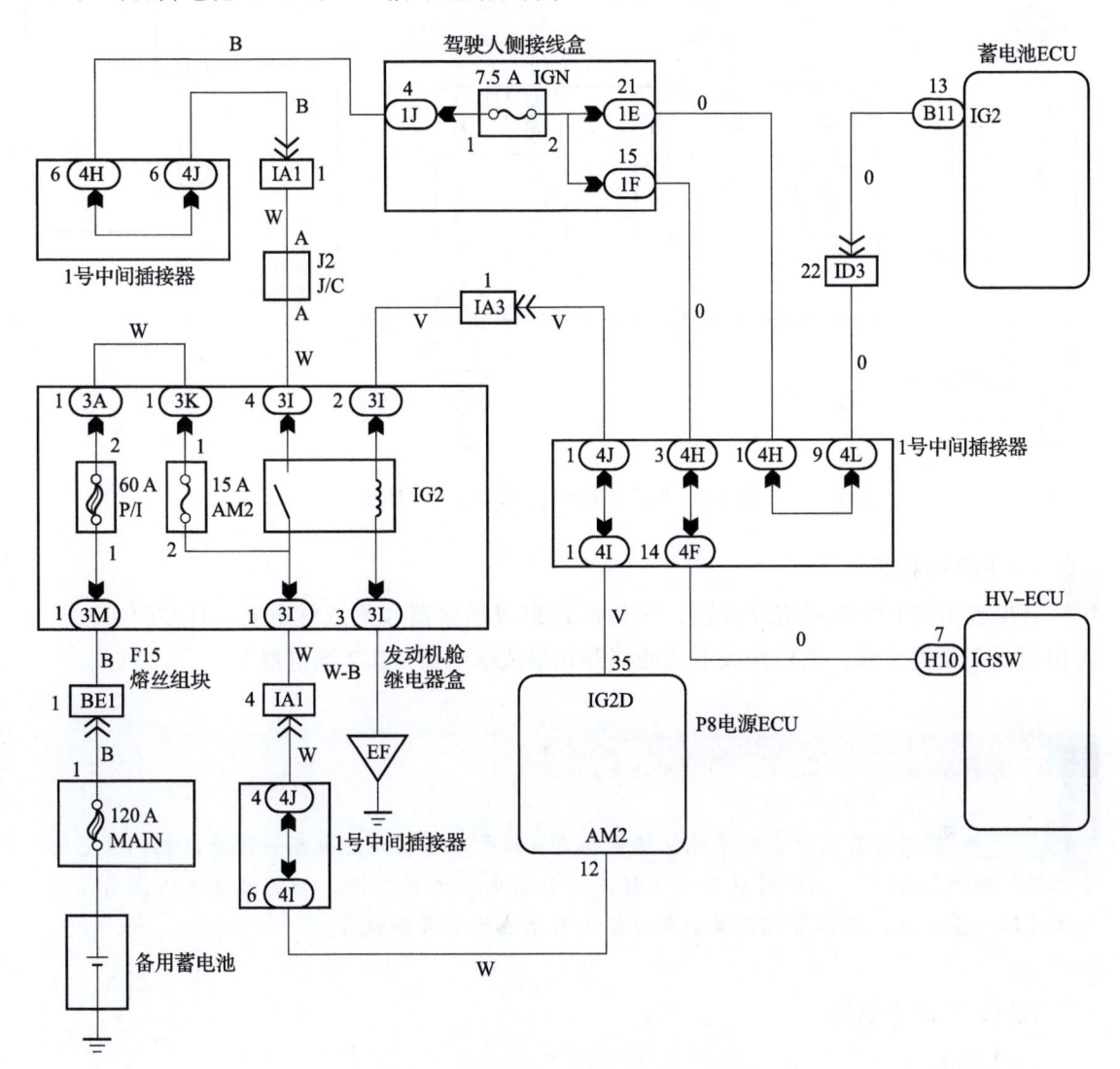

图 9-5　丰田普锐斯电源系统控制电路图

（2）监控说明

电源开关打开（IG）时，所发送蓄电池 ECU 的 IG2 电压低时，HV ECU 判定蓄电池 ECU 的 IG2 端子存在电路故障。HV ECU 检测到故障时会点亮 MIL 并设定 DTC。

3. HV ECU 供电电路

（1）简述

图 9-6 所示为 HV ECU 供电电路图。HV ECU 通过监控 IGCT 继电器和 IG2 继电器来

检测故障。

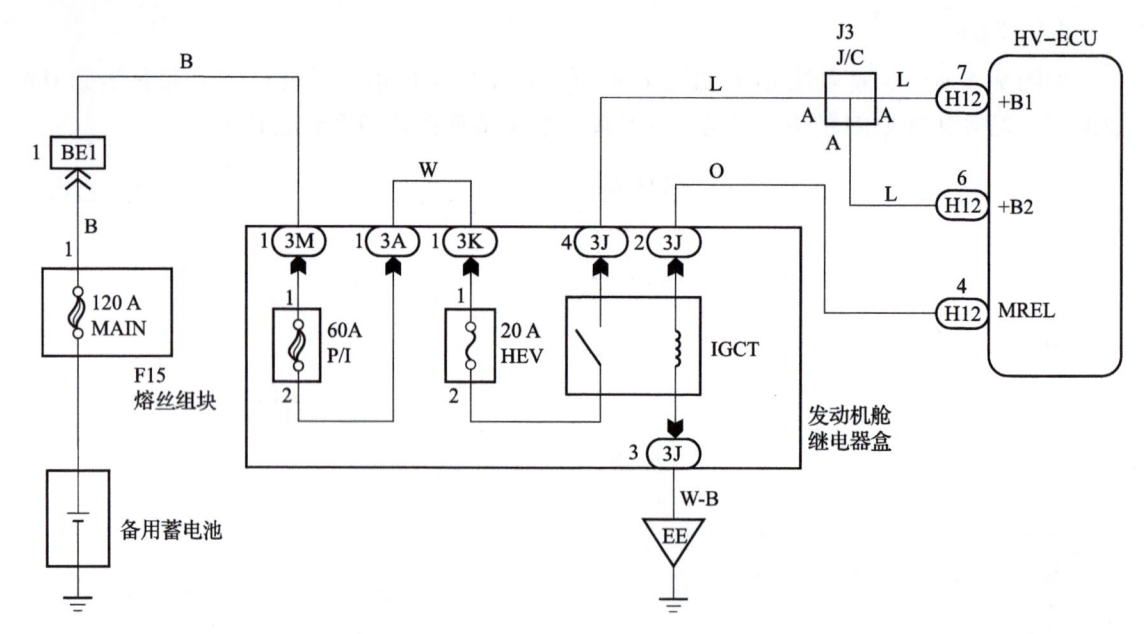

图 9-6 丰田普锐斯 HV ECU 供电电路图

（2）故障检修

若出现 IGCT 继电器始终关闭，则检修线束或插接器和集成继电器（IGCT 继电器）；若出现 IG2 逻辑矛盾，则检修线束或插接器和集成继电器（IG2 继电器）。

三 蓄电池管理系统自诊断及电路检修

> **技师指导** 实用的蓄电池管理系统包括蓄电池温度管理和蓄电池电压一致性监测。蓄电池电压一致性监测可以及时对电压一致性不好的蓄电池进行更换。如果出现电压过高和电压过低的蓄电池，那么管理系统会及时报出蓄电池的箱号和位号。

1. HV 蓄电池故障

（1）简述

HV ECU 根据从蓄电池 ECU 接收到的异常信号向驾驶人发出警告并进行安全保护控制。

（2）故障检修

来自蓄电池 ECU 的异常信号输入可以是因为 HV 蓄电池系统故障、高压熔丝熔断、HV 蓄电池冷却系统故障，这时应检修 HV 蓄电池系统和蓄电池 ECU。

当车辆位于 N 位、燃油耗尽或 HV 控制系统出现故障而导致 HV 蓄电池的 SOC（充电量）减少时，要检修 HV 控制系统、燃油不足、HV 蓄电池总成。

2. 混合动力蓄电池组冷却风扇控制

（1）简述

图9-7所示为蓄电池组冷却风扇控制电路图。鼓风机电机控制器调节蓄电池鼓风机的电压。鼓风机电机控制器带有铝制散热片。从后侧风道向HV蓄电池总成吹入空气，对安装在后侧风道里的鼓风机电机控制器进行制冷。

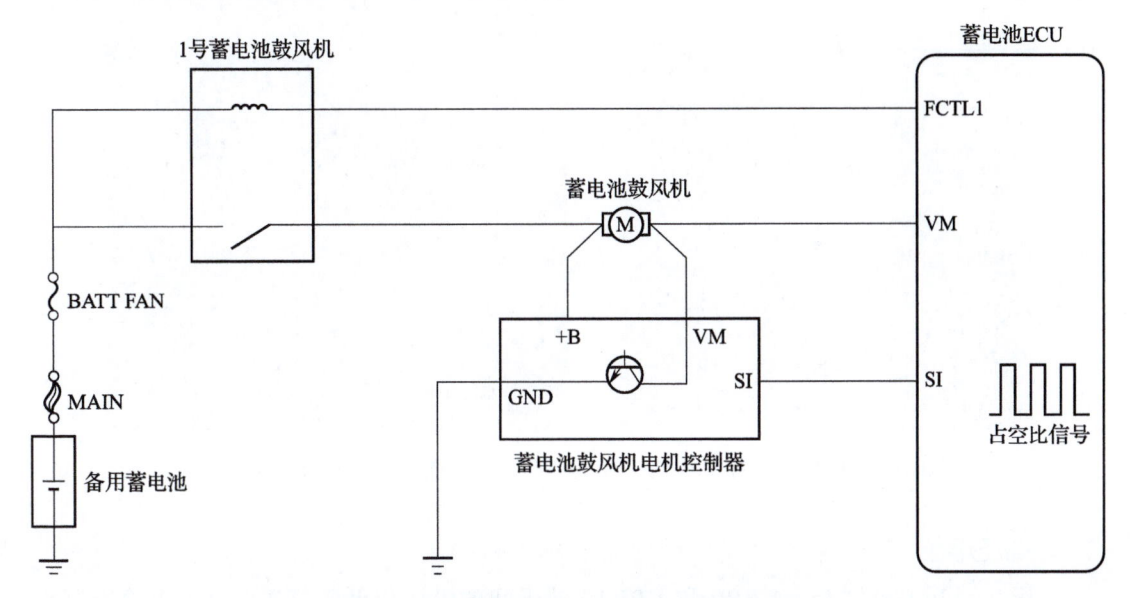

图9-7　丰田普锐斯蓄电池组冷却风扇控制电路图

电流从蓄电池ECU的FCTL1端子流向1号蓄电池鼓风机继电器的继电器线圈；当继电器触点闭合时，则向蓄电池鼓风机供电。

蓄电池ECU输出风扇运行信号时，鼓风机电机控制器调节施加给蓄电池鼓风机的电压（VM），以便获得需要的风扇转速。调节电压同时以监控信号的形式输送给蓄电池ECU的VM端子。鼓风机电动机控制器通过监控蓄电池鼓风机+B端子的电压来纠正鼓风机电机的电压。

FCTL1控制1号蓄电池鼓风机继电器工作，开关闭合向蓄电池鼓风机供电，+B向电动机控制器供电，VM端子监测电动机控制器的分压，SI是根据温度传感器确定的占空比信号，用于驱动功率晶体管。

> **技师指导**　FCTL1是Fun Control 1的缩写，VM是Voltage Monitor的缩写，SI是Signal Input的缩写。

（2）故障检修

出现车速恒定时，蓄电池鼓风机电压低于故障极限或高于故障极限，应检修故障可能发生部位。

1）线束或插接器。

2）BATT FAN熔丝。

3）1号蓄电池鼓风机继电器（线圈通断和触点电阻）。

4）蓄电池鼓风机（采用加电法）。

5）后侧风道（蓄电池鼓风机电机控制器）。

6）蓄电池ECU。

蓄电池鼓风机控制器如图9-8所示，鼓风机接线器如图9-9所示。

图9-8　蓄电池鼓风机控制器　　　　图9-9　鼓风机接线器

3. 高压熔丝

尽管互锁开关已嵌合，VBB9和VBB10端子间的电压仍低于标准值（1次检查逻辑）检修高压熔丝、检修塞卡箍、蓄电池检修塞和蓄电池ECU。

检查检修塞卡箍、检修塞和高压熔丝，电阻小于1Ω，如图9-10和图9-11所示，检查蓄电池检修塞端子间的电阻。标准电阻A—C、B—D和熔丝间的电阻要小于1Ω。

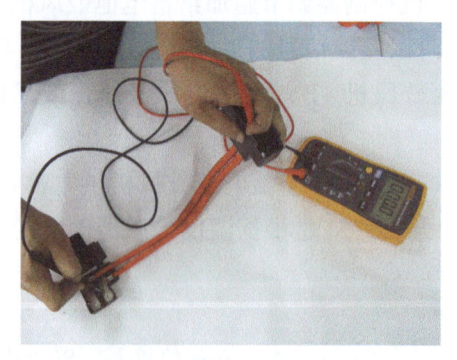

图9-10　高压导线电阻测量　　　　图9-11　熔丝测量

4. 蓄电池组电流传感器电路

（1）简述

安装在HV蓄电池总成负极电缆侧的蓄电池电流传感器检测流入HV蓄电池的电流值。蓄电池电流传感器向蓄电池ECU的IB端子输入一个电压，根据电流值在0~5V之间变化，如图9-12所示。当蓄电池电流传感器的输出电压低于2.5V时，指示HV蓄电池总成正在充电；当高于2.5V时，指示HV蓄电池总成正在放电。

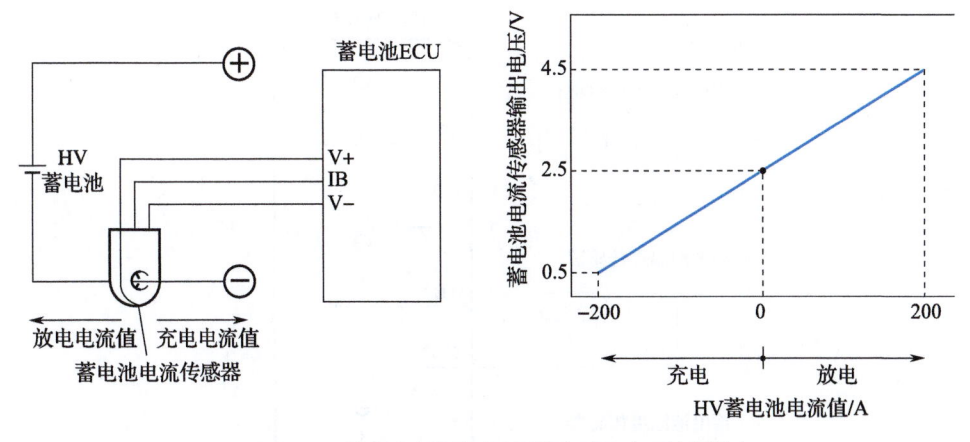

图 9-12　蓄电池电流传感器测量电路及电压信号输出

蓄电池根据输入到 IB 端子的信号来决定 HV 蓄电池总成的充电和放电，并通过确定电流值测算 HV 蓄电池的 SOC（充电状态）。

（2）故障检修

出现蓄电池电流传感器的电源、电流传感器故障，电流传感器内的电压低、蓄电池电流传感器内的电压高时，应检测 HV 蓄电池总成（线束或插接器）、蓄电池电流传感器、蓄电池 ECU。

5. 蓄电池温度传感器

（1）简述

在 HV 蓄电池总成的底部安装有 3 个蓄电池温度传感器。封闭在每个蓄电池温度传感器里的热敏电阻的阻值随着 HV 蓄电池总成温度的改变而改变。蓄电池温度越低，则热敏电阻的阻值越高；相反，温度越高，则阻值越低。

蓄电池 ECU 使用蓄电池温度传感器来检测 HV 蓄电池总成的温度。根据该检测结果，蓄电池 ECU 控制蓄电池鼓风机。这样，HV 蓄电池温度上升到预定温度时，鼓风机风扇起动。图 9-13 所示为蓄电池温度传感器温度和电阻的关系，图 9-14 所示为蓄电池温度传感器电路图。

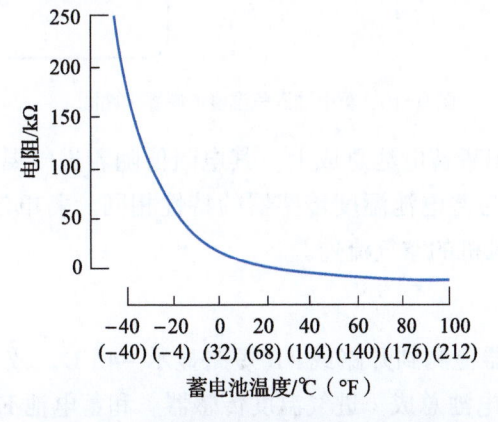

图 9-13　蓄电池温度传感器温度和电阻的关系

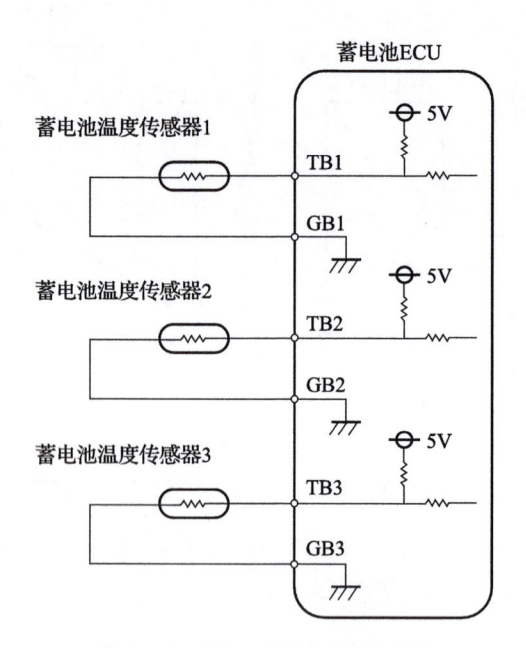

图 9-14　蓄电池温度传感器电路图

（2）故障检修

当出现蓄电池温度传感器故障、温度传感器内电阻小、温度传感器内电阻大时，应检修 HV 蓄电池总成（蓄电池温度传感器）和蓄电池 ECU。

6. 蓄电池进气温度传感器

（1）简述

图 9-15 所示为蓄电池进气温度传感器电路图。

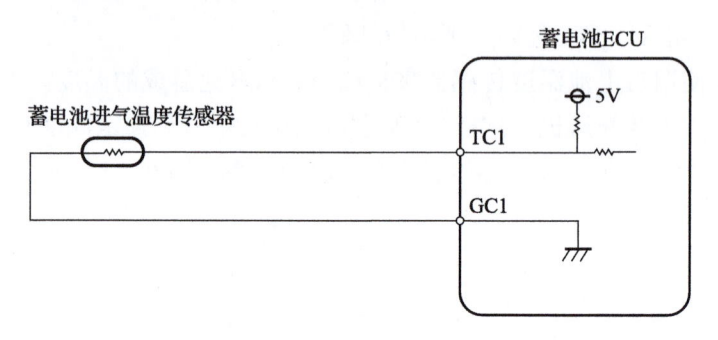

图 9-15　蓄电池进气温度传感器电路图

进气温度传感器位于 HV 蓄电池总成上。其电阻值随着进气温度的改变而改变。蓄电池进气温度传感器的特性与蓄电池温度传感器的特性相同。蓄电池 ECU 使用进气温度传感器的信号调节蓄电池鼓风机的空气流速。

（2）故障检修

蓄电池进气温度传感器检测到开路或 +B 短路显示 -45℃，或 GND 短路显示 95℃（1次检查逻辑），检修 HV 蓄电池总成（进气温度传感器）和蓄电池 ECU。

7. 蓄电池系统电压

（1）简述

图 9-16 所示为蓄电池分组电压采集电路图。两组电池 $7.2V \times 2 = 14.4V$ 为一个采样点，共 14 个采样点（单元）。根据蓄电池每个被检单元的电压，判定有故障的被检单元（1 次检查逻辑），HV 蓄电池总成和蓄电池 ECU，读取数据列表（Data List）时，所有被检单元的电压相差应在 0.3V 以内，否则更换电池。

> **技师指导** 第二代丰田普锐斯电池共 168 块，分成 28 组，每组 6 块，每 12 块为一个被检单元，共 14 个被检单元，当发现 14 个被检单元的最大电压和最小电压大于 0.3V 时，说明蓄电池有损坏，应尽快更换，否则将导致 168 块的寿命大大缩短。

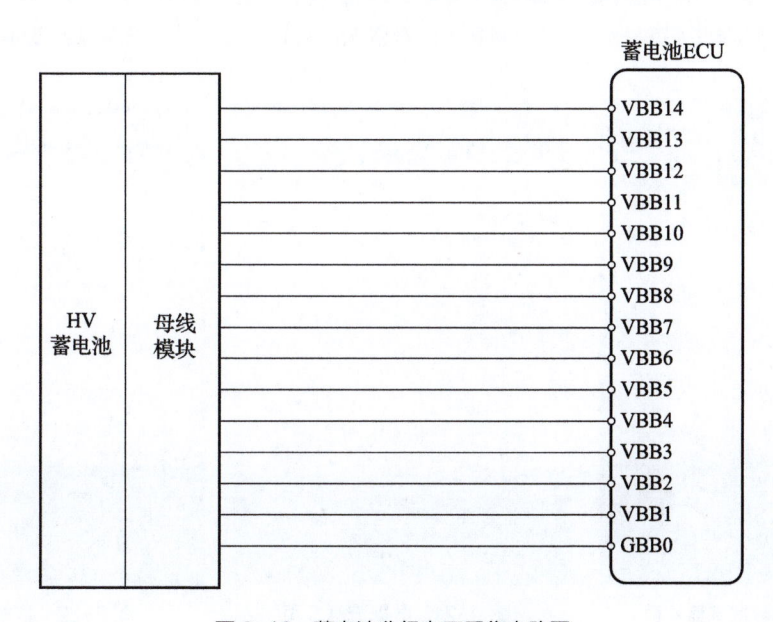

图 9-16　蓄电池分组电压采集电路图

（2）故障检修

检查接线盒总成（母线模块），检查是否将 2 号车架线螺母拧紧至规定转矩，转矩为 $5.4 N \cdot m$。检查 2 号车架线（母线模块）各插接器电阻，应小于 1Ω。

8. 蓄电池 ECU 与 HV ECU 通信中断

蓄电池 ECU 通过 CAN（控制区域网络）通信接收来自混合动力车辆 ECU、发动机 ECM 和网关 ECU 的信号。当出现与发动机 ECM 的 CAN 通信故障（无信号接收）或混合动力车辆 ECU 的 CAN 通信故障（无信号接收）时，应检修 CAN 通信系统。

四 电池管理系统数据

蓄电池管理 ECU 动态数据流共分 8 页，如图 9-17~图 9-24 所示，其动态分析过程省略。

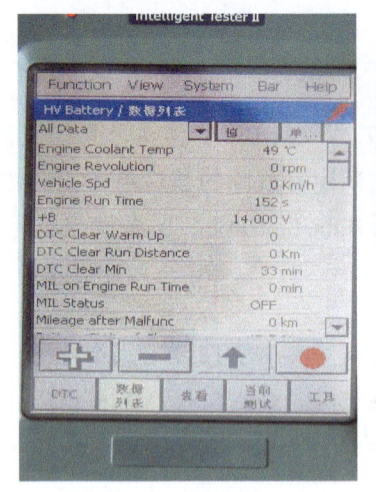

图 9-17　数据流第 1 页

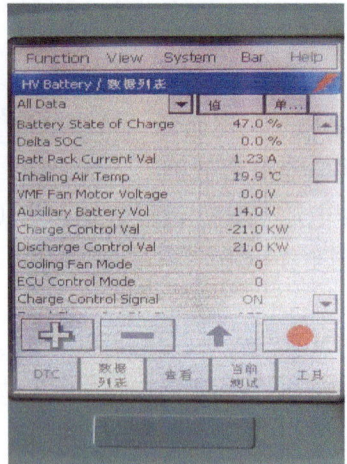

图 9-18　数据流第 2 页

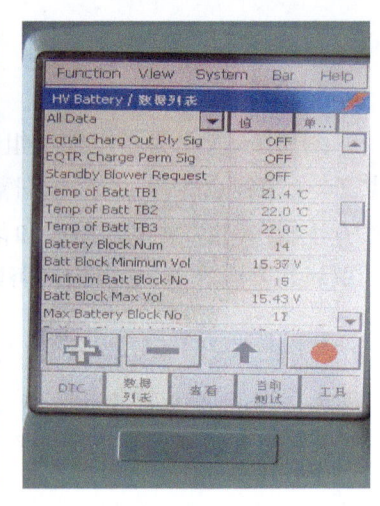

图 9-19　数据流第 3 页

图 9-20　数据流第 4 页

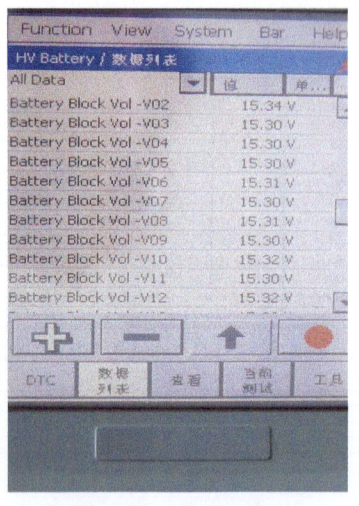

图 9-21　数据流第 5 页

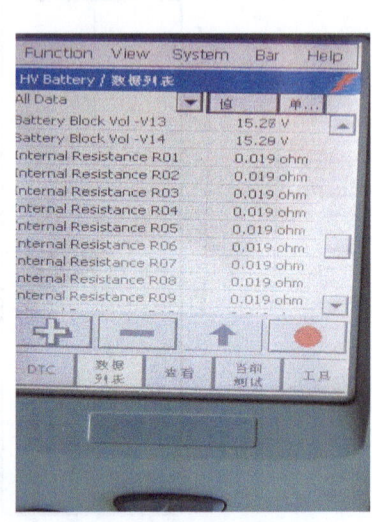

图 9-22　数据流第 6 页

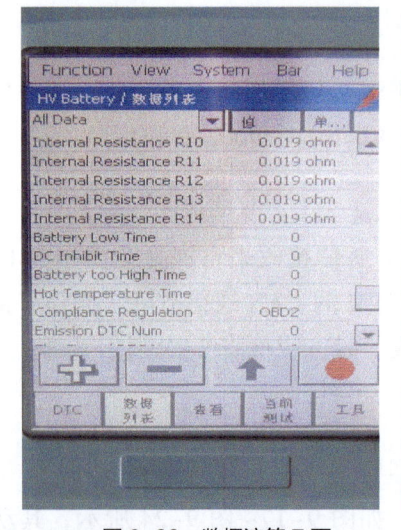

图 9-23　数据流第 7 页

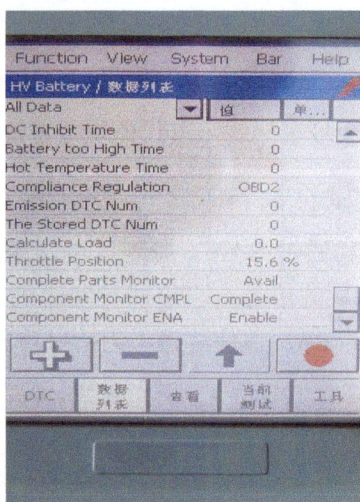

图 9-24　数据流第 8 页

任务二　丰田普锐斯第三代电池管理系统检修

一　第三代电池管理系统简介

1. 主要部件位置图

电池管理系统电池箱及熔丝和继电器图如图 9-25 所示。动力管理 ECU 位置图如图 9-26 所示，电池箱元件位置图如图 9-27 所示。

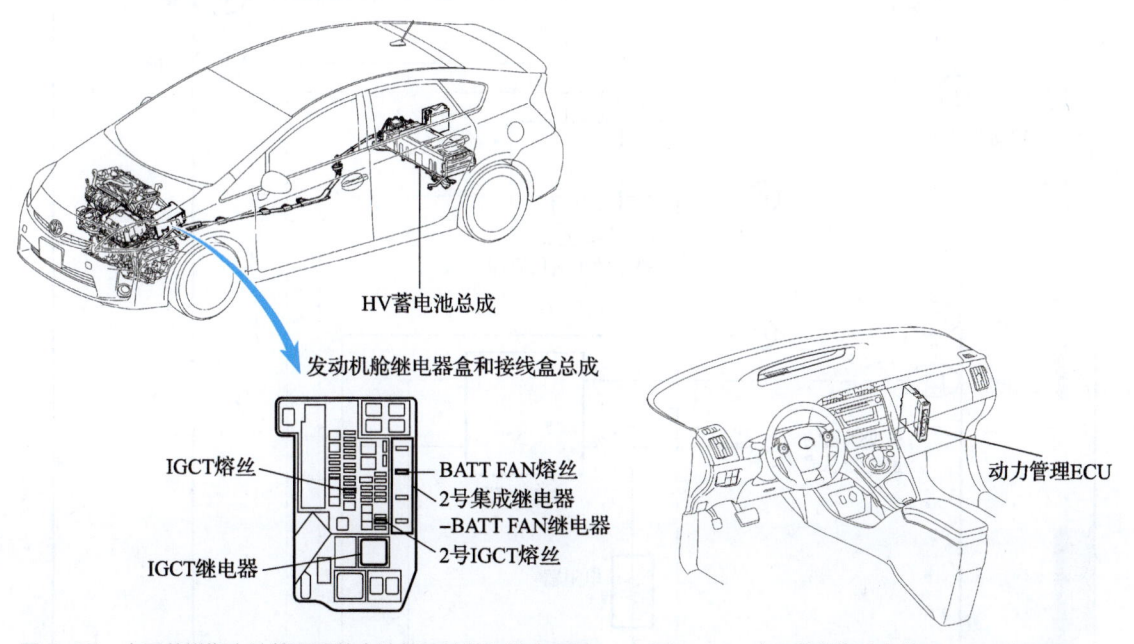

图 9-25　丰田普锐斯电池管理系统电池箱及熔丝和继电器图

图 9-26　丰田普锐斯动力管理 ECU 位置图

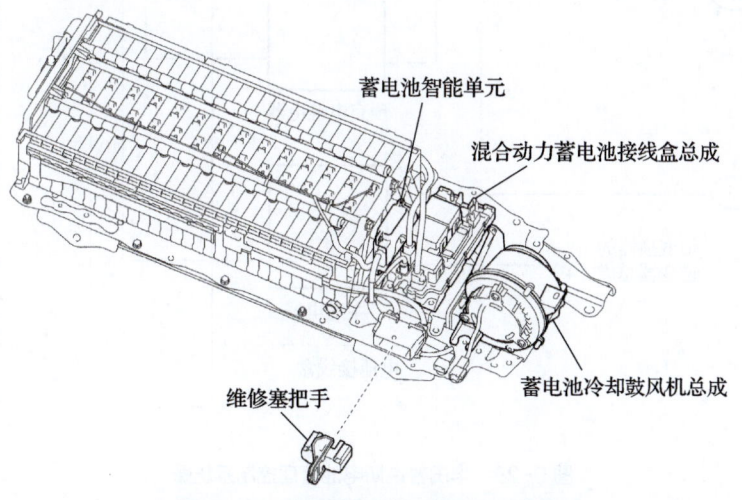

图 9-27　丰田普锐斯电池箱元件位置图

2. 系统电路图

电池管理系统也称为电池智能单元，电池管理系统的系统电路图如图 9-28 所示，本章将讲解本图。

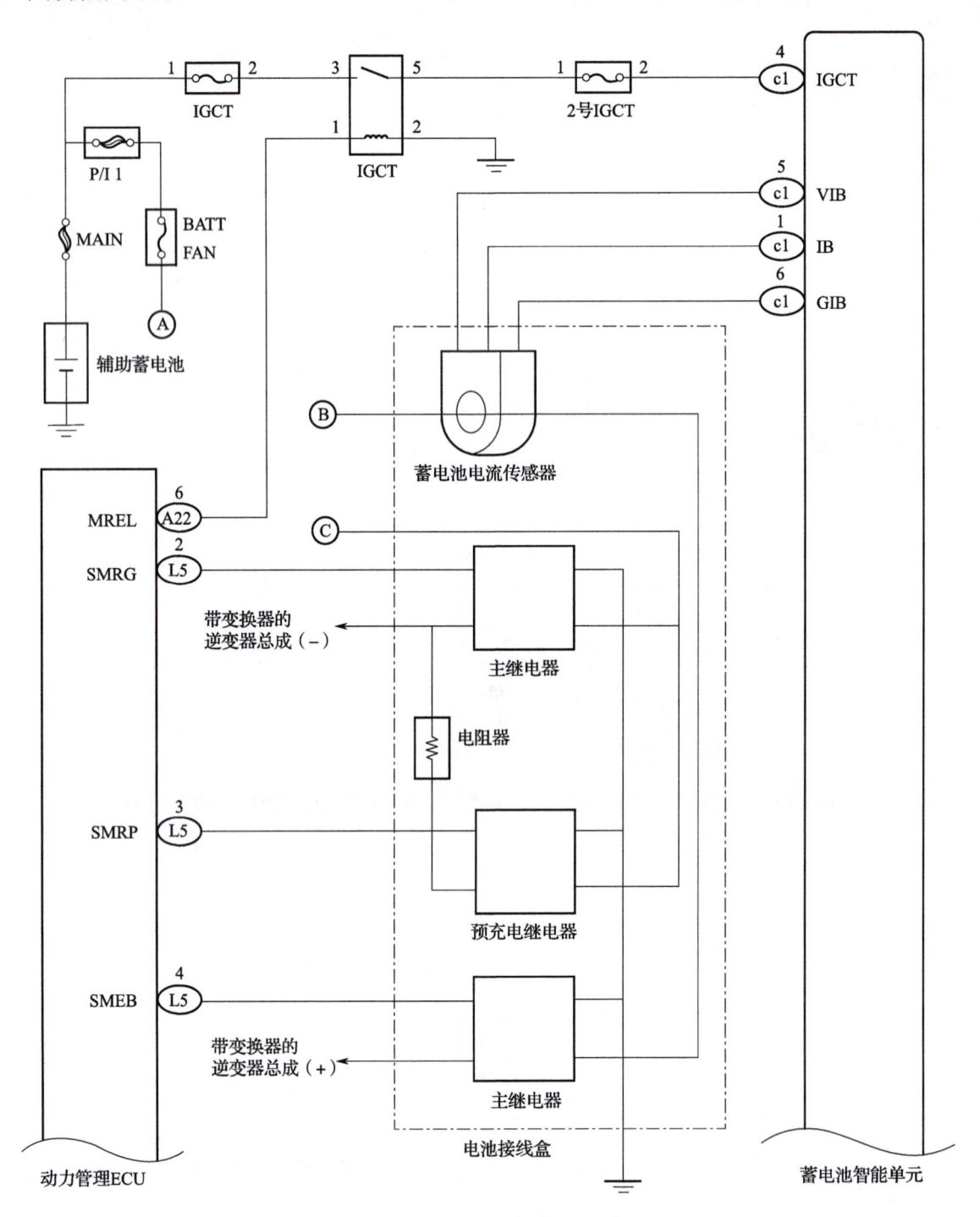

图 9-28　丰田普锐斯电池管理控制系统图

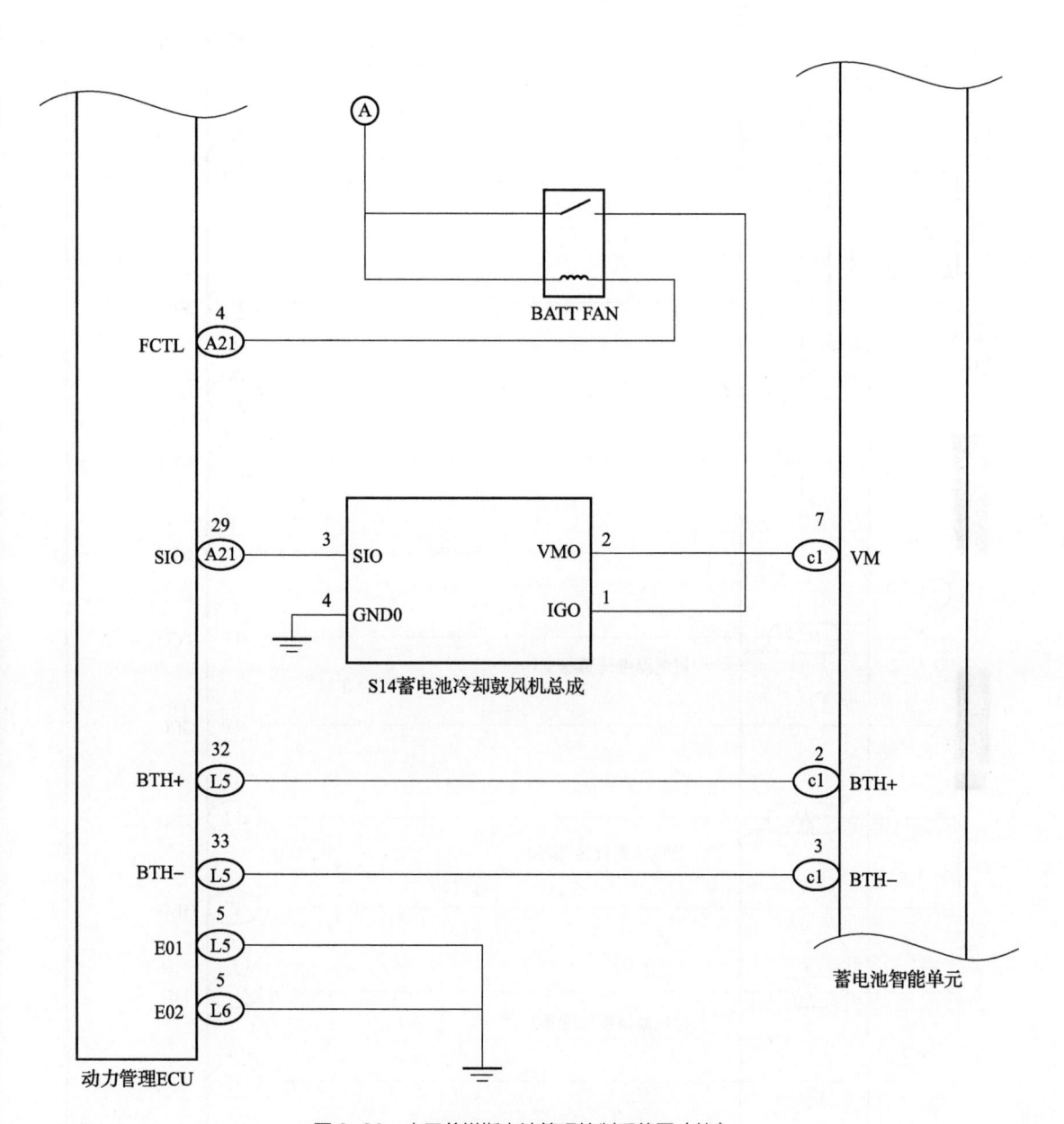

图 9-28 丰田普锐斯电池管理控制系统图（续）

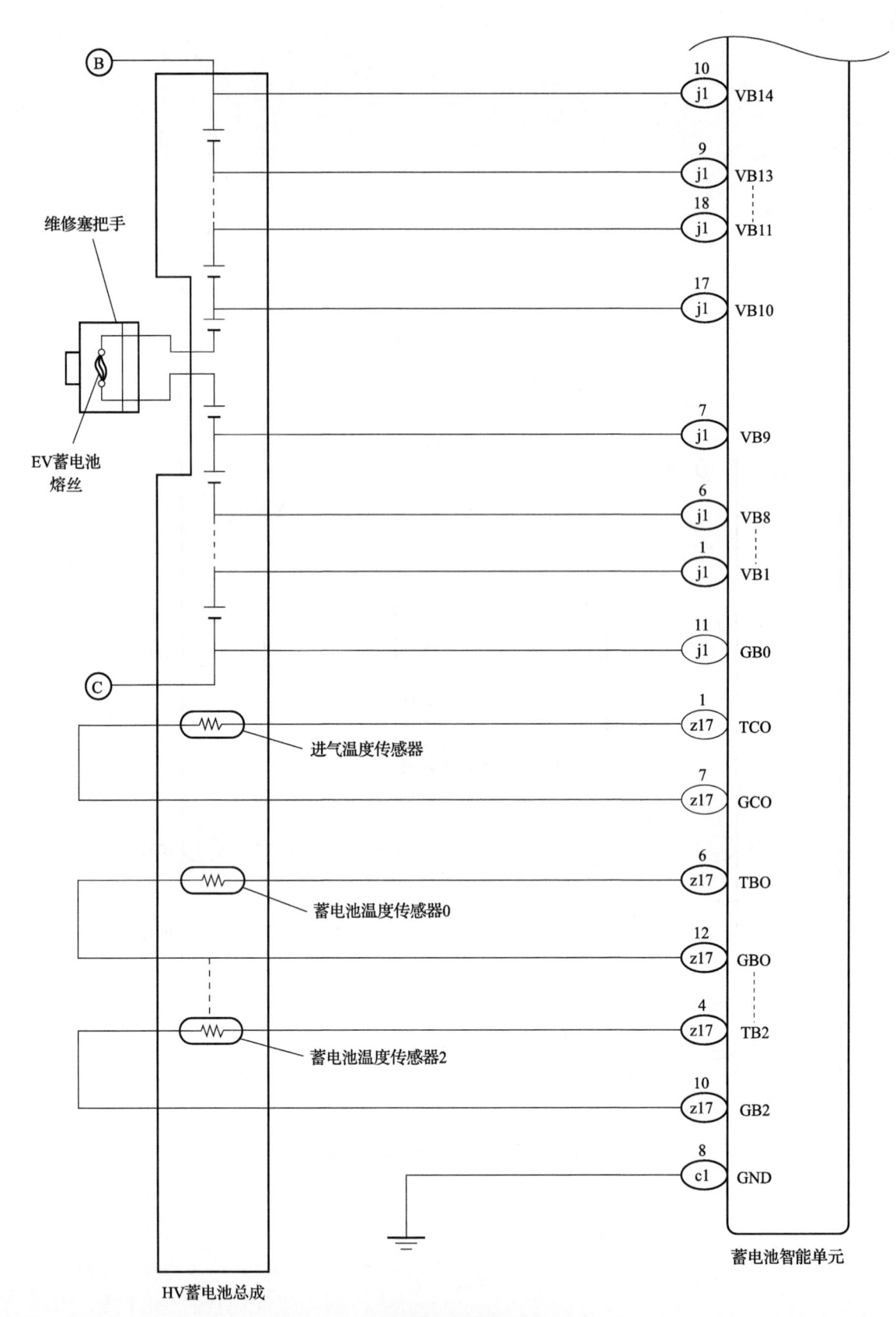

图 9-28 丰田普锐斯电池管理控制系统图（续）

3. 系统描述

蓄电池智能单元控制框图如图 9-29 所示。蓄电池智能单元即电池管理单元，可以将判定充电或放电值（由动力管理 ECU 计算）所需的 HV 蓄电池状态信号（电压、电流和温度）转换为数字信号，并通过串行通信将其传输至动力管理 ECU。

蓄电池智能单元采用漏电检测电路来检测 HV 蓄电池的任何漏电情况。此外，蓄电池智能单元检测动力管理 ECU 所需的冷却风扇电压，以实现冷却风扇的控制。蓄电池智能单元还将这些信号转换为数字信号，并通过串行通信将其传输至动力管理 ECU。

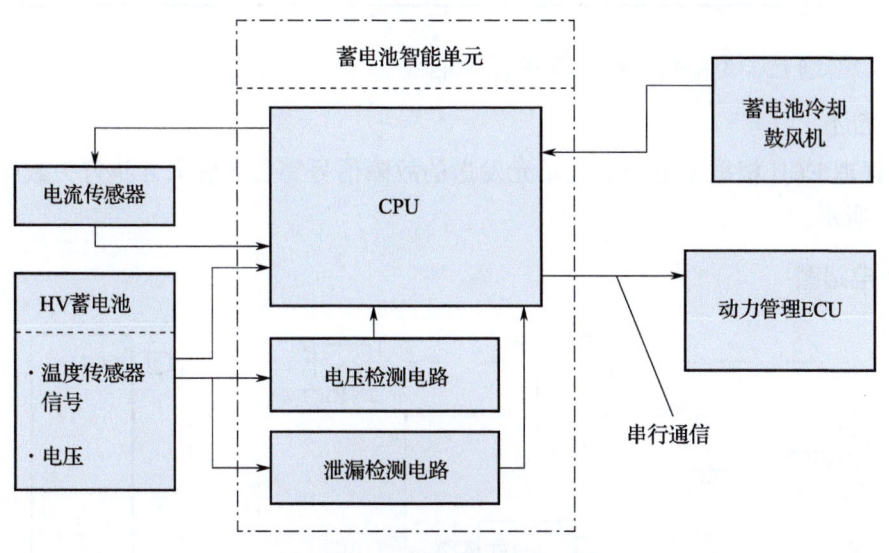

图 9-29 蓄电池智能单元控制框图

二 蓄电池管理系统自诊断及电路检修

1. 蓄电池组传感器模块

蓄电池智能单元（蓄电池能量控制模块）通过串行通信将 HV 蓄电池电压信息发送至动力管理 ECU。

检查程序如下。

注意：变速杆置于 N 位时，如果长时间执行检查程序，则可能导致设定 DTC P3000388。

提示：进行故障排除后，如有必要，则更换蓄电池智能单元，但安装新蓄电池智能单元后需确认电压。

在电源开关置于 ON（READY）位、选择驻车档（P 位）且发动机停机的情况下，确认数据表中的 "Power Resource VB"（电源电压）、"VL-Voltage before Boosting"（增压前的 VL）和 "VH-Voltage after Boosting"（增压后的 VH）为 220V 或更高。

系统正常时，电源 VB、增压前的 VL、增压后的 VH 的值应几乎相等（变速杆置于空档时，不会出现电压增加）。如果各电压之间的差超过表 9-1 的规定值，则说明带变换器的变频器有故障。

表 9-1　增压前的 VL、增压后的 VH、电源 VB 的电压允许差

检查电压	最大电压差
"Power Resource VB"（电源 VB）和 "VL-Voltage before Boosting"（增压前的 VL）之间的差	50 V
"Power Resource VB"（电源 VB）和 "VH—Voltage after Boosting"（增压后的 VH）之间的差	70 V
"VL-Voltage before Boosting"（增压前的 VL）和 "VH-Voltage after Boosting"（增压后的 VH）之间的差	90 V

2. 动力管理 ECU 和蓄电池智能单元通信线

（1）描述

动力管理 ECU 根据蓄电池智能单元发送的故障信号警告驾驶人并执行失效保护控制，如图 9-30 所示。

（2）电路图

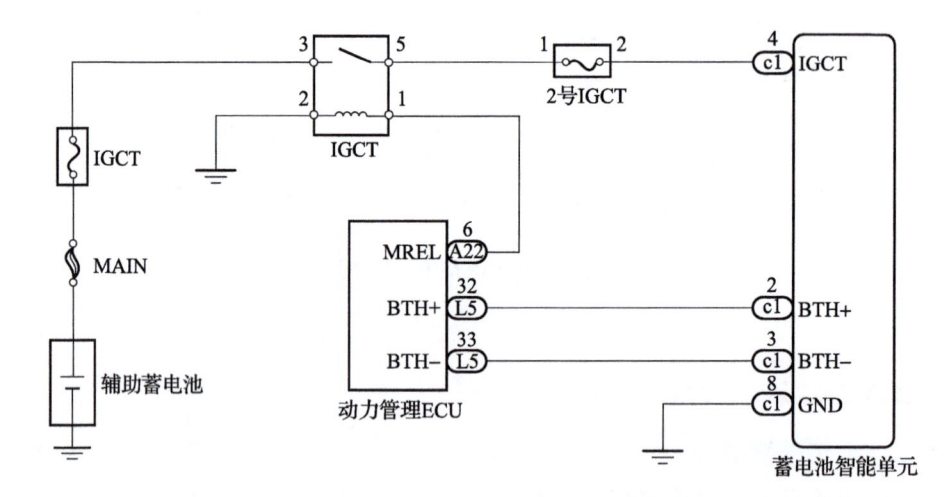

图 9-30　丰田普锐斯动力管理 ECU 和蓄电池智能单元的通信

3. 蓄电池组的分组电压

本车型的 HV 蓄电池为镍氢蓄电池，无需外部充电。在行驶过程中，动力管理 ECU 将 HV 蓄电池的 SOC（充电状态）控制在恒定的水平。HV 蓄电池由 28 个模块组成（图 9-31），1 个模块包括 6 个串联的 1.2V 蓄电池单格，2 个模块在信号电压采样上为一组，蓄电池智能单元存储 14 组蓄电池单元的电压。14 组蓄电池单元电压之和为总电压，即升压前的电压，这个电压是蓄电池 SOC 测量的静态信号，而电流积分测量是指动态测量 SOC 的信号。

4. 蓄电池组冷却风扇 1 控制电路低电位

（1）描述

蓄电池冷却鼓风机总成的转速由动力管理 ECU 控制。动力管理 ECU 端子 FCTL 打开

蓄电池鼓风机继电器时，向蓄电池冷却鼓风机总成供电。动力管理 ECU 将指令信号（SI）发送至蓄电池冷却鼓风机总成，以获得与 HV 蓄电池温度相应的风扇转速。用串行通信通过蓄电池智能单元，将关于施加到蓄电池冷却鼓风机总成（VM）电压的信息作为监控信号发送至动力管理 ECU。蓄电池冷却鼓风机转速控制框图如图 9-32 所示。

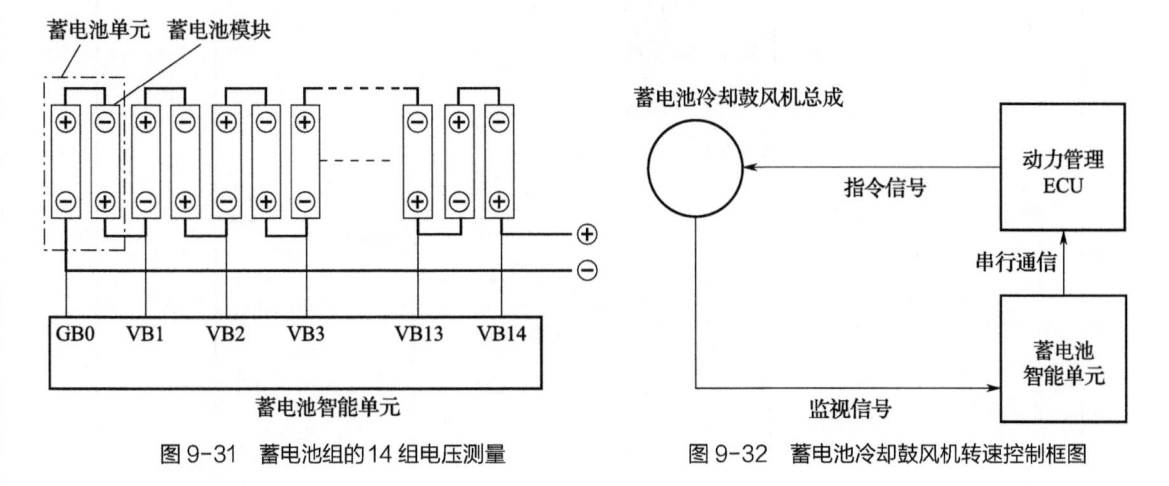

图 9-31 蓄电池组的 14 组电压测量

图 9-32 蓄电池冷却鼓风机转速控制框图

（2）电路图

蓄电池冷却鼓风机转动控制通信电路图如图 9-33 所示，蓄电池冷却鼓风机的转速制电路图如图 9-34 所示。

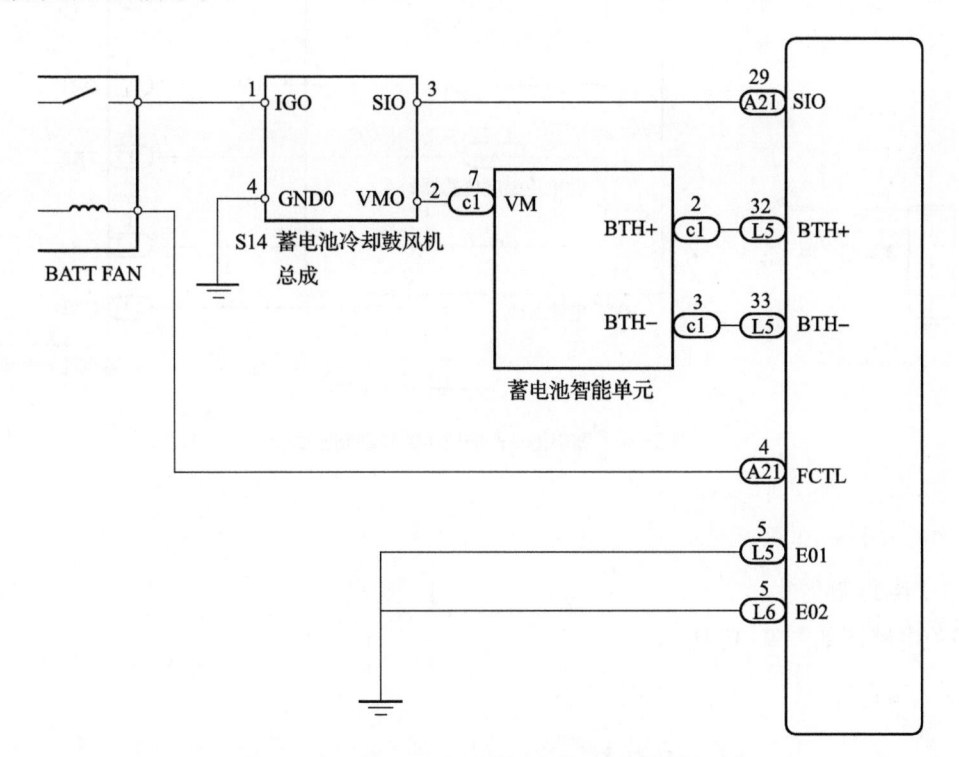

图 9-33 蓄电池冷却鼓风机转动控制通信电路图

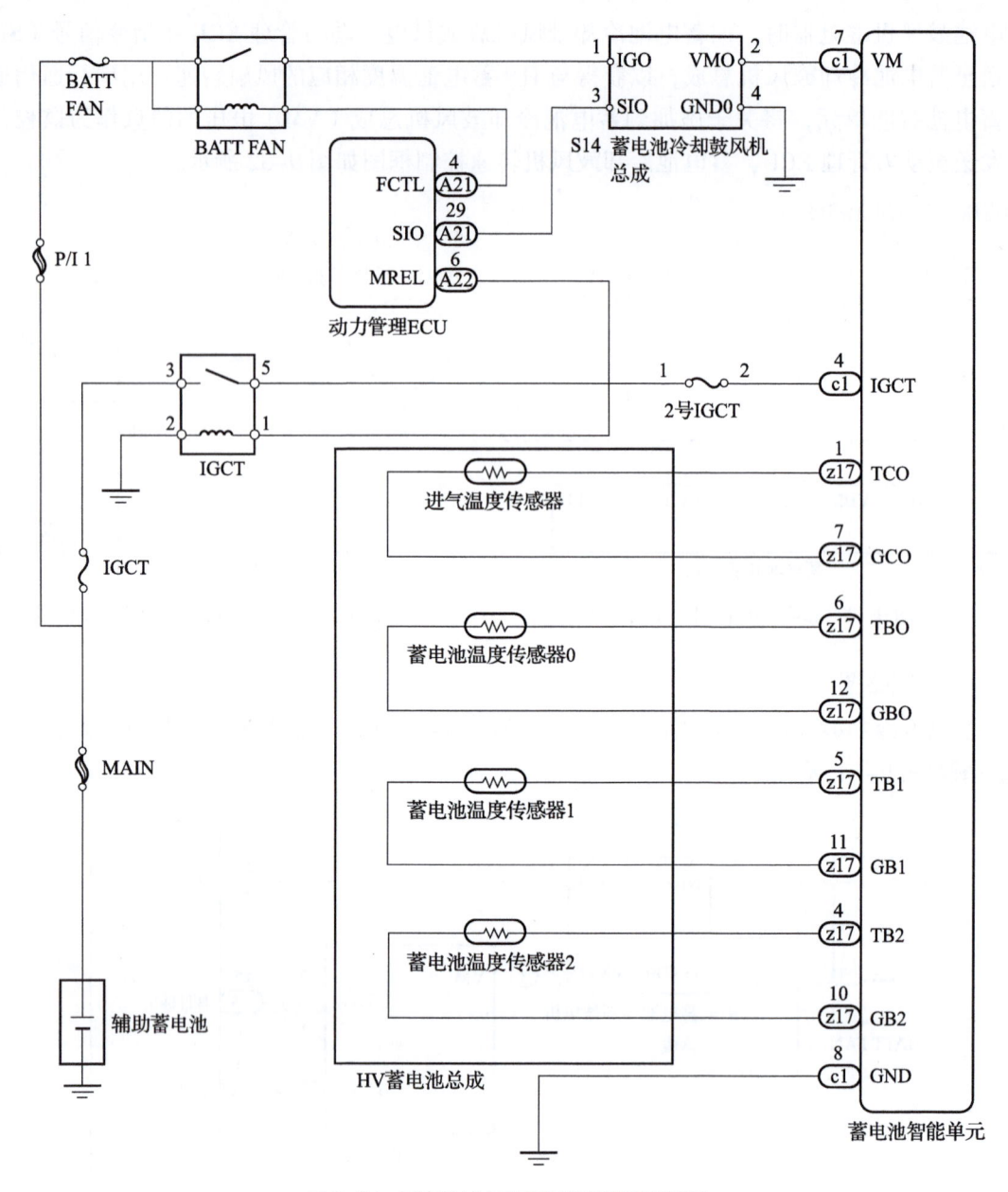

图 9-34 蓄电池冷却鼓风机的转速制电路图

5. 高压熔丝

（1）电路图

相关电路图如图 9-35 所示。

（2）检查程序。

注意：检查高压系统前，务必采取安全措施，如佩戴绝缘手套并拆下维修塞把手，以防电击。拆下维修塞把手后放到您自己口袋中，防止其他技师在您进行高压系统作业时将其意外重新连接。断开维修塞把手后，接触任何高压插接器或端子前，等待至少 10min。提示：使带变换器的逆变器总成内的高压电容器放电至少需 10min。

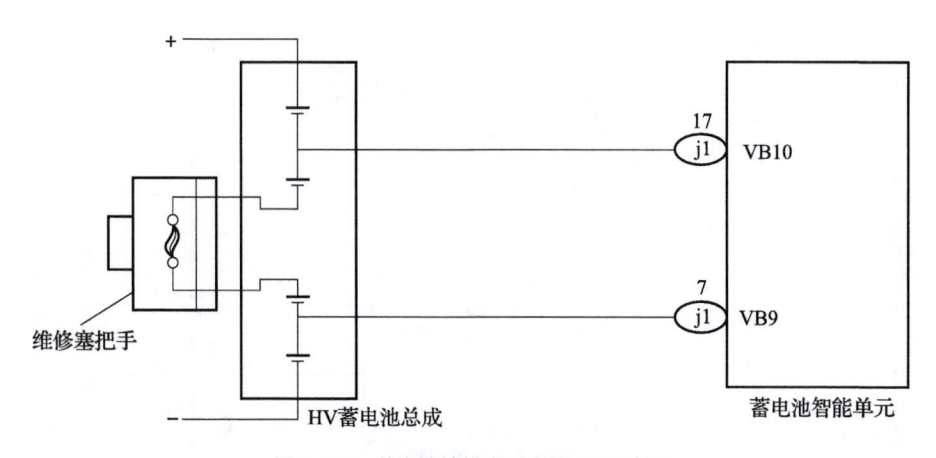

图 9-35　蓄电池检修塞及中间 125A 熔丝

报废 HV 蓄电池时，确保由能对其进行安全处理的授权收集商将其回收。如果 HV 蓄电池通过制造商指定的途径回收，则可通过授权的收集商以安全的方式正确回收。

注意：将电源开关置于 OFF 位后，从辅助蓄电池负极（-）端子上断开电缆前需要等待一定的时间。因此，继续工作前，确保阅读从辅助蓄电池负极（-）端子上断开电缆的注意事项。

6. 蓄电池温度传感器

（1）描述

HV 蓄电池的 3 个位置均具有蓄电池温度传感器。内置于各蓄电池温度传感器的热敏电阻阻值会根据 HV 蓄电池温度的变化而变化。蓄电池温度越低，热敏电阻的电阻越大；反之，温度越高，电阻越小。蓄电池温度传感器温度 - 电阻特性曲线如图 9-36 所示。蓄电池智能单元使用蓄电池温度传感器检测 HV 蓄电池温度，并将检测值发送至动力管理 ECU。动力管理 ECU 根据此检测结果控制鼓风机风扇，当 HV 蓄电池温度上升超过预定水平时，鼓风机风扇起动。

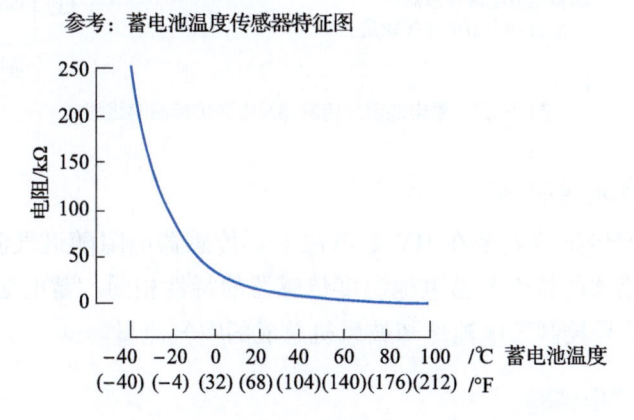

图 9-36　蓄电池温度传感器温度 - 电阻特性曲线

（2）电路图

蓄电池温度传感器及电流传感器电路图如图 9-37 所示。

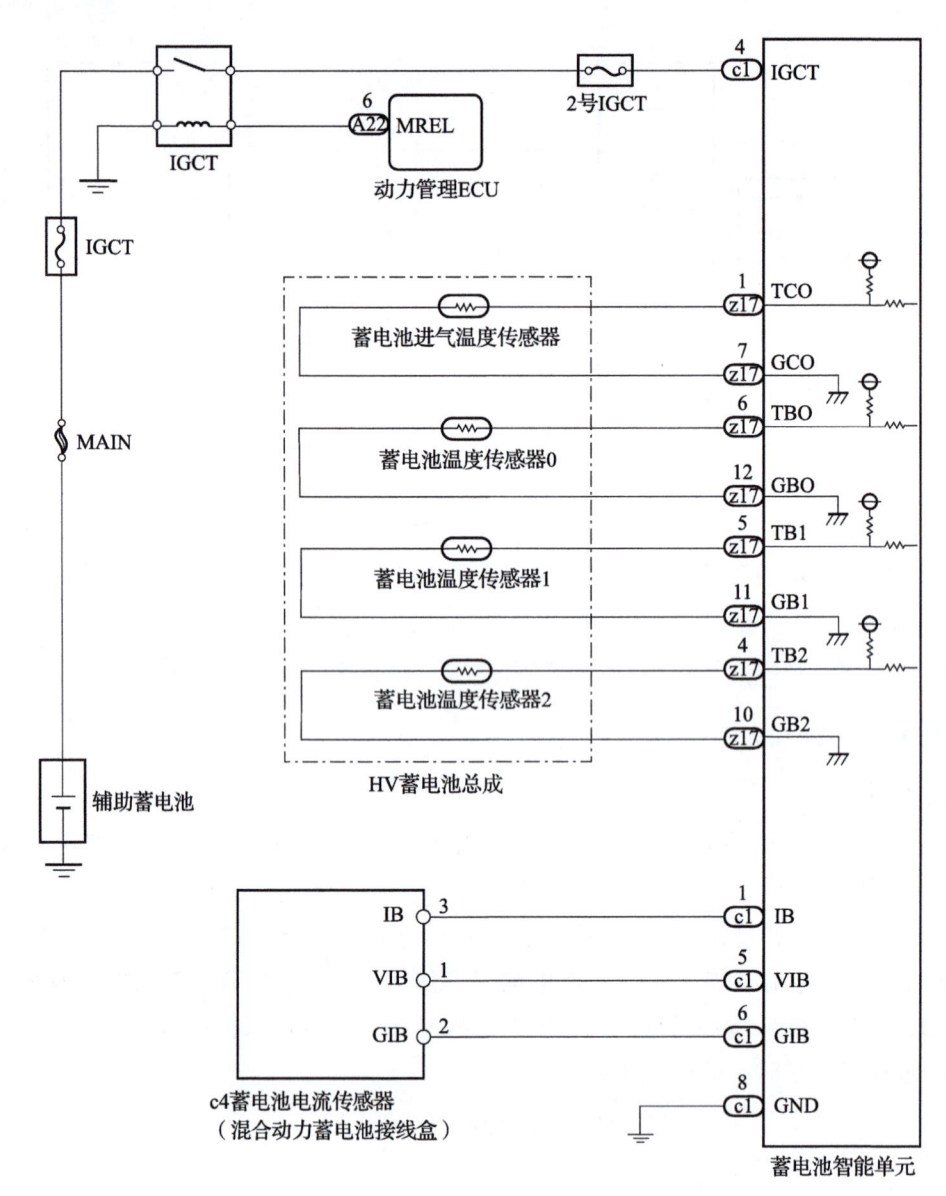

图 9-37 蓄电池温度传感器及电流传感器电路图

7. 蓄电池进气温度传感器

蓄电池进气温度传感器安装在 HV 蓄电池上。传感器电阻随进气温度的变化而变化。蓄电池进气温度传感器的特性与蓄电池温度传感器的特性相同。蓄电池智能单元利用来自进气温度传感器的信号控制蓄电池冷却鼓风机总成的空气流量。

8. 蓄电池组电流传感器

（1）描述

蓄电池电流传感器安装在 HV 蓄电池总成的正极电缆侧，用于检测流入 HV 蓄电池的安培数。蓄电池智能单元从蓄电池电流传感器将电压输入端子 IB（图 9-38），该电压与安培数成比例并在 0~5V 变化。蓄电池电流传感器的输出电压低于 2.5V 表示 HV 蓄电池正在放电，高于 2.5V 表示 HV 蓄电池正在充电。动力管理 ECU 根据从蓄电池智能单元输入其端子 IB 的信号来确定 HV 蓄电池的充电和放电安培数，并通过累计的安培数计算 HV 蓄电池的 SOC（充电状态）。

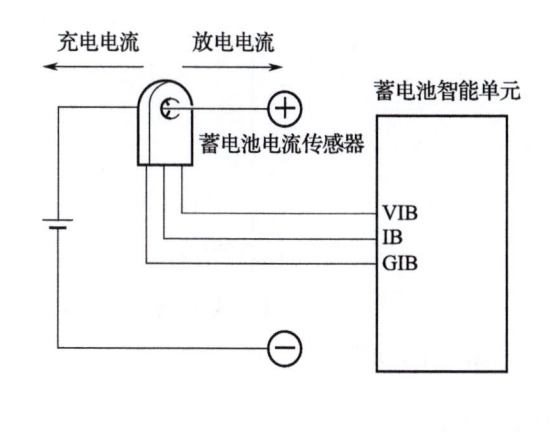

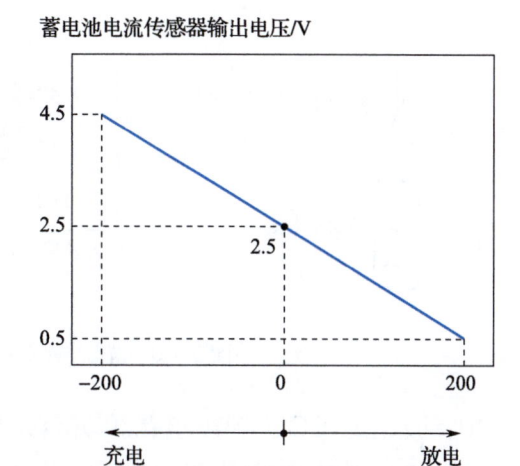

图 9-38　蓄电池电流传感器及其输出

（2）电路图

蓄电池电流传感器电路图如图 9-39 所示。

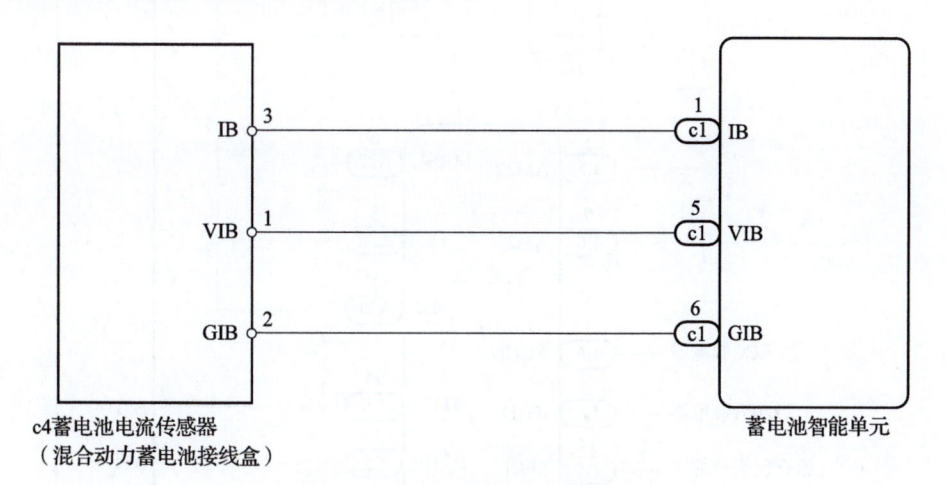

图 9-39　蓄电池电流传感器电路图

9. 蓄电池智能单元和动力管理 ECU 的通信

如果蓄电池智能单元检测到内部故障，则将故障信号发送至动力管理 ECU。当动力管理 ECU 接收到来自蓄电池智能单元的故障信号时，该 ECU 将警告驾驶人并执行失效保护控制。

蓄电池智能单元和动力管理 ECU 的通信如图 9-40 所示，BTH 为 Battery to Hybrid 的缩写。

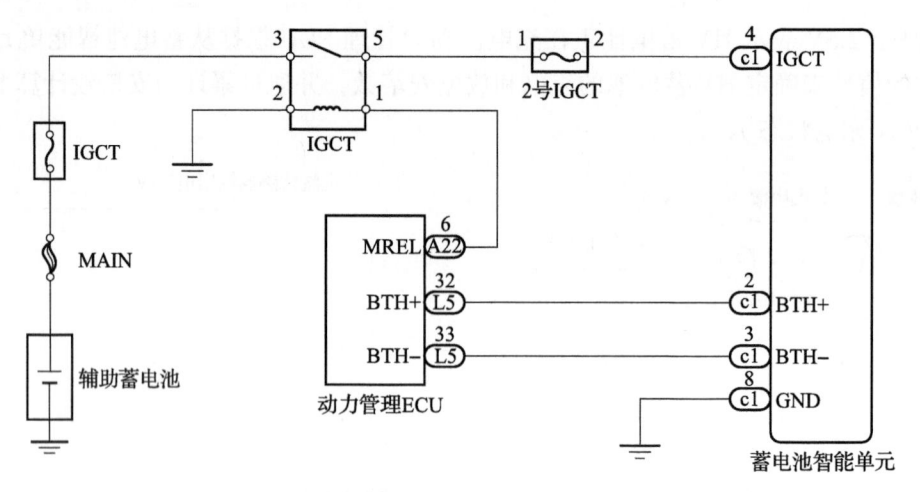

图 9-40 蓄电池智能单元和动力管理 ECU 的通信

10. 动力管理 ECU 与电池智能单元有关的输入/输出

动力管理 ECU 与电池智能单元有关的输入/输出如图 9-41 所示，图中向左的箭头表示去往的元件，这里 ACCD、FCTL 为电流流入动力管理 ECU（电流方向向右）。SPDI、IG1D、GI 为电流流出（电流方向向左），熔断器左侧接蓄电池的正极。

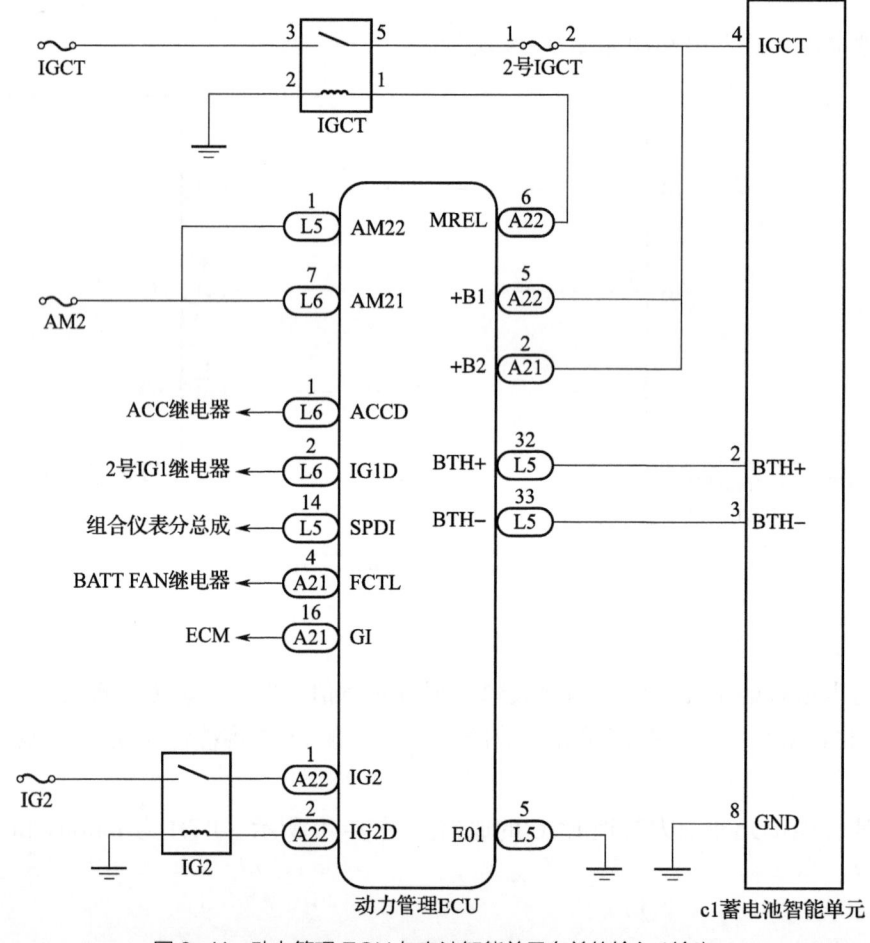

图 9-41 动力管理 ECU 与电池智能单元有关的输入/输出

三 蓄电池管理系统数据

参数	值	单位
Shift P Permission Signal	ON	℃
DC-DC Cnv Temp（Upper）	31	℃
DC-DC Cnv Temp（Lower）	31	℃
Mtr-Temp（MG1）Max	30	
Internal Shift position	P	
P Request（T/M Ctrl）	ON	
（Inverter）W/P Rum Control Duty	62.50	%
Engine Stop Request	Request	
Engine Idling Request	NO	
Main Batt Charging Rqst	NO	
Aircon Request	NO	
Engine Warming Up Rqst	NO	
SMRP Status	OFF	
SMRB Status	NO	
SMRG Status	NO	
SMRP Control Status	OFF	
SMRB Control Status	NO	
SMRG Control Status	NO	
MG1 Gate Status	OFF	
MG2 Gate Status	OFF	
Conver Gate Status	OFF	
AuxiliAry Battery Low-Last Operation	0	
AuxiliAry Battery Low-Last Trip	0	
MG2 Temperature High-Last Operation	0	
MG2 Temperature High-Last Trip	0	
MG1 Temperature High-Last Operation	0	
MG1 Temperature High-Last Trip	0	
MG2（Motor）Inverter Temperature Hingh-Last Operation	0	
MG2（Motor）Inverter Temperature Hingh-Last Trip	0	
MG1（Generator）Inverter Temperature Hingh-Last Operation	0	
MG1（Generator）Inverter Temperature Hingh-Last Trip	0	
Main Battery Low Voltage-Last Operation	0	
Main Battery Low Voltage-Last Trip	0	
Coolant Heating-Last Operation	0	
Coolant Heating-Last Trip	0	
Converter Heating-Last Operation	0	
Converter Heating-Last Trip	0	
Batt Pack Current Va1	0.56	A
Inhaling Air Temp	25.1	℃

（续）

参数	值	单位
VMF Fan Motor Voltagel	0.0	V
Auxiliary Battery Vol	14.22	V
Charge Control Value	-23.00	kW
Discharge Control Value	20.0	kW
Cooling Fan Model	0	
Temp of Batt TB1	25.6	℃
Temp of Batt TB2	24.1	℃
Temp of Batt TB3	23.2	℃
Battery Block Vo1-VO1	16.14	V
Battery Block Vo1-VO2	16.14	V
Battery Block Vo1-VO3	16.14	V
Battery Block Vo1-VO4	16.14	V
Battery Block Vo1-VO5	16.14	V
Battery Block Vo1-VO6	16.14	V
Battery Block Vo1-VO7	16.14	V
Battery Block Vo1-VO8	16.14	V
Battery Block Vo1-VO9	16.14	V
Battery Block Vo1-VO10	16.14	V
Battery Block Vo1-VO11	16.14	V
Battery Block Vo1-VO12	16.14	V
Battery Block Vo1-VO13	16.14	V
Battery Block Vo1-VO14	16.14	V
Battery Low Time	0	
DC Inhibit Time	0	
Hot Temperature Time	0	

思考与讨论

培养小组沟通重要性的认知；

培养小组在工作中通过践行有效沟通，体验质量和效率的提高。

案例9　小组沟通障碍

想突破沟通障碍，使小组所有成员特别是小组设备管理员、安全管理员及操作员用心去做该做的事。小组长应当在团队内部营造一种开放坦诚的沟通气氛，使成员之间能够充分交流意见，每个成员不仅能自由地发表个人的意见，还能倾听和接受其他成员的意见，通过相互沟通，消除隔阂，增进了解。

在小组内部提倡心心相印、和睦相处、合作共事，反对彼此倾轧和内耗。当沟通水平达到一个高度时，就会产生整个团队团结如一人，与别的小组团队一争高低。

课后题

1. 判断题

1）丰田混合动力汽车电池管理系统有对镍氢电池进行加热的功能。（　　）
2）丰田混合动力汽车电池管理系统降温采用通风系统，不采用空调降温。（　　）
3）丰田混合动力汽车电池管理系统没有绝缘检查功能。（　　）
4）丰田混合动力汽车的电池预充电路失效，无法进行高压上电。（　　）
5）丰田混合动力汽车的电池电压一致性检查是按模块进行检查。（　　）

2. 简述题

1）第二代丰田电池管理系统的数据种类有哪些？
2）第三代丰田电池管理系统的数据种类有哪些？